FOM-Edition

FOM Hochschule für Oekonomie & Management

Bücher, die relevante Themen aus wissenschaftlicher Perspektive beleuchten, sowie Lehrbücher schärfen das Profil einer Hochschule. Im Zuge des Aufbaus der FOM gründete die Hochschule mit der *FOM-Edition* eine wissenschaftliche Schriftenreihe, die allen Hochschullehrenden der FOM offensteht. Sie gliedert sich in die Bereiche Lehrbuch, Fachbuch, Sachbuch, International Series sowie Dissertationen. Die Besonderheit der Titel in der Rubrik Lehrbuch liegt darin, dass den Studierenden die Lehrinhalte in Form von Modulen in einer speziell für das berufsbegleitende Studium aufbereiteten Didaktik angeboten werden. Die FOM ergreift mit der Herausgabe eigener Lehrbücher die Initiative, der Zielgruppe der studierenden Berufstätigen sowie den Dozierenden bislang in dieser Ausprägung nicht erhältliche, passgenaue Lehr- und Lernmittel zur Verfügung zu stellen, die eine ideale und didaktisch abgestimmte Ergänzung des Präsenzunterrichtes der Hochschule darstellen. Die Sachbücher hingegen fokussieren in Abgrenzung zu den wissenschaftlich-theoretischen Fachbüchern den Praxistransfer der FOM und transportieren konkrete Handlungsimplikationen. Fallstudienbücher, die zielgerichtet für Bachelor- und Master-Studierende eine Bereicherung bieten, sowie die englischsprachige *International Series,* mit der die Internationalisierungsstrategie der Hochschule flankiert wird, ergänzen das Portfolio. Darüber hinaus wurden in der FOM-Edition jüngst die Voraussetzungen zur Veröffentlichung von Dissertationen aus kooperativen Promotionsprogrammen der FOM geschaffen.

Weitere Bände in der Reihe https://link.springer.com/bookseries/12753

Jörg Westphal · Jobst Görne · Christian Schmitz
(Hrsg.)

Sales Enablement als Fundament des Vertriebserfolgs

Innovative Ansätze aus Theorie und Praxis zur Gestaltung erfolgreicher Kundenbeziehungen

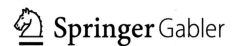

Hrsg.
Jörg Westphal
FOM Hochschule für Oekonomie &
Management
Bonn, Deutschland

Jobst Görne
Hochschule Aalen
Aalen, Deutschland

Christian Schmitz
Ruhr-Universität Bochum
Bochum, Deutschland

ISSN 2625-7114　　　　　　　　ISSN 2625-7122　(electronic)
FOM-Edition
ISBN 978-3-658-37613-0　　　　ISBN 978-3-658-37614-7　(eBook)
https://doi.org/10.1007/978-3-658-37614-7

Die Deutsche Nationalbibliothek verzeichnet diese Publikation in der Deutschen Nationalbibliografie; detaillierte bibliografische Daten sind im Internet über http://dnb.d-nb.de abrufbar.

© Der/die Herausgeber bzw. der/die Autor(en), exklusiv lizenziert an Springer Fachmedien Wiesbaden GmbH, ein Teil von Springer Nature 2022, korrigierte Publikation 2022
Das Werk einschließlich aller seiner Teile ist urheberrechtlich geschützt. Jede Verwertung, die nicht ausdrücklich vom Urheberrechtsgesetz zugelassen ist, bedarf der vorherigen Zustimmung des Verlags. Das gilt insbesondere für Vervielfältigungen, Bearbeitungen, Übersetzungen, Mikroverfilmungen und die Einspeicherung und Verarbeitung in elektronischen Systemen.
Die Wiedergabe von allgemein beschreibenden Bezeichnungen, Marken, Unternehmensnamen etc. in diesem Werk bedeutet nicht, dass diese frei durch jedermann benutzt werden dürfen. Die Berechtigung zur Benutzung unterliegt, auch ohne gesonderten Hinweis hierzu, den Regeln des Markenrechts. Die Rechte des jeweiligen Zeicheninhabers sind zu beachten.
Der Verlag, die Autoren und die Herausgeber gehen davon aus, dass die Angaben und Informationen in diesem Werk zum Zeitpunkt der Veröffentlichung vollständig und korrekt sind. Weder der Verlag, noch die Autoren oder die Herausgeber übernehmen, ausdrücklich oder implizit, Gewähr für den Inhalt des Werkes, etwaige Fehler oder Äußerungen. Der Verlag bleibt im Hinblick auf geografische Zuordnungen und Gebietsbezeichnungen in veröffentlichten Karten und Institutionsadressen neutral.

Planung/Lektorat: Angela Meffert
Springer Gabler ist ein Imprint der eingetragenen Gesellschaft Springer Fachmedien Wiesbaden GmbH und ist ein Teil von Springer Nature.
Die Anschrift der Gesellschaft ist: Abraham-Lincoln-Str. 46, 65189 Wiesbaden, Germany

Foreword

Dear visitors of the 2020 GSSI/FOM sales conference,

The aim of the Global Sales Science Institute (GSSI) is to promote research in the field of B2B sales, connect researchers all over the world, and build a relationship between the academic and the industrial world. The exchange of ideas, experience, and research results has taken place at many conferences organized by GSSI. We were glad to learn that one of the premier educational institutions in Germany, the FOM, was interested in running a joint conference, both adding their network and their knowledge to organize a country-based conference in the former capital of Germany, Bonn.

The chosen subject of the conference, Sales Enablement, is one of the newest developments in B2B sales and of vital importance for salesforce success. Sales Enablement merges all the sales efforts and combines them to an overall customer approach, putting customers' expectations into the center of activities.

We believe that the contributions and papers will be of great interest and hopefully help boost sales performance and sales success. In addition, the conference organizers will provide the proceedings in German and English to express the internationality of work and communication.

I hope all participants gain exciting insights in a productive environment,

Dawn Deeter-Schmelz Ph.D. Professor,
Department of Marketing,
J.J Vanier Distinguished Chair in Business Administration for Relational Selling and Marketing, Faculty of Distinction,

Director of the National Strategic Selling Institute,
Kansas State University,
President Global Sales Science Institute

Geleitwort

Mit knapp 500 hauptamtlich Lehrenden verfügt die FOM Hochschule über eine der größten, in weiten Teilen betriebswirtschaftlich ausgerichteten Fakultät im Bundesgebiet. Dieser ausgewiesene Personenkreis wird in Forschungseinrichtungen der Hochschule – Instituten und KompetenzCentren – fachlich zusammengeführt und durch interne Fördermittel zur Beantragung und Realisierung von Forschungsprojekten in interdisziplinären Verbünden unterstützt. Die Forschungseinrichtungen der FOM sind über ihre Forscherinnen und Forscher aktiv in regionale, nationale und auch internationale Forschungsnetzwerke und -verbünde einbezogen. Fachlich ausgewiesene Lehrende der Hochschule halten Vorträge auf internationalen Konferenzen und publizieren nach anerkannten Rankings auf hohem Niveau.

Die FOM ist der anwendungsorientierten Forschung verpflichtet und verfolgt das Ziel, adaptionsfähige Lösungen für betriebliche bzw. wirtschaftsnahe oder gesellschaftliche Problemstellungen zu generieren. Als wichtigen Beitrag zum wissenschaftlichen Diskurs richtet sie regelmäßig nationale und internationale Konferenzen an Ihren 33 Hochschulzentren aus.

Im Februar 2021 war die FOM mit der Sales Conference gerne erneut Gastgeberin für Wissenschaft und Praxis. Über 100 Teilnehmende aus dem In- und Ausland diskutierten – aufgrund der Corona-Pandemie im virtuellen Raum – zum Thema Sales Enablement als Fundament des Vertriebserfolgs. Darunter waren international bekannte Persönlichkeiten aus Forschung und Praxis nationaler wie internationaler Hochschulen und namhafter Unternehmen. Gastgeber war das KCMS KompetenzCentrum für Marketing & Sales Management der FOM. Mein herzlicher Dank für die engagierte Durchführung gilt den Co-Chairs der Sales Conference, Herrn Prof. Dr. Jörg Westphal (Leiter KCMS), Herrn Univ.-Prof. Dr. Christian Schmitz (Sales Management Department der Ruhr-Universität Bochum) und Prof. Dr.-Ing. Jobst Görne (Global Sales Science Institute).

Auf ihre Initiative geht auch der vorliegende Sammelband zurück, in dem Referierende und Teilnehmende mit ihren Beiträgen zur Dokumentation der Tagung und zum weiteren Diskurs beitragen. Ich wünsche allen Leserinnen und Lesern eine kurzweilige und informativ anregende Lektüre und freue mich auf einen fortgesetzten Dialog.

Prof. Dr. Thomas Heupel
Prorektor Forschung
FOM Hochschule für Oekonomie & Management

Vorwort und Danksagung der Herausgeber

Sales Enablement ist eines der hochaktuellen Themen, sowohl in der Vertriebspraxis, als inzwischen auch in der Vertriebswissenschaft. Folgt man jedoch der einschlägigen Kommunikation zu diesem Thema, dann lässt sich feststellen, dass (wieder einmal) dem angelsächsischen Raum die Vorreiterrolle zukommt. Daher lag es auf der Hand, unter internationaler Beteiligung dieses Defizit im deutschsprachigen Wirtschaftsraum aufzuarbeiten. Dazu haben hat sich das KompetenzCentrum Marketing & Sales Management an der FOM, das Global Sales Science Institute (GSSI) sowie das Sales Management Department (SMD) an der Ruhr-Universität Bochum zusammengefunden, um eine Konferenz unter dem Motto „Sales Enablement – Fundament des Vertriebserfolgs" auszurichten.

Diese Konferenz fand entgegen des ursprünglich für den Sommer 2020 geplanten Präsenzformates dann im Februar 2021 virtuell statt. Die Tatsache, dass ein anwendungsorientierter Fokus gelegt wurde, hat über 150 Wissenschaftlerinnen und Wissenschaftlern sowie Praktikerinnen und Praktikern aus dem In- und Ausland zusammengeführt, um sich zu neuesten Erkenntnissen aus der Sales Enablement Forschung und Praxis auszutauschen.

Das unerwartet hohe Interesse hat uns als Co-Chairs der Konferenz ermutigt, die Konferenzbeiträge nicht nur als Proceedings zu dokumentieren, sondern in Buchform einer breiten Community zur Verfügung zu stellen und damit einen weiteren Beitrag zur Entwicklung dieses aktuellen Vertriebsthemas zu leisten.

Ohne helfende Hände und Köpfe wäre die Konferenz und damit auch dieses Buch nicht möglich geworden. Wir bedanken uns daher ganz herzlich bei Frau Dipl.-Kffr. (FH) Stefanie Jäger und Herrn Tim Stender für die hervorragende Konferenzorganisation. Weiterhin gebührt dem Forschungsrektorat der FOM, namentlich dem Prorektor Forschung, Herrn Kollegen Prof. Dr. Thomas Heupel sowie dem Vize-Kanzler Forschungsorganisation, Herrn Dipl.-Ing. (FH) Christoph Hohoff ebenso ein herzliches Dankeschön. Ohne ihren Einsatz hätte die Konferenz nicht zum Erfolg geführt.

Zudem gilt unser Dank Frau Yasmin Lindner-Dehghan Manchadi (M.A.) und Joanna Waldmann (B.A.), die beide unermüdlich auf allen Kanälen die Konferenz kommunikativ begleitet haben. Weiterhin möchten wir uns auch bei Herrn Dipl.-jur. Kai

Enno Stumpp sowie Frau Dr. Clara Petino für die organisatorische Betreuung unseres Buchprojektes sowie das Lektorat bedanken. Sie waren für uns jederzeit kompetente, jedes Problem ausräumende Mitstreiter. Ohne ihre tatkräftige Unterstützung würde dieses Buch noch in den Kinderschuhen stecken. Schließlich bedanken wir uns bei Frau Angela Meffert (M.A.), die als Cheflektorin im Verlag Springer Gabler sofort an dieses Buch geglaubt und dessen Veröffentlichung vorangebracht hat.

Nicht zuletzt hat die Unterstützung des Global Sales Science Instituts (GSSI), speziell in Person von Prof. Dawn Deeter-Schmelz, zum Erfolg beigetragen. Viele in der GSSI aktive Forscherinnen und Forscher haben Beiträge geliefert und Werbung für das Event gemacht. Weiterhin danken wir den Studierenden der Hochschule Aalen, die viel Arbeit darin investiert haben, die Konferenz bekannt zu machen und für sie zu werben.

Ganz besonders bedanken wir uns bei unseren Familien, die wieder einmal das Nachsehen gegenüber der Wissenschaft hatten, uns aber mehr als zwei Jahre selbstlos bei unserem Vorhaben unterstützt haben.

Bonn, Deutschland	Jörg Westphal
Aalen, Deutschland	Jobst Görne
Bochum, Deutschland	Christian Schmitz

Inhaltsverzeichnis

1   Sales Enablement als Fundament des Vertriebserfolgs   1
Jörg Westphal, Jobst Görne und Christian Schmitz

Teil I   Allgemeine Betrachtungen/General Considerations

2   Sales Enablement: Early Conceptualization and Empirical
Encounters   13
Robert M. Peterson, Christian Schmitz, Jörg Westphal und
Jobst Görne

3   The Future of Enablement   23
Tamara Schenk, Christian Schmitz, Jörg Westphal and Jobst Görne

4   Toolbox für den Vertrieb: ein systematischer Werkzeugkasten
für das Sales Enablement   31
Enrico Purle

**Teil II   Persönliche Aspekte des Sales Enablements/
Personal Aspects of Sales Enablement**

5   Human Capital, Network Capital, and Systems Capital: The
Three Pillars of Sales Enablement Strategy   53
Melanie Bowen, Deva Rangarajan und Timo Kaski

6   Hybride Hochschulausbildung als erfolgreiches Sales-
Enablement-Training   65
Ludger Schneider-Störmann, Thorsten Döhring und Sylvana Krauße

7   Einflussfaktoren auf das Vertrauen in Sales Persons im B2B-
Dienstleistungsbereich und deren Wirkung für das Sales
Enablement   81
Carsten Giebe, Sandra Schneider, Silvia Boßow-Thies, Bianca Krol und
Oliver Gansser

8	Sales Excellence durch professionelles Sales Enablement bei Würth Industrie Service	103
	Wolfram Zeitler	

Teil III   Sales Enablement in einer digitalen Welt/ Sales Enablement in a Digital World

9	Digital Transformation in Sales and Marketing Departments: An Integrated Overview and Directions for Organizations and Further Research	113
	Jan Philipp Graesch, Susanne Hensel-Börner und Jörg Henseler	
10	Technik als Substitut des persönlichen Verkaufs im stationären Handel: Konsequenzen eines digitalen Beratungsangebots für das Kundenbedürfnis nach persönlicher Beratung	135
	Marco Schwenke, Martin Haupt und Marcel Rosenow	
11	Erfolgreich mit Social Media Influencern arbeiten – Ergebnisse einer Online-Studie	145
	Frithiof Svenson und Markus A. Launer	

Teil IV   Kooperation zwischen Sales & Marketing/ Cooperation of Sales & Marketing

12	Aligning marketing and sales functions	163
	Klaus Mühlbäck und Enrico Rosenow	
13	Anforderungen an die Einführung von Sales Enablement in ausgewählten Industriesektoren ausgehend von den Aufgaben von Marketing und Vertrieb	175
	Jobst Görne und Maximilian Bäurle	

Teil V   Kundenperspektiven auf Sales Enablement/ Customers' Perspectives on Sales Enablement

14	Answering the Buying Center	193
	Heike Papenhoff, Carsten D. Schultz und Carsten Welle	
15	Customer Centricity im Einkauf	217
	Svenja Köster und Inga Schmidt-Ross	

16	**Sales Enablement through Marketing Communication in the Buying Environment of Complex and Investment-Intensive B2B Services**	229

Annabella Förster und Sandra Gronover

Erratum zu: Digital Transformation in Sales and Marketing Departments: An Integrated Overview and Directions for Organizations and Further Research E1

Jan Philipp Graesch, Susanne Hensel-Börner und Jörg Henseler

Herausgeber- und Autorenverzeichnis

Über die Herausgeber

Prof. Dr. Jörg Westphal wurde 2011 zum Professor für Allgemeine Betriebswirtschaftslehre, insbesondere marktorientierte Unternehmensführung, an die FOM Hochschule für Oekonomie & Management am Hochschulzentrum Bonn berufen. Seit Januar 2019 fungiert er zudem als wissenschaftlicher Leiter des KCMS KompetenzCentrum für Marketing & Sales Management der FOM Hochschule, welches aus dem KCM KompetenzCentrum für Marketing und Medienwirtschaft und dem KCV KompetenzCentrum für Vertriebsmanagement hervorging. Letzteres gründete Prof. Westphal im November 2015. Er studierte an der Universität Hamburg Betriebswirtschaftslehre und promovierte an der Helmut-Schmidt-Universität der Bundeswehr in Hamburg zum Thema „Vertikale Wettbewerbsstrategien". Nach seiner Promotion bekleidete er Führungspositionen in der Industrie und Top-Management-Beratung. Seine Interessensschwerpunkte im Sales Management sind u. a. die Identifikation der Sales-Management-Excellence-DNA von Unternehmen, Kundenorientierungsmanagement, der Aufbau performanter Vertriebsorganisationen sowie die wertschöpfende Vertriebsqualifizierung. In diesen Themen berät er auch neben seiner Professorentätigkeit internationale (Groß-)Unternehmen.

Prof. Dr.-Ing. Jobst Görne studierte Maschinenbau an der RWTH Aachen und promovierte dort im Bereich Fertigungstechnik. Im Zuge seiner Industrielaufbahn wechselte er in den technischen Vertrieb im Werkzeug- und Maschinenbau sowie in der Automobilindustrie, wo er für die weltweite Vermarktung der Produkte verantwortlich war. Im Jahr 2001 folgte er einem Ruf an die Hochschule Aalen in den Studiengang „Internationaler Technischer Vertrieb", wo er technische und kaufmännische Fächer lehrt, u. a. den Technischen Vertrieb im Bachelor und das Vertriebsmanagement im Master.

Professor Görne bekleidete in der Fakultät das Amt des Studiendekans und Dekans für mehrere Jahre. Er war für die Kontakte zu ausländischen Universitäten zuständig und schloss sich im Jahr 2010 dem Global Sales Science Institute, GSSI, an, in dem er zwei Jahre die Funktion des Chairs innehielt. Weiterhin zählt er zu den Gründungsmitgliedern der Academic Association of Sales Engineering, AASE, einem europäischen Zusammenschluss der Professoren, die technischen Vertrieb lehren. Er ist seit zwei Jahren emeritiert.

Prof. Dr. Christian Schmitz ist Universitätsprofessor für Vertriebsmanagement und Lehrstuhlinhaber am Sales Management Department (SMD) der Ruhr-Universität Bochum. Seine akademische Laufbahn startete an der Universität St. Gallen. Für seine Forschung erhielt Prof. Schmitz verschiedenen nationale und internationale Preise. Heute gilt Prof. Schmitz als Experte für Vertriebsmanagement, -organisation und -vergütung, insb. in Business-to-Business Märkten. Im Jahr 2018 wurde er für sein Engagement in der Lehre von der UNICUM-Stiftung in Deutschland bundesweit als „Professor des Jahres 2018/2019" ausgezeichnet.

Autorenverzeichnis

Maximilian Bäurle Hochschule Aalen, Aalen, Deutschland

Melanie Bowen Justus-Liebig-Universität, Giessen, Deutschland

Silvia Boßow-Thies FOM Hochschule für Oekonomie & Management, Hamburg, Deutschland

Thorsten Döhring Technische Hochschule Aschaffenburg, Aschaffenburg, Deutschland

Annabella Förster München, Deutschland

Oliver Gansser FOM Hochschule für Oekonomie & Management, München, Deutschland

Carsten Giebe Hungarian University of Agriculture and Life Sciences, Kaposvár, Ungarn

Jan Philipp Graesch University of Twente, Enschede, Niederlande

Sandra Gronover Hochschule Landshut, Landshut, Deutschland

Jobst Görne Hochschule Aalen, Aalen, Deutschland

Martin Haupt Justus-Liebig Universität, Gießen, Deutschland

Susanne Hensel-Börner Hamburg School of Business Administration, Hamburg, Deutschland

Jörg Henseler University of Twente, Enschede, Niederlande

Timo Kaski HAAGA-HELIA University of Applied Sciences, Helsinki, Finland

Svenja Köster Hamburg School of Business Administration, Hamburg, Deutschland

Sylvana Krauße Technische Hochschule Aschaffenburg, Aschaffenburg, Deutschland

Bianca Krol FOM Hochschule für Oekonomie & Management, Essen, Deutschland

Markus A. Launer Ostfalia Hochschule für angewandte Wissenschaften, Suderburg, Deutschland

Klaus Mühlbäck International School of Management, München, Deutschland

Heike Papenhoff FOM Hochschule für Oekonomie & Management, Dortmund, Deutschland

Robert M. Peterson Northern Illinois University, St. Charles, Illinois, USA

Enrico Purle DHBW Mosbach, Bad Mergentheim, Deutschland

Deva Rangarajan IESEG School of Managament, Paris, Frankreich

Enrico Rosenow Vodafone Group Services GmbH, München, Deutschland

Marcel Rosenow University of Europe for Applied Sciences, Iserlohn, Deutschland

Tamara Schenk Bartlett Schenk, London, UK

Inga Schmidt-Ross Hamburg School of Business Administration, Hamburg, Deutschland

Christian Schmitz Ruhr-Universität Bochum, Bochum, Deutschland

Sandra Schneider Hungarian University of Agriculture and Life Sciences, Kaposvár, Ungarn

Ludger Schneider-Störmann Technische Hochschule Aschaffenburg, Aschaffenburg, Deutschland

Carsten D. Schultz FernUniversität Hagen, Hagen, Deutschland

Marco Schwenke EBZ Business School – University of Applied Sciences, Bochum, Deutschland

Frithiof Svenson UiT The Arctic University of Norway, Tromsø, Norwegen

Carsten Welle FOM Hochschule für Oekonomie & Management, Essen, Deutschland

Jörg Westphal FOM Hochschule für Oekonomie & Management, Bonn, Deutschland

Wolfram Zeitler Würth Industrie Service GmbH & Co. KG, Bad Mergentheim, Deutschland

Sales Enablement als Fundament des Vertriebserfolgs

Jörg Westphal, Jobst Görne und Christian Schmitz

Inhaltsverzeichnis

1.1 Notwendigkeit einer neuen Perspektive 2
1.2 Sales Enablement als neue Perspektive 3
1.3 Aktuelle Forschungserkenntnisse zum Sales Enablement 5

Zusammenfassung

Die Komplexität und Dynamik heutiger Verkaufsprozesse stellen Vertriebsorganisationen aktuell vor große Herausforderungen. Studien von CSO Insights und Korn Ferry zufolge erfüllen gerade einmal etwas mehr als die Hälfte der befragten Unternehmen die Erwartungen ihrer Kunden und verfehlen dabei als Konsequenz ihre Vertriebsziele. Als programmatische Antwort auf diese Defizite hat sich daher

---

J. Westphal (✉)
FOM Hochschule für Oekonomie & Management, Bonn, Deutschland
E-Mail: joerg.westphal@fom.de

J. Görne
Hochschule Aalen, Aalen, Deutschland
E-Mail: jobst.goerne@hs-aalen.de

C. Schmitz
Ruhr-Universität Bochum, Bochum, Deutschland
E-Mail: Christian.Schmitz@ruhr-uni-bochum.de

© Der/die Autor(en), exklusiv lizenziert an Springer Fachmedien Wiesbaden GmbH, ein Teil von Springer Nature 2022
J. Westphal et al. (Hrsg.), *Sales Enablement als Fundament des Vertriebserfolgs*, FOM-Edition, https://doi.org/10.1007/978-3-658-37614-7_1

mit Sales Enablement ein neuer Ansatz in der Vertriebspraxis und-wissenschaft entwickelt, der durch Integration von Technologie, Prozessen, Content und Menschen den Vertrieb zur erwarteten Performance führen soll. Ziel dieses Beitrags ist es, zunächst ein grundlegendes Verständnis zu Status quo und Entwicklung des Sales Enablement zu erzeugen. Darauf aufbauend werden dann die Einzelbeiträge dieses Herausgeberwerkes in die Personal-, Technologie (Digitalisierung)-, Prozess- (Kooperation zwischen Marketing und Vertrieb) sowie Kundenperspektive eingeordnet.

1.1 Notwendigkeit einer neuen Perspektive

Die Komplexität und Dynamik heutiger Verkaufsprozesse stellen Vertriebsorganisationen aktuell vor große Herausforderungen. Die Zahl der am Kaufprozess beteiligten Personen steigt stetig. Kunden treffen ihre Entscheidungen nicht mehr eindimensional am Ende einer Verkaufsverhandlung – vielmehr erwarten sie permanent während der gesamten Customer Journey eine Top-Performance von ihren Lieferanten. Die Dauer von Kaufentscheidungen wächst. Damit wird der persönliche Verkauf spürbar erschwert. Gleichzeitig verändern sich durch die inzwischen auch im Vertrieb angekommene digitale Transformation das Informationsverhalten und die traditionellen Verkaufsrollen und damit auch die Anforderungen an den persönlichen Verkauf. Vertriebsorganisationen müssen in allen Phasen der Customer Journey ihren Kunden einen Mehrwert bieten.

Allerdings ist die Realität ernüchternd. Studien von CSO Insights (2017c, 2018b) zufolge erfüllen gerade einmal etwas mehr als die Hälfte der befragten Unternehmen die Erwartungen ihrer Kundinnen und Kunden und nur ein Drittel übertrifft sie. In einer neuen Studie von Korn Ferry (2021) betrachten Kundinnen und Kunden ihre Lieferanten demnach nicht als „wertschöpfende Ressource" für Problemlösungen. Es verwundert daher auch nicht, dass bei der Vertriebsperformance noch Luft nach oben bleibt. Erreichen doch gerade einmal etwas mehr als die Hälfte der befragten Unternehmen ihre gesteckten Ziele, bei abnehmendem Trend (vgl. CSO Insights, 2017b, 2018b). Es zeigt sich also, dass auch die Einführung von neuen Konzepten und Instrumenten wie z. B. Adaptive Selling (Spiro & Weitz, 1990), SPIN Selling (Rackham, 1995), Trust-Based Selling (Green, 2006) oder Challenger Sale (Adamson & Dixon, 2011) keine durchgreifende Veränderung am ‚Front End' verbuchen konnten. Trotz anerkannter hoher Bedeutung dieser Ansätze im Einzelnen greifen diese offensichtlich oftmals zu kurz, da sie den Blick für die Voraussetzungen vernachlässigen, die es erst ermöglichen, Front-End-Aktivitäten erfolgreich umzusetzen.

Die Vertriebswissenschaft hat sich dagegen in der Vergangenheit intensiv auf Einzelaspekte der Vertriebsoptimierung konzentriert (vgl. z. B. Williams & Plouffe, 2007; Plouffe et al., 2008 sowie Geiger & Guenzi, 2009), jedoch fehlt hier bislang eine integrative Perspektive, die aus dem Zusammenwirken der einzelnen Aspekte ein Erfolgskonzept konstruiert (vgl. Rapp & Beeler, 2021).

1.2 Sales Enablement als neue Perspektive

Die aufgezeigte Problematik ist für die Vertriebspraxis keineswegs neu; schon Santucci (2010) wies vor mehr als zehn Jahren darauf hin. Er stellte daher Vertriebsmitarbeitende mit ihrer Herausforderung, den Kundinnen und Kunden die bestmögliche Betreuungsleistung zu bieten, in den Fokus und forderte eine integrative, strategische Betrachtung derjenigen Vertriebsmethoden und -instrumente, die eine bestmögliche Vertriebsperformance sicherstellen können. Diese integrierte Sichtweise bezeichnet er als Sales Enablement. Nach Albro (2019) ist es Grundlage einer Sales-Enablement-Strategie, für die Vertriebsmitarbeiterinnen und -mitarbeiter alle möglichen Voraussetzungen im Verkaufsprozess zu schaffen, damit diese erfolgreich performen können. Dabei beschränkt sich diese Sichtweise nicht nur auf die Vertriebsabteilung, sondern erstreckt sich auf alle mit dem Vertrieb in Verbindung stehenden Unternehmensfunktionen, insbesondere das Marketing.

Daran anknüpfend haben sich vor allem Vertriebs- und Marketingberatungsunternehmen sowie Trainingsunternehmen mit Sales Enablement beschäftigt (vgl. dazu z. B. auch Bray & Sorey, 2017; Didner, 2019; Kunkle 2021). Unternehmen wie z. B. Seismic oder Showpad bauen dabei heute auf neueste digitale Möglichkeiten, namentlich Artificial Intelligence (AI), um vertriebsrelevante Informationen bereitzustellen. Nach Peterson und Dover (2020) zeigt sich jedoch ein bis heute noch immer weitgehend uneinheitliches Verständnis von Sales Enablement.

Es war dann insbesondere das Verdienst von Mathews und Schenk, die, abgeleitet aus den Studien von CSO Insights zum Sales Enablement, versucht haben, diesem einen konzeptionellen Rahmen zu geben (vgl. dazu CSO Insights 2016, 2017a, 2018a, 2019). Sie definieren Sales (Force) Enablement als eine strategische, funktionsübergreifende Disziplin. Nach ihrer Auffassung ließe sich durch eine konsistente Bereitstellung entsprechender Services für den Vertrieb die Kundeninteraktion signifikant verbessern und damit die Vertriebsperformance steigern (Mathews & Schenk, 2018). Das von den beiden Autoren entwickelte Sales Force Enablement Clarity Model stellt auf drei zentrale „Services" ab, deren konsistente Integration Wertschöpfung für die Vertriebsmitarbeiterinnen und -mitarbeiter erzeugen und ihnen darüber zu einer besseren Vertriebsperformance verhelfen soll. Bei diesen drei Services handelt es sich um

- Content Services
- Training Services
- Coaching Services.

Content Services versorgen die Vertriebsmitarbeiterinnen und -mitarbeiter in Form von Playbooks, Guides und Skripten mit den wichtigsten (Marketing-)Informationen über und für die Kundinnen und Kunden. Im Rahmen der Training Services werden Wissen, Methoden und Fähigkeiten vermittelt, die die Vertriebsmitarbeiterinnen und –mitarbeiter in die Lage versetzen sollen, Kundschaft bestmöglich zu betreuen. Coaching Services

(Lead/Opportunity Coaching, Funnel Coaching, Verhaltenscoaching oder Coachings zum Kunden- und Gebietsmanagement) sollen schließlich die beiden anderen Services verstärken. Der über allem stehende Leitgedanke ist dabei, dass sich diese Services an der Customer Journey auszurichten haben.

Die Vertriebswissenschaft hat sich, im Gegensatz zur Vertriebspraxis, erst spät mit Sales Enablement befasst. So ist es besonders einer Forschergruppe um Peterson (vgl. Peterson & Dover, 2020, 2021; Peterson et al., 2021; Westbrook & Peterson, 2020) sowie Rangarajan (vgl. Rangarajan et al., 2020) zuzuschreiben, dass dieser für die Vertriebspraxis inzwischen bedeutsame Ansatz zeitgleich Einzug in den akademischen Diskurs gefunden hat (vgl. Rangarajan et al., 2020).

Peterson und Dover (2020) definieren Sales Enablement als cross-funktionales Zusammenspiel von Content, Prozessen (People) und Technologie. Das daraus von den beiden Autoren entwickelte Modell orientiert sich, wie schon bei Mathews und Schenk zu beobachten, ebenso an der Customer Journey und weist auch mit den beiden Kernelementen „Content" und „People" weitere Ähnlichkeiten auf. Neu hinzugekommen ist die besondere Betonung der dafür einzusetzenden Technologie.

Unter „Content" verstehen die Autoren analog zu Mathews und Schenk sämtliche Instrumente zur Optimierung der Kunden-Lieferanten-Interaktionen, z. B. in Form von Blogs, Podcasts, Videos, etc. Das Element „Prozess (People)" beinhaltet dagegen sämtliche Instrumente, die die Vertriebsmitarbeiterinnen und -mitarbeiter in die Lage versetzen sollen, ihre Rollen und Aufgaben bestmöglich wahrnehmen zu können. Dazu gehören z. B. Training und Coaching. Das Element „Technology" vereinigt schließlich die gesamte technologisch-systemische Unterstützung der Vertriebsmitarbeiterinnen und -mitarbeiter, z. B. in Form von Sales- und Marketing-Automation, CRM oder auch AI-Sales Tools.

Basierend auf der Auswertung der Praktiker-Literatur sowie eigener Interviews schlagen Rangarajan et al. (2020) vor, dass Sales Enablement als strategisch-organisationale Initiative angesehen werden sollte, welche die Vertriebsmitarbeiterinnen und -mitarbeiter sowohl im Außen- wie auch im Innendienst in die Lage versetzt, in den erfolgskritischen Prozessen die bestmögliche Vertriebsperformance zu liefern. Mit dieser Perspektive stellen die Autoren die Bedeutung von Personal- und Prozessmanagement als Voraussetzung für die Sales Performance und damit als zentrale Elemente einer Sales-Enablement-Strategie in den Fokus. Technologie in Form digitaler Transformation, z. B. über AI, hat hier lediglich unterstützenden Charakter.

Zentrale Instrumente des Elementes ‚People' sind hier Recruiting, Onboarding, Training und Coaching, wie auch schon teilweise aus den beiden anderen Modellen hinlänglich bekannt. Neu ist hingegen die Perspektive des Prozess-Elements dieser Autoren, welches ergänzend zu Peterson und Dover zum einen zunächst auf die Klärung des Sales Enablement Ownership im Unternehmen abstellt, zum anderen aber auch beleuchtet, wie die innerbetrieblichen Prozesse funktionieren müssen, damit Sales Enablement zur erwarteten Vertriebsperformance führt. Schließlich fordern Rangarajan et al. eine tiefere Auseinandersetzung mit dem, was unter Vertriebsperformance zu verstehen ist, um überhaupt den Nutzen von Sales Enablement messen zu können. Dazu gehört aus ihrer Sicht die Festlegung geeigneter KPIs, aber auch die Messung des Beitrags von AI. Damit schlagen auch diese Autoren eine Brücke zur Technologie.

1.3 Aktuelle Forschungserkenntnisse zum Sales Enablement

Die bisher aufgezeigte Entwicklung von Sales Enablement weiterdenkend, hat das KompetenzCenter Marketing & Sales Management an der FOM Hochschule für Oekonomie & Management in Zusammenarbeit mit dem Global Sales Science Institute (GSSI) und dem Sales Management Department an der Ruhr-Universität Bochum im Februar 2021 eine internationale Sales Conference unter dem Motto „Sales Enablement – Fundament des Vertriebserfolgs. Aktuelle Erkenntnisse aus Forschung und Praxis zu erfolgstreibenden Voraussetzungen und Rahmenbedingungen" durchgeführt. Aus den Beiträgen zu dieser Tagung lassen sich fünf abgeschlossene Themenkomplexe identifizieren, die zum Teil, und das ist wenig überraschend, einige wesentliche Elemente der bisherigen akademischen Auseinandersetzung mit Sales Enablement, wie z. B. Personal, innerbetriebliche Kooperation, aber auch digitale Transformation, aufgreifen.

Anliegen des vorliegenden Werkes ist es nun, die Tagungsergebnisse in einer konsistenten Logik zusammenzuführen und dabei immer wieder den Blick auf den bisherigen Erkenntnisstand zu werfen, um sowohl für die Vertriebspraxis, als auch die Vertriebswissenschaft einen Erkenntnisfortschritt zu erzeugen.

Der erste Teil zu Status quo, Zukunft und Werkzeugen des Sales Enablement soll in diesen neuen Themenkomplex zunächst grundsätzlich einführen. In seinem Interview *„Sales Enablement: Early Conceptualization and Empirical Encounters"* zeigt Robert M. Peterson als einer der akademischen Vorreiter im Rahmen eines Interviews die Entwicklung sowie den aktuellen Stand seiner Forschung auf. Dieser Beitrag basiert auf seinen bisherigen empirischen Ergebnissen und gibt einen Einblick in das bestehende akademische Verständnis von Sales Enablement. Daran anschließend wagt Tamara Schenk in ihrem Interview *„The Future of Enablement"* einen Blick in die Zukunft von Sales Enablement. Auch Schenk nutzt als Grundlage ihres Beitrags das Wissen aus einer Vielzahl empirischer Studien, insbesondere aus ihrer Zeit bei CSO Insights, aber auch aus ihrer umfassenden Beratungserfahrung als Expertin für Sales Enablement. Abschließend gibt Enrico Purle in seinem Beitrag *„Toolbox für den Vertrieb: ein systematischer Werkzeugkasten für das Sales Enablement"*, eine Übersicht über Instrumente zur Umsetzung von Sales Enablement.

Der zweite Teil trägt dann der den in allen bisherigen Modellen vorherrschenden Bedeutung personaler Aspekte im Sales Enablement Rechnung. Bowen, Rangarajan und Kaski ordnen in ihrem Beitrag *„Human Capital, Network Capital, and Systems Capital: The Three Pillars of Sales Enablement Strategy"* die personalen bzw. organisationalen

Aspekte von Sales Enablement als gleichwertig zu der systemischen Unterstützung ein. Damit knüpfen sie an den Aufsatz von Rangarajan et al. (2020) an, der ebenfalls die Bedeutung von Mensch und innerbetrieblichen Prozessen bei entsprechender systemischer Unterstützung hervorhob. Schneider-Störmann, Döhring und Krauße wagen dagegen in ihrem Beitrag „*Hybride Hochschulausbildung als erfolgreiches Sales Enablement-Training*" eine für die Sales-Enablement-Forschung völlig neue Perspektive. Sie setzen mit Sales-Enablement-Training nicht erst bei den bereits tätigen Vertriebsmitarbeiterinnen und -mitarbeitern an, sondern zeigen an einem Beispiel aus der vertrieblichen Hochschulausbildung, dass dieses Training auch schon vor dem Eintritt zumindest starten kann. Ebenfalls eine neue Perspektive bringen Giebe et al. In ihrem Beitrag „*Einflussfaktoren auf das Vertrauen in Sales Persons im B2B-Dienstleistungsbereich und deren Wirkung für das Sales Enablement*" widmen sich die Autorinnen und Autoren dem für den Vertrieb so wichtigen Vertrauenskonstrukt und stellen dieses in einen Kontext zum Sales Enablement. Abgerundet wird dieser Teil durch ein Interview mit Wolfram Zeitler, der aufzeigt, wie „*Sales Excellence durch professionelles Sales Enablement bei Würth Industrie Service*" bei dem für seine außerordentliche Vertriebsorientierung bekannten Unternehmen entsteht.

Der dritte Teil widmet sich den digitalen Aspekten von Sales Enablement. Graesch, Hensel-Börner und Henseler greifen in ihrem Beitrag „*Digital Transformation in Sales and Marketing Departments: An Integrated Overview and Directions for Organizations and Further Research*" die aktuelle Diskussion zur digitalen Transformation auf und zeigen, wie diese im für das Sales Enablement typischen Zusammenwirken von Marketing und Vertrieb Einfluss nimmt. Neben aktuellen Erkenntnissen stellen die Autorinnen und Autoren dabei auch auf die noch offenen Forschungslücken in diesem Themenbereich ab. Wiederum eine neue Perspektive nehmen Schwenke, Haupt und Rosenow ein, in dem sie ihren Fokus nicht klassisch auf Industrie- oder Dienstleistungsunternehmen richten, sondern in ihrem Beitrag „*Technik als Substitut des persönlichen Verkaufs im stationären Handel: Konsequenzen eines digitalen Beratungsangebots für das Kundenbedürfnis nach persönlicher Beratung*" der Frage nachgehen, wie die systemische Unterstützung im Handel als ‚Enabler' sich auf Kundinnen und Kunden und deren Bedürfnisbefriedigung auswirkt. Svenson und Launer untersuchen in ihrem daran anschließenden Beitrag „*Erfolgreich mit Social Media Influencern arbeiten – Ergebnisse einer Online-Studie*", wie die Einbindung von Social Media Influencern als Content lieferndes Sales-Enablement-Instrument wirkt.

Der vierte Teil beschäftigt sich mit der für den Erfolg von Sales Enablement so wichtigen Zusammenarbeit von Vertrieb und Marketing. Mühlbäck und Rosenow zeigen anhand ihres Beitrags „*Aligning marketing and sales functions*" auf, wie die beiden Funktionsbereiche in der Customer Journey zusammenarbeiten müssen, um zur angestrebten Vertriebsperformance zu gelangen. Im Kontext des innerbetrieblichen Networking-Elements von Rangarajan et al. leisten die beiden Autoren damit einen wichtigen Beitrag zu dessen Konkretisierung. Görne und Bäurle runden dann dieses Kapitel mit ihrem Beitrag „*Anforderungen an die Einführung von Sales Enablement in ausgewählten Industriesektoren ausgehend von den Aufgaben von Marketing und*

Vertrieb" ab, in dem sie anhand ausgewählter Branchen herausarbeiten, welche Aufgabenteilung zwischen den beiden Funktionsbereichen Marketing und Vertrieb für eine erfolgreiche Einführung von Sales Enablement zielführend ist.

Im fünften und letzten Teil wird die Verkäuferperspektive verlassen. Die Autorinnen und Autoren dieses Kapitel beschäftigen sich dagegen vielmehr mit den Implikationen von Sales Enablement für die Kundinnen und Kunden. Papenhoff, Schultz und Welle gehen in ihrem Beitrag *„Answering the Buying Center"* darauf ein, wie sich Buying Center-Strukturen verändern und wie sich der Vertrieb im Sinne von Sales Enablement auf kundenseitige Veränderung einstellen muss. Köster und Schmidt-Ross stellen in ihrem Beitrag *„Customer Centricity im Einkauf"* die gegebenenfalls für ein Herstellerunternehmen ungewöhnliche, aber für die Spezialität eines Finanzdienstleisters verständliche Hypothese auf, dass gerade bei diesen Unternehmen Customer Centricity schon im Einkauf umgesetzt sein sollte und damit ein wichtiges Sales-Enablement-Instrument ist, um den Kundinnen und Kunden die bestmögliche Dienstleistung gewähren zu können. Abgeschlossen wird dieses Kapitel durch den Beitrag von Förster und Gronover, *„Sales Enablement through Marketing Communications in the Buying Environment of Complex and Investment-Intensive B2B Services"*, in welchem die beiden Autorinnen herausarbeiten, wie durch Verständnis der Komplexität des Beschaffungsprozesses – als Content von Sales Enablement – der Vertrieb durch adäquate Unterstützung aus dem Marketing seine Performanceziele realisieren kann.

Als übergeordnetes Fazit der Konferenz kann daher hier festgehalten werden:

- Die Rahmenbedingungen und die Anforderungen an den Verkauf haben sich in den letzten Jahren in hohem Maß verändert. Sales Enablement erhält eine Schlüsselrolle im Bemühen, die bestehende Mannschaft an ihr eigenes Potential heranzuführen.
- Sales Enablement ist notwendig für den Verkaufserfolg, allerdings bedarf es bei der Einführung einer Begleitung durch ein professionelles Veränderungsmanagement. Die Verantwortung dafür liegt beim C-Level, also der obersten Führungsebene.
- Sales Enablement ist nicht nur der Einsatz einzelner Instrumente, sondern deren gezielte Integration.
- Sales Enablement ist die konsequente Fortführung der Customer Centricity und beleuchtet alle Facetten des Vertriebs von den Randbedingungen – wie dem persönlichen Mindset, den Prioritäten und Prozessabläufen – bis hin zur praktischen Umsetzung – wie Organisation, Schulung und Bereitstellung von Tools für den Vertrieb.
- Sales Enablement erfordert eine andere Sicht des gesamten Business-Ansatzes mit einer hervorgehobenen Rolle des Vertriebs und des Marketings.
- Es ist kein einmaliges statisches Vorgehen, sondern erfordert eine permanente Adaption an die Veränderungen der Rahmenbedingungen.
- Obwohl schon mehr als zehn Jahre in der Unternehmenspraxis etabliert, befindet sich Sales Enablement erst im Anfangsstadium der wissenschaftlichen Auseinandersetzung und bietet damit noch erhebliches Forschungspotenzial aus den unterschiedlichsten Perspektiven.

Literatur

Adamson, M., & Dixon, B. (2011). *The challenger sale—how to take control of the customer conversation.* Portfolio Penguin.

Albro, S. (2019). *The Who, What, How and Why of sales enablement.* https://www.gartner.com/en/articles/the-who-what-how-and-why-of-sales-enablement. Zugegriffen: 1. Dez. 2021.

Bray, C., & Sorey, H. (2017). *The sales enablement playbook.* CreateSpace Independent Publishing Platform.

CSO Insights. (2016). Sales enablement optimization study. https://learn.seismic.com/rs/217-LXS-149/images/2016_CSO_Insights_Sales_Enablement_Optimization_Study.pdf. Zugegriffen: 1. Dez. 2021.

CSO Insight. (2017a). 2017a CSO insights sales enablement study. https://www.valamis.com/documents/10197/647304/2017-sales-enablement-optimization-study.pdf. Zugegriffen: 1. Dez. 2021.

CSO Insights. (2017b). Running up the down escalator: 2017b CSO insights world-class sales practices report. https://pleinairestrategies.com/wp-content/uploads/2017/12/2017-World-Class-Sales-Practices-Summary-Report.pdf. Zugegriffen: 1. Dez. 2021.

CSO Insights. (2017c). *Sales managers: Overwhelmed and underdeveloped.* 2017c CSO Insights Sales Manager Enablement Report. https://www.brainshark.com/sites/default/files/2017-cso-insights-sales-manager-enablement-report.pdf. Zugegriffen: 1. Dez. 2021.

CSO Insights. (2018a). Sales enablement grows up—4th annual sales enablement study. https://learn.seismic.com/rs/217-LXS-149/images/4th%20Annual%20Sales%20Enablement%20Report%20-%20CSO%20Insights.pdf. Zugegriffen: 1. Dez. 2021.

CSO Insights. (2018b). The growing buyer-seller gap—results of the 2018 buyer preferences study. https://pleinairestrategies.com/wp-content/uploads/2018/09/CSO-Growing-Buyer-Seller-Gap-White-paper_FINAL-1.pdf. Zugegriffen: 1. Dez. 2021.

CSO Insights. (2019). Fifth sales enablement study. https://salesenablement.pro/assets/2019/10/CSO-Insights-5th-Annual-Sales-Enablement-Study.pdf. Zugegriffen: 1. Dez. 2021.

Didner, P. (2019). *Effective sales enablement. achieve sales growth through collaborative sales and marketing.* Kogan Page.

Geiger, S., & Guenzi, P. (2009). The sales function in the twenty-first century: Where we are and where do we go from here? *European Journal of Marketing, 43*(7/8), 873–889.

Green, C. H. (2006). *Trust-Based selling—using customer focus and collaboration to build long-term relationships.* McGraw-Hill.

Mathews, B., & Schenk, T. (2018). *Sales enablement—a master framework to engage, equip, and empower a world-class sales force.* Wiley.

Korn Ferry. (2021). The 2021 buyer preferences study: Reconnecting with buyers. https://www.kornferry.com/content/dam/kornferry-v2/featured-topics/pdf/2021-Buyer-Preferences-Study.pdf. Zugegriffen: 1. Dez. 2021.

Kunkle, M. (2021). *The building blocks of sales enablement.* ATD Press.

Peterson, R. M., & Dover, H. (2020). Sales enablement: Definition, domain, and future considerations. *Journal of, 20,* 46–59.

Peterson, R.M., & Dover, H. (2021). Global perspectives of sales enablement. *Industrial Marketing Management, 92*(January), 142–162.

Peterson, R. M., Malshe, A., Friend, S. B., & Dover, H. (2021). Sales enablement: Conceptualizing and developing a dynamic capability. *Journal of the Academy of Marketing Science, 49,* 542–565.

Plouffe, C. R., Williams, B. C., & Wachner, T. (2008). Navigating difficult waters: Publishing trends and scholarship in sales research. *Personal Selling & Sales Research, 28*(1), 79–92.

Rangarajan, D., Dugan, R., Rouziou, M., & Kunkle, M. (2020). People, process, and performance: Setting an agenda for sales enablement research. *Journal of Personal Selling & Sales Management, 40*(3), 1–8.

Rackham, N. (1995). *SPIN® Selling*. Gower.

Rapp, A., & Beeler, L. (2021). The state of selling & sales management research: A review and future research agenda. *Journal of Marketing Theory and Practice, 29*(1), 37–50.

Santucci, S. (2010). What is "Sales Enablement" and how did forrester go about defining it? https://www.forrester.com/blogs/10-08-14-what_is_sales_enablement_and_how_did_forrester_go_about_defining_it/. Zugegriffen: 1. Dez. 2021.

Spiro, R. L., & Weitz, B. A. (1990). Adaptive selling: Conceptualization, measurement, and nomological validity. *Journal of Marketing, 27*(Feb.), 61–69.

Westbrook, K. W., & Peterson, R. M. (2020). Sales enablement and hindrance stressors' effects on burnout, turnover intentions, and sales performance. *Marketing Management Journal, 30*(2), 64–85.

Williams, B. C., & Plouffe, C. R. (2007). Assessing the Evolution of Sales Knowledge: A 20-Year Content Analysis. *Industrial Marketing Management, 36*(4), 408–419.

Prof. Dr. Jörg Westphal wurde 2011 zum Professor für Allgemeine Betriebswirtschaftslehre, insbesondere marktorientierte Unternehmensführung, an die FOM Hochschule für Oekonomie & Management am Hochschulzentrum Bonn berufen. Seit Januar 2019 fungiert er zudem als wissenschaftlicher Leiter des KCMS KompetenzCentrum für Marketing & Sales Management der FOM Hochschule, welches aus dem KCM KompetenzCentrum für Marketing und Medienwirtschaft und dem KCV KompetenzCentrum für Vertriebsmanagement hervorging. Letzteres gründete Jörg Westphal im November 2015. Er studierte an der Universität Hamburg Betriebswirtschaftslehre und promovierte an der Helmut-Schmidt-Universität der Bundeswehr in Hamburg zum Thema „Vertikale Wettbewerbsstrategien". Nach seiner Promotion bekleidete er Führungspositionen in der Industrie und Top-Management-Beratung. Seine Interessensschwerpunkte im Sales Management sind u. a. die Identifikation der Sales-Management-Excellence-DNA von Unternehmen, Kundenorientierungsmanagement, der Aufbau performanter Vertriebsorganisationen sowie die wertschöpfende Vertriebsqualifizierung. In diesen Themen berät er auch neben seiner Professorentätigkeit internationale (Groß-)Unternehmen.

Prof. Dr.-Ing. Jobst Görne studierte Maschinenbau an der RWTH Aachen und promovierte dort im Bereich Fertigungstechnik. Im Zuge seiner Industrielaufbahn wechselte er in den technischen Vertrieb im Werkzeug- und Maschinenbau sowie in der Automobilindustrie, wo er für die weltweite Vermarktung der Produkte verantwortlich war. Im Jahr 2001 folgte er einem Ruf an die Hochschule Aalen in den Studiengang „Internationaler Technischer Vertrieb", wo er technische und kaufmännische Fächer lehrt, u. a. den Technischen Vertrieb im Bachelor und das Vertriebsmanagement im Master.

Professor Görne bekleidete in der Fakultät das Amt des Studiendekans und Dekans für mehrere Jahre. Er war für die Kontakte zu ausländischen Universitäten zuständig und schloss sich im Jahr 2010 dem Global Sales Science Institute, GSSI, an, in dem er zwei Jahre die Funktion des Chairs innehielt. Weiterhin zählt er zu den Gründungsmitgliedern der Academic Association of Sales Engineering, AASE, einem europäischen Zusammenschluss der Professoren, die technischen Vertrieb lehren. Er ist seit zwei Jahren emeritiert.

Prof. Dr. Christian Schmitz ist Universitätsprofessor für Vertriebsmanagement und Lehrstuhlinhaber am Sales Management Department (SMD) der Ruhr-Universität Bochum. Seine akademische Laufbahn begann an der Universität St. Gallen. Für seine Forschung erhielt Christian Schmitz verschiedene nationale und internationale Preise. Heute gilt er als Experte für Vertriebsmanagement, -organisation und -vergütung, insbesondere in Business-to-Business-Märkten. Im Jahr 2018 wurde er für sein Engagement in der Lehre von der UNICUM-Stiftung in Deutschland bundesweit als „Professor des Jahres 2018/2019" ausgezeichnet.

Teil I
Allgemeine Betrachtungen/ General Considerations

Sales Enablement: Early Conceptualization and Empirical Encounters

The interview with Robert M. Peterson was conducted by Christian Schmitz, Jobst Görne, and Jörg Westphal

Robert M. Peterson, Christian Schmitz, Jörg Westphal und Jobst Görne

Abstract

This interview deals with latest developments in the understanding of sales enablement and their meaning for managerial practice. In particular, we highlight how the concept of sales enablement should be perceived throughout the organization and that its strategic implications reach far beyond the sales function. The customer journey (and its tremendous changes during the last couple of years) is the reference point for sales enablement in every organization, no matter how it organizes itself and no matter which company functions (e.g., marketing, sales) the different actors stem from. This interview is based on perspectives from the latest research in the field.

R. M. Peterson
Northern Illinois University, St. Charles, Illinois, USA
E-Mail: peterson@niu.edu

C. Schmitz (✉)
Ruhr-Universität Bochum, Bochum, Germany
E-Mail: Christian.Schmitz@ruhr-uni-bochum.de

J. Westphal
FOM Hochschule für Oekonomie & Management Bonn, FOM Hochschulzentrum Bonn, Bonn, Germany
E-Mail: joerg.westphal@fom.de

J. Görne
Hochschule Aalen, Gonzdorf, Germany
E-Mail: jobst.goerne@vertrieb-im-vdi.de

© Der/die Autor(en), exklusiv lizenziert an Springer Fachmedien Wiesbaden GmbH, ein Teil von Springer Nature 2022
J. Westphal et al. (Hrsg.), *Sales Enablement als Fundament des Vertriebserfolgs*, FOM-Edition, https://doi.org/10.1007/978-3-658-37614-7_2

Christian Schmitz: Welcome, Doctor Robert M. Peterson. You are a distinguished professor of sales, and you are also the editor in chief of the Journal of Selling. So, you're an expert in the selling area and you are one of the very few people in the world who have created and reshaped the understanding of what we call sales enablement. You're part of this tight network of people who are real research experts in that field. In recent years, many changes have taken place in the world of selling, and that has changed how we understand sales enablement. In your most recent publication, you outlined how you and your co-authors look at the phenomenon right now, and I'm really happy that we have the chance to ask you some questions about your research and how we can understand sales enablement and its impact on today's selling world.

Robert M. Peterson: Wonderful to be here. Great topic and yes, I'm one of the first people to look at sales enablement from a research and an academic perspective, with a lot of rigor involved. Because if sales enablement is done right, we can talk about this, it's evasive, it should be felt throughout the organization and if it's done right, it has huge strategic implications. So happy to have the conversation.

Christian Schmitz: Thank you so much and, maybe to start with, there was just recently a publication in the renowned Journal of the Academy of Marketing Science, which is an international A journal, the gold standard of scientific publications. In that publication, you and your co-authors define sales enablement as an overarching dynamic capability that aligns varied firm resources to benefit the customer journey and selling productivity. Given that there are so many definitions out there, I found this to be an understandable definition. How does your definition distinguish itself from other definitions and what are the current elements that you, on purpose, incorporated in that definition?

Robert M. Peterson: That was a labor of love. It's never easy to get any research into the top journals. So it was pretty brutal in the review process.

My co-author and I, we looked at all the existing definitions and said: you know, this one sounds more like sales operations, some sound like training, some like marketing. So we went through, and we identified and collected these definitions, but also categorized them according to what field of thought that they were coming from. We came up with the baker's dozen, with 13, and the last one was one that we concocted. But then we went to the JAMS and the reviewers said okay, we like this, but it's not deep enough. And so here is what the definition was that we just had published. And if you look at it, if we dissect, this is overarching. So, it is firm level, strategic, it's not a silo, it's housed with dynamic capability and it's beyond the department. In fact, that was an argument too. The definition went round and round several times and we had to go back out to numerous people and then start working on, I mean word by word, putting this together, so future researchers could understand what it is.

Jobst Görne: Couldn't you assume that you could look at sales enablement from different hierarchical levels? So that means, as you're saying, like overarching firm level, but couldn't it also be a part of the firm or a type of business or a part of the selling organization? How do you look at this?

Robert M. Peterson: Yes, in fact, that is where we hope it is going to be, and we'll get to that in the future.

But if it's going to be part of the corporate fabric, the firm fabric, it has to be bigger. What corporations don't need is another department. They don't need the sales enablement department or group along with the marketing, along with the finance, along with HR, with training, etcetera. It has to reduce the silos, and this is one of the first callings that allows them to erode some of the silos that people are locked in. Well, that's marketing, that's operations, just stay in your lane. So hopefully, at higher levels, they will allow sales enablement to reduce the silos and get people to think more about facing the customer in a unified manner. Because again, all this doesn't matter if the customer is not willing to say yes to you and your firm. So, make it easy for them to say yes and make it easy for them to interact with your sales force. But again, we need to combine varied resources with content, training, text support, etcetera. And here we get to the customer journey, direct or salesforce assisted. It depends on who you're talking to in the world. Some people see sales enablement as enabling the sales force to do a better job, which is a great place to start. Some people say sales enablement needs to not just be salesforce-centric but customer-centric, meaning that we might enable the salesforce a better journey, better content on the website, better white papers and infographics. The low-hanging fruit, the easy sales, or the exact repeat business doesn't take rocket science to do. They might just order for themselves.

Jobst Görne: So that means, your concept also includes, for example, early-stage presales touch points, digital lead generation from the internet, where customers have very early touch points in their buying journey?

Robert M. Peterson: Spot-on, because you are going to go from to A to Z. How/when does the customer first approach the selling firm? And we all know from some of the Gartner research that customers are delaying the point where they engage a salesperson. They are trying to educate themselves nearly fully before they make a decision. So, what is it that they are going along this path that we need to help, inform, influence, support? And then they might talk to a sales representative and continue on the path. Yes, content is generally part of sales enablement. So, it depends on the company again. All flavors are different. You can have a different approach. Some people have sales enablement report to sales, the chief revenue officer or some report into marketing. It has a different ring to it. A couple of years back they were looking for a sales enablement person, so they created a job description. A Sales Enablement Society member looked at it and said: hey, what do you think of this job description, it sounds like you want a trainer. Oh yeah, we want a trainer, but we thought we'd just call it sales enablement. No, if you want training, get training. If you want an enablement person, that's a slightly different calling and different requirements.

Jörg Westphal: So that means that from your perspective, the sales enablement is more of a strategic perspective, which really stands between marketing and sales. So, what I see is that the customer journey is the most important reference point that defines where the sales enablement is going, the breadth of the sales enablement concept, independent from the question of how the company organizes itself. Regardless whether they call it marketing or sales enablement, it is the overarching concept that tries to align the different organizational units within a company along the buying journey of the customer.

Robert M. Peterson: Some people are going to be very focused, or solely focused, on the salesforce itself and others will have a slightly more porous definition that will say we're really enabling the customer and the sales representative. Whether the salesforce plays a significant or a smaller part depends on what you are doing. Everybody's looking for one definition. So, for us in academia, we need a definition so we can know what we're studying, what is included and what is excluded. And this is one of the first robust definitions in a long time. If you took 500 companies, they might have 500 different compensation plans. Some have commissions, some bonuses, some are paid differently. While we have a central definition here and it is useful, everybody is going to have a slightly different requirement for what they ask sales enablement to do. And that is okay. For study purposes, we need a definition, so we know what we're talking about.

For example, we have 3000 SKUs of marketing content that the salesforce can use to send/engage the customers – yet they regularly use only 300 with customers. This is a true story. So, let's get rid of 90% of that because it becomes clutter. Then sales representatives can't find it. You need a content management system, which is yet another platform that the representatives have to use. So, reducing the clutter is one thing sales enablement is supposed to be doing. The sales representatives are not going to get what they want unless they take part in the creation. So, as you depart from 3000 different things you could send to a client to find out systemically which tools are the most powerful ones in the arsenal.

Meanwhile, I've been paying a marketing team to create material that has never, or only seldom, been used. From the highest level, what are we doing? Let's be more effective and let's have people talk to each other. Have a sales representative on the team to cull insane things before they get started. Sitting on an ad hoc committee is not something sales representatives want to do, but they have the street expertise. Marketing people can listen and develop improved targeted content. With enhanced materials sales representatives would be able to hit my quota and get a bigger commission. Who is against that? It becomes part of the culture.

Christian Schmitz: It's not just a concept, it's also a mindset, a strategic option that you can choose as a company. So, one question that I want to ask you. Many of these executives think in terms of marketing, sales, aftersales, and inside sales. They think within the organizational unit that they have, who are dealing with certain tasks within the overall customer interaction. So, by choosing sales enablement, you put sales in the front stage. But this is not what you mean. As you explained earlier, you're saying that it's an overarching concept which also includes the touch points marketing is dealing with, or the after sales services or the inside sales areas. How do you explain that to the executives?

Robert M. Peterson: Very perceptive, Christian, because what Howard Dover and I talk about is big sales and little sales What is sales, ultimate revenue? Or the function of sales? And what are you enabling? I think you might liken it to a maturity model. You might start with the salesforce as being what you're enabling, but slowly, over time, you start to enable more things. In fact, there's people who argue that there's customer enablement and there's revenue enablement, but at one point you're trying to enable that exchange, that transaction, that relationship. So how do you get there? Are we enabling the sales process? Are we enabling the ultimate sale? Because there's other things that go into it. That's part of the argument structure, that if you're still having a turf war, then you're missing it. If you're a very progressive company, sales enablement might sit above marketing and ops and training. Just figure out how to do it without creating more silos.

In January 2021 I had a publication in Industrial Marketing Management looking at sales enablement in North America, Europe, and Asia-Pacific and found enabling to mean different things. The data shows that North America is often different. Overall, what the research shows is that North America definitely looks at enabling the salespeople and to a degree the frontline sales managers, unlike business development. And you mention pre-sales, that's just not part of the sales enablement fabric in the US.

This data was collected just before COVID hit. So, as we know, things may have changed.

Jobst Görne: If you look, for example, at the European data compared to North America, would you say that it also reflects a level of professional sales, or how professionals are applying the sales enablement concept?

Robert M. Peterson: In general, I would say that North America has been doing it for a few more years in a formal manner. But that also means that sometimes trailing will slightly show you what not to do. This argument was published in January of this year in cooperation with CSO Insights and it's one of the few publications on this subject that people can access. It was their data that we used for analyzing the differences across the world. We serve different people and what do we do for them? The U.S. is very centered on training, tools, and the sales process, whereas Europe is more focused on content.

What are we talking about? What are we supplying our people with? And then you can see a couple of other things: Asia is certainly keenly focused on forecasting.

In my early days of research, I had a sabbatical, and this is how all this research came into being. A guy I know, Brian Lambert, was talking about sales enablement. So I searched the literature and put sales enablement in the title. Nothing came back. Let me put sales enablement in the abstract. Nothing came back. I then searched for other words like productivity and sales effectiveness and put those in, but got essentially nothing academic. So, my original sabbatical was approved in order to look at sales and marketing alignment. I did another publication on that topic, and it was glaring how well those people need to work together in order to reach the objectives. But I said there are more things being added to the soup. I want to understand that. So, I just radically changed without permission. The research outcomes are well beyond just sales and marketing alignment.

Jörg Westphal: Let me just interrupt you with one question. Of course, aligning marketing sales activities or the missing alignment of it is one of the key problems that we have known in sales or marketing for many years now. But if you look at what happens in business practice, also through digital channels which are used by the customer to inform him or herself, to evaluate suppliers or to evaluate products under interest, would you say that the need for that alignment and also the rule of sales enablement is increasing? Do the digital channels that are used by the customer change the importance of your concept?

Robert M. Peterson: I think the coordination of these individual pieces and a more well-honed interface with the customer is especially important in the global pandemic. It's monumental. I think the role of good sales enablement will just continue to grow, not only in responsibility, but in stature. It still depends on the firm. But a few years ago, people were just fighting to get any level of respect. Now there's more respect because of research like this. People can point to it and say: Hey, if we do this right, it will affect performance and it will increase margins. Not everybody has to have the same goal. Performances are key, but there are other things that might be valuable as well. So, what is sales performance to the U.S. market? It's increasing revenue. That's what sales enablement is here to do. But look at Europe. They are far more concerned with increasing margins. So, everybody doesn't have to have the same suit or the same dress on. You can focus on different things around the world. Look at decreased sales cycle time. In America "time is money". But the interesting thing is, as I have shown in my last published study, sales enablement was found to decrease turnover. If you fast forward to today and talk about the great resignation, if you have good sales enablement, it's beyond just raising the revenue or just more sales. It can reduce stressor and turnover. Amazing.

Christian Schmitz: And perhaps it clarifies the importance of the individual's contribution to the objectives of the company. I think we also had the discussion about sales fluctuation, also in the COVID lockdown phases, in many European countries because salespeople were saying something like "I'm sitting in my home office, it doesn't matter if I'm doing my job for this or for that company." But if you give them the help of sales enablement to clarify the real expectations placed on them, if you help them understand their contribution to the firm, and their precise objectives, it will influence their loyalty and self-efficacy, correct?

Robert M. Peterson: Things have changed, and the definitions of these roles have changed and evolved. It's like the future for people who are doing sales enablement in their companies, they're dropping the sales and they're asking the team to the enablement well beyond the salesforce. We need the training to be enabled and HR and finance and what not. So, there's one person. They dropped the word "sales" and it's called "corporate enablement". What we did a long while ago for the channel we are now doing for the salesforce. In some firms this affects the entire company; they are training everyone, giving KPI updates to all jobs. We are going to show them what resources are available for them to use, not only if they interface with the end customer, but also internally within the company.

Oftentimes sales enablement doesn't have the best support, doesn't have the best vision, doesn't have the right people, and so the growth toward strategic value is going to be a longer road. In fact, early in the pandemic some companies just let go all these people in sales enablement. So that first tells me they needed to save money immediately. And secondly, they didn't see sales enablement as strategic. To other folks, they immediately had the sales enablement team working 24/7 because they had to find the salesforce laptops, to get all the sales representatives set up work from home on secured lines. How do we teach these sellers who usually interact face-to-face? It's a relational sale where I think a lot of people have seen that relational opportunity starting to reduce. I'm not having lunch with you, I'm not walking to the elevator, maybe down to the lobby, maybe out to your car, and we continue the conversation. Now we're on these Zoom calls where, and when it's done, it's done, and so I think our customers are starting to get used to it. After two years and until we're allowed to fully go back to face to-face conversations, if the customers even need or want that, we're missing some of that human connection. So now it's all more focus on content, which is not a bad thing for business, but that human element has changed. So, what do you do with some of those rigid or more mature sellers who were all relational? You know I like Christian and I'm going to buy from him because I know he's got my back. It's like, well, we're at arm's length, and so I don't have that opportunity to feel that bond. So, how does sales enablement help trained sellers to proficiently use a zoom meeting to develop a relationship? And what's that definition of the relationship now? All these things must be handled, and are you really going to just pile all that onto the frontline sales manager?

Jörg Westphal: I think that also shows that we are in the middle of that process. I think it will also involve the sales enablement concept or the concept of sales enablement content. I think that this is something which might never stop because of the way sales is evolving, and the lessons learned from the COVID crisis will also bring in new topics on the sales enablement perspective for the future.

Robert M. Peterson: This intrigues me for sure. Another research study that was just published this past year also looks at sales representative turnover. Existing data shows that salesforce enablement positively affects the salesperson performance. But what was interesting is that we asked different questions. We looked at how might sales enablement be effective, does it reduce stress? Anybody in sales understands that there's a level of stress involved in this job. Does sales enablement decrease burnout, and can it decrease the willingness for this person just to leave? I think one of the future things that we'll see is that we hardly have a handle on how sales enablement affects performance yet. But this is also strategic. Not only does it help performance but it helps reduce some of these other ills too.

Christian Schmitz: And it also shows that it changes the perception of the work environment, the stress put on one's shoulders. Sales enablement helps reduce stressors, done well it is not an additional hindrance. I like that very much that you're saying, like it also has a kind of psychological effect on what's going on in sales, which will affect behavior and performance in the long run. Is that that what you're saying?

Robert M. Peterson: Yes. There're so many things that will help. If I know that you have resources, and you have my back when times are tough because you're creating better content, you're giving me better KPI information. All these things will help me reduce burnout from my stress. For the company and for me it would help reduce the probability of me leaving. But meanwhile it's also increasing my performance. These are all good things. I think we have so much work to do. How does sales enablement really help performance? In what ways does enablement reduce stress, burnout and turnover? This was the research study that Westbrook and I did. The field is wide open. It's only limited by containment, or silos, and we can get to the point where we are doing the corporate enablement, well beyond the sales force, and certainly including the customer.

Based on the early definitions, they were all over-the-board, and they weren't very profound. I think academia has a role, and a responsibility, to say that things have changed. Compared to the first precursor meeting of the Sales Enablement Society our conversations are very different now. Things have changed and are continuing to evolve. Enablement has been going on for several years in many firms. Academia has not studied it. How can we help? What measures do we need? Because again, our brothers and sisters out in the street are chasing quarterly and annual numbers, they could use our help. Compared to the first meeting of the precursor to the Sales Enablement Society our conversations are very different now.

Before, the idea was to give enablement a try. Now it's about precise metrics for many firms. What are the KPIs? How do we evaluate the sales enablement contribution? And I'll leave you with this, because four years ago I asked two multi-billion-dollar companies: "How are you evaluated?" And the guy says, "I wish I knew". He doesn't exactly know.

Another woman I interviewed, again from a multi-billion-dollar company, when asked about evaluation, replied: "well, the SVP of sales just asks people that he knows who are competent and capable. He asks how's it going, and they give them what we call a smile sheet, like you had in the old training days. How was it? Did you enjoy yourself? Did you learn?"

So, I think where we've gone in four years is amazing, and the next four should be even more helpful to the sales representative as well as to the customer and the internal silos will hopefully reduce.

Christian Schmitz: Thank you very much. I really enjoyed our conversation as well as the fact that it's not just about silos, that you're not just looking at it from a kind of research scientific silo, but that you're trying to combine what you see with a real-world phenomenon. That you're trying to translate your observations into a kind of scientific language, working with scientific methods and also translating it back. And this is what I think is a kind of magic.

Robert M. Peterson: So, I think if we have more people like you looking at this, because I think you can go to the strategic level, talking about sales enablement.

I mean, there are a lot of things that we should not be doing in our companies. Why do we do this? Because it's housed over here?

And try to make it easier for you, the buyer, to get what you need, so that's hopefully the oil that just makes things run more smoothly.

Christian Schmitz: You're aligning all the different actors and activities for the customer. The next step would be the customer enablement. So, it's not just about sales, the final step is helping the customers make better decisions. But I think that may be the topic for our next interview. Thank you very much.

Prof. Dr. Robert M. Peterson is the Dean's Distinguished Professor of Sales at Northern Illinois University. He holds degrees from Indiana University, George Washington University and the University of Memphis. Robert M. Peterson earned the American Marketing Association 2002 Innovative Teacher Award, the Innovative Sales Educator Award from the University Sales Center Alliance 2006, and the 2011 Excellence in Teaching Award by the Sales Special Interest Group of the American Marketing Association. Robert M. Peterson is the Editor of the Journal of Selling. He has published over 100 refereed conference papers, presentations, and manuscripts, including articles appearing in Journal of the Academy of Marketing Science, Industrial Marketing Management, Journal of Personal Selling and Sales Management, Business Horizons, and the Journal of Marketing Education. His current research interests include: Sales Enablement, Improve, and Sales Kickoffs.

The Future of Enablement

The interview with Tamara Schenk was conducted by Christian Schmitz

Tamara Schenk, Christian Schmitz, Jörg Westphal and Jobst Görne

Abstract

This interview explores the evolvement of sales enablement over the last couple of years. Special focus lies on the challenges buyers and sellers had to deal with due to the pandemic and the consequences for sales enablement as a discipline. Data are based on Showpad's 2021 Modern Selling Study. Learn more about the imperative for enablement in this decade – to develop adaptive fluency in all customer-facing roles to ensure the best possible preparation in our VUCA world.

T. Schenk (✉)
Bartlett Schenk, London, UK
E-Mail: tamara@bartlettschenk.com

C. Schmitz
Ruhr-Universität Bochum, Bochum, Germany
E-Mail: Christian.Schmitz@ruhr-uni-bochum.de

J. Westphal
FOM Hochschule für Oekonomie & Management Bonn, FOM Hochschulzentrum Bonn, Bonn, Germany
E-Mail: joerg.westphal@fom.de

J. Görne
Hochschule Aalen, Gonzdorf, Germany
E-Mail: jobst.goerne@vertrieb-im-vdi.de

Christian Schmitz: Let's first explore your background and your expertise on sales enablement, ok?

Tamara Schenk: Sure. I spent the last 25+ years in various roles, such as IT consulting, management consulting, business development, sales, and sales enablement. For the previous twelve years, I focused on the fascinating topic of sales enablement, first as a practitioner, then as an industry analyst, and now as a strategic advisor, author, consultant, and mentor.

In 2009, while working for a prominent IT service provider and just finishing a significant sales force restructuring, I started investigating how we enabled the remaining sales force to achieve higher sales goals. I found the typical situation of a large organization that still exists today: various functions, such as marketing, product management, sales operations, corporate academy, as well as learning and development created a lot of "random acts" of enablement, none of which were consistent with each other. Additionally, they didn't serve the paradigm shift at this time, to sell cloud services with an impact on the customer's ROI rather than a data center deal that contributed to cost savings only.

For example, we had content in 35 locations globally, and the top performers in the organization were unaware of them as they used what they had on their laptops. We needed one single source of content truth before we could work on the next steps, which was evolving the content from product-oriented assets to customer challenge and role-tailored content and messaging.

Once we had mastered these challenges, we connected the dots to the various existing sales training services. Those were also inconsistent, not connected to the customer journey, very product-centered, not enough customer-challenge, and customer role-focused. Orchestrating these efforts across all involved functions was the foundation for the third significant element: implementing a sales coaching framework and enabling the frontline sales managers to become effective sales coaches for their teams.

Overall, I had the pleasure to develop enablement from an idea to a program to a strategic, global function at VP level before I changed perspectives in 2014 and became research director at CSO Insights. During this time, I led various global studies on sales enablement and co-authored a book on sales enablement. Since 2020, I have been working as a strategic advisor, author, speaker, consultant, and mentor in the enablement and personal empowerment space.

Christian Schmitz: The term sales enablement has been used by practitioners, consultants, and researchers for a broad variety of different topics, such as training, sales infrastructure, strategic mindset etc. What is your personal understanding of SE, so what is included in the concept of SE and what isn't?

Tamara Schenk: Even a decade later, we still experience a lack of clarity in the field of enablement. One of my core missions is to make enablement crystal clear for all roles involved so that we are all on the same page for the critical discussions we need to evolve the profession.

Enablement is a cross-functional, orchestrating, strategic and ongoing discipline

- to drive predictable sales results,
- by empowering customer-facing professionals and their managers
- with integrated, often digital, consistent content, training, and coaching services
- along the entire customer journey to be relevant, valuable, and differentiating in every prospect and customer interaction.

We will discuss most of the aspects of the definition in this interview. However, defining what enablement is also requires determining what it is not.

First, enablement is not another word for sales content management or even content marketing, and it's also not another word for sales training. Instead, all these aspects are facets of enablement. However, most organizations begin with mastering one domain first, the content or the training or readiness domain, before integrating their efforts and tackling more enablement facets.

Second, enablement is not a synonym for sales operations. Instead, sales operations and sales enablement are both supporting functions and two sides of the same coin. This coin is a scalable, effective sales system. Sales operations set the architectural foundation of the sales system, such as, for instance, the sales process or ideally the systemized and modeled buyer-seller journey framework, the CRM and the sales tech stack, the forecasting process, territories and account structures, analytics, and sales intelligence, and compensation models.

Sales enablement builds on this foundation and connects all their enablement services, such as content, training, readiness, and coaching, to the buyer-seller journey framework covering the entire customer journey. Enablement also enriches the sales tech stack with specific enablement solutions and platforms ideally integrated into the CRM ecosystem. Operations set the foundation for scalable productivity, whereas enablement ideally increases sales effectiveness. Enablement makes sure that the sales force always has access to the right content assets at the right time to engage prospects and customers effectively. Enablement develops and implements the required skills, expertise, and fluency so that the various customer-facing roles can have relevant, valuable, differentiating conversations and interactions with prospects and customers along the entire buyer-seller journey framework.

Christian Schmitz: How has sales enablement developed since the pandemic, and what's the current state?

Tamara Schenk: Let's review the enablement journey since the pandemic hit the economy last year to answer this question. Enablement went through a journey of, in most cases, hard awakening and ongoing adaptation in all areas, to questions such as what's the right set-up, how to lead it, what to provide for whom to achieve what, the role of senior executive involvement and, of course, the role of technology. In order to understand the challenges and – at the same time – the great opportunities for enablement, let's look back and uncover what really happened.

Before the crisis, many companies hit the top-line revenue numbers due to a good economy and did not address the hidden but existing selling and enablement challenges. Many of the studies I enjoyed being involved in showed that only a tiny percentage of organizations had set up enablement formally and strategically and achieved tangible results. Most organizations had an enablement program somewhere in the business, providing fragmented services, not aligned to the business strategy, and unable to measure success. That led to the temporary end of enablement in many organizations.

Now the opposite is the case. The relevance of enablement grew from 64 % before the pandemic to 75 % thereafter (see Showpad's 2021 Modern Selling Study) and available enablement job openings are increasing.

As in previous crises, the customers adjusted their buying behavior faster than most sales forces changed their way of selling. In this study, we learned that buying decisions were temporarily put on hold while buying priorities and criteria were adjusted to fit the massive push on digitalization. Interestingly, we didn't find new selling challenges. Instead, existing challenges were amplified, such as not being able to find relevant content, the lack of readiness for remote selling, and having a hard time addressing the economic buyer. These "broken things" are not new. Still, they have become more urgent now as we live in a VUCA world (volatility, uncertainty, complexity, and ambiguity) more than ever before.

Christian Schmitz: Sounds very interesting. Is there anything you didn't expect?

Tamara Schenk: Yes, indeed. I didn't expect such a big digital misunderstanding: Imagine, 82 % said they had access to the right digital tools to succeed. Asking for more details, 77 % said that these tools were video meeting solutions, and only 44 % had an enablement content solution in place. No wonder that the most significant selling challenge was not being able to access the right content at the right time. So in digitalization alone, we found frictions and fragmentations that are neither productive nor effective. However, enablement has more to fix than digitalization.

Christian Schmitz: Isn't digital transformation a key challenge? And what are the other critical enablement challenges?

Tamara Schenk: Yes, digital transformation is a crucial challenge for enablement leaders. However, any enablement challenges should always be addressed from the organization's business goals, current state, context, and, of course, their customers' journey and selling motions (e.g., transactional, complex, enterprise). If the enablement strategy is derived from these parameters, you can also answer the related technology questions and make the right decisions. But not the other way around. I don't recommend throwing in technology before performing thoughtful conceptual and strategic alignment work first.

Other key challenges? One is that many organizations still underestimate the need and the power of effective orchestration across all involved functions and business units. And that's combined with another challenge – the lack of senior executive involvement. And one and two usually bring about the third challenge, a lack of robust and scalable cross-functional frameworks, such as mapping a comprehensive buyer's journey and aligning each element to the sales process.

Christian Schmitz: Sounds interesting. Tell me more about a buyer-seller journey framework.

Tamara Schenk: Sure. That's the framework organizations use to define and collaborate on each element of their buyer's journey and decide how the sales process can empower buyers to make better decisions. It is also the foundation of the data model used by the operations and enablement teams to continuously learn and improve their services. Connecting each phase of the buyer's journey to each step of the seller's journey is the key to making sure that this framework is robust, scalable, and adaptive at the same time.

This is a critical architectural foundation for the entire selling system as you can connect each enablement initiative to this framework, ensuring that everyone is on the same page right away. It also serves as a blueprint for the selling system's tech stack. And if several selling scenarios exist, such as mid-market, enterprise, or a partner landscape, there are several of those frameworks to be implemented.

This is often forgotten, but if enablement programs and services are floating around and people don't understand their purpose or where exactly they belong on their buyer-seller journey framework, you won't be able to drive adoption. And adoption is the key to moving the performance needle.

Christian Schmitz: Could you elaborate a bit more on orchestration?

Tamara Schenk: Of course. Orchestration is more than collaborating cross-functionally. Orchestration is a leadership philosophy which could be described as leading in a "dotted line manner." This is the case for all enablement initiatives in which various functions are working together, with different points of view on how things should be from their functional perspectives, resentments, and prejudices. Orchestration is a way of allowing everyone to be heard, of accepting different perspectives, and understanding data in the context of the challenges at hand, so that you can then co-create a shared vision of success for all functions involved, with a unified goal, in order to achieve the organization's desired customer experience and sales results. It is really powerful, although it takes time to get there.

Christian Schmitz: Why is there still a lack of senior executive involvement?

Tamara Schenk: Great question. In my experience, this lack of senior executive involvement has two root causes. One is the mistake of considering enablement solely a tactical program at a mid-management level or lower. Two is a homemade challenge: many enablement managers and leaders talk "enablement slang" instead of a business language that their executives can clearly understand. So they talk about playbooks, content ideas, technology, and on boarding programs. That's of no interest for a sales leader unless you can connect these terms to sales results. We want our salespeople to translate features and functions into business-related messages. And rightly, enablement should help them to do that. But enablement leaders also have to translate their feature and function slang into business language that senior executives understand and care about. Enablement is a lot about internal selling, and that has become even harder since the pandemic.

Christian Schmitz: We've discussed the current challenges a lot. Now, what's the future of sales enablement?

Tamara Schenk: The future of sales enablement is about scaling enablement excellence in a VUCA world. This requires applying agile principles, creating adaptive enablement services, and consistently leveraging insights in order to drive tangible results – the way to get there is via effective orchestration. Of course, scaling enablement excellence this way requires a digitally integrated enablement technology platform, incorporated in the CRM ecosystem, which is able to grow and scale with an organization's ever-changing needs.

Christian Schmitz: That's a lot to digest. What are agile principles in an enablement context?

Tamara Schenk: The need to be more agile is based on the volatile, uncertain, complex, and ambiguous world we live in. Most of us never imagined the massive changes in all areas of our lives we have experienced since COVID. But it happened. Given the magnitude of global challenges at hand, we must prepare now to thrive in a VUCA world.

The initial ideas of the Agile Manifesto apply to enablement as well – for instance, the focus on the customer experience. For enablement this is empowering the customer-facing pros through the lens of the actual customers – and the need for businesspeople and those who design and implement enablement services to work together daily is crucial in our VUCA world. COVID showed that some organizations could shift their teams to work entirely from home immediately while others needed to figure things out for a few months. It's not that the fast ones had everything prepared, but they had mechanisms and prerequisites in place that allowed them to shift gears very quickly. And that impacts leadership principles. Are they current-state-oriented and slow or are they agile and adaptive? The latter is what we need more than ever.

A key enablement challenge for this decade and the VUCA world we live in is to develop adaptive fluency in all customer-facing roles in order to be able to master various buying scenarios.

Christian Schmitz: What does adaptive fluency mean for enablement specifically?

Tamara Schenk: Fast-changing buyer behaviors require adaptive enablement services for sellers – because they are asked to specifically adjust their selling behaviors, messaging, and approach to each selling situation. That's why foundational frameworks such as the buyer-seller journey framework are essential. They provide the much-needed orientation and get everyone on the same page, including the managers who can also tailor their coaching based on the said framework. You can think of those foundational frameworks as the sheet music for effective orchestration.

Established enablement programs that worked elsewhere just a few years ago are most probably no longer sufficient, adequate, or effective. Sellers must develop adaptive fluency, especially in all digital ways of communication at all stages of the customer's journey, while simultaneously addressing changing buyer behaviors, decision criteria, and requirements. It's a lot to cover, to learn, and to master. If an organization is on a growth path with an exploding product portfolio, things can become overwhelming for most sellers.

Enablement must empower sellers to develop this adaptive fluency for these conversations with, for instance, various value messaging approaches for different buyer roles and challenges. Pre-configured frameworks and tools must be adjusted. This requires content, a lot of skill development, and ongoing coaching so that sellers can develop the necessary adaptive fluency. The goal of any guided selling script is to make it obsolete as sellers practice and receive insights-based tailored coaching to develop the required adaptive fluency for any selling situation. And that drives buyer engagement, which is more crucial than ever to winning deals. This is where sales content management, sales readiness, sales effectiveness, and buyer engagement come full circle.

Christian Schmitz: Final question, how do you measure the business impact of enablement?

Tamara Schenk: Showing the impact of their enablement efforts is crucial for any enablement leader to survive. First of all, the enablement strategy must be aligned with the company's market and sales goals. Enablement is very different depending on whether it is a start-up, a scale-up, or an established player in the market. Aligning with the executives' vision and goals is essential to ensure the involvement, advocacy, and engagement of senior executives.

Secondly, it's essential to derive the relevant metrics from the sales and GTM leaders top line goals. The goal for enablement leaders is to show how certain metrics can be positively impacted by initiatives of enablement, ideally along the funnel. In order to do this as early as possible when rolling out new initiatives, it's essential to establish a baseline set of leading indicators, such as conversion rates per stage, to show the impact of an enablement pilot. If there is a positive impact, enablement has created a case of its business relevance, and that's the key to success. Together with the sales leadership team and all other involved teams, these metrics and dashboards should be reviewed regularly in order to learn what works and what requires improvement and also as a foundation for the decision-making progress. It's always recommended to run a pilot first, for instance for a new value messaging approach in a particular industry. Enablement leaders should define the leading indicator metrics to focus on, identify ambassadors/early adopters across the pilot team, and process the pilot. The results should be reviewed together, and all lessons learned should be implemented prior to the rollout.

Christian Schmitz: Thank you very much for this inspiring view into the future of sales enablement.

Tamara Schenk is a globally acknowledged sales enablement expert, strategic advisor, author, keynote speaker, and entrepreneur. She enjoyed more than twenty-five years of working in various roles in the corporate world on an international level before she discovered her passion for sales enablement. She serves as strategic advisor for Showpad, and is the co-founder of Bartlett Schenk Co., a specialist advisory practice that helps companies drive responsible, predictable growth. As a partner, she focuses on mentoring enablement leaders to help their organizations drive sustainable results. Prior to this role, Tamara Schenk was research director and lead analyst for sales enablement at CSO Insights. During this time, she also co-authored the book *Sales Enablement – A Master Framework to Engage, Equip, and Empower a World-Class Sales Force* with Byron Matthews. Before she changed perspectives and became an analyst, she had the pleasure to develop sales enablement from an idea to a program and a strategic, global function at T-Systems, a Deutsche Telekom company where she led the global sales force enablement and transformation team.

4. Toolbox für den Vertrieb: ein systematischer Werkzeugkasten für das Sales Enablement

Enrico Purle

Inhaltsverzeichnis

4.1 Werkzeuge für das Sales Enablement: Relevanz und Status 32
4.2 Zielsetzung und Vorgehensweise zur Entwicklung eines systematischen
 Werkzeugkastens für das Sales Enablement 33
4.3 Systematische Beschreibung und Struktur zur Einordnung der Werkzeuge 34
4.4 Werkzeugkasten und Werkzeuge für das Sales Enablement 38
4.5 Fazit und Ausblick 45
Literatur. 46

Zusammenfassung

Die systematische Unterstützung des Vertriebs (engl. „Sales Enablement") gilt als wesentlicher Erfolgsfaktor für eine flächendeckende Professionalisierung des Vertriebs. Allen Sales-Enablement-Ansätzen und Definitionen ist gemein, dass im Kern der systematischen Unterstützungsleistungen für den Vertrieb sowohl Wissen als auch Methoden und Werkzeuge bereitgestellt werden. In diesem Beitrag wird ein systematischer Werkzeugkasten für den Vertrieb vorgestellt. Die Toolbox besteht aus den wichtigsten 52 Werkzeugen, Methoden und Konzepten für den strategischen und operativen Vertrieb. Die Auswahl, Einordnung und Beschreibung der Werkzeuge erfolgte wissenschaftlich fundiert und praxisorientiert. Die „Toolbox für den Vertrieb"

E. Purle (✉)
DHBW Mosbach, Campus Bad Mergentheim, Bad Mergentheim, Deutschland
E-Mail: enrico.purle@mosbach.dhbw.de

kann im Rahmen eines ganzheitlichen Sales-Enablement-Ansatzes ein wesentliches inhaltliches Element sein, auf das die Verantwortlichen bei der Analyse und Weiterentwicklung der vertriebsunterstützenden Maßnahmen zurückgreifen können.

4.1 Werkzeuge für das Sales Enablement: Relevanz und Status

Die systematische Unterstützung des Vertriebs (engl. „Sales Enablement") gilt als wesentlicher Erfolgsfaktor für eine flächendeckende Professionalisierung des Vertriebs. Seit ca. 2010 wird das Konzept Sales Enablement in Praxis und Wissenschaft entwickelt und untersucht. Eine Vielzahl von im Detail unterschiedlichen Definitionen findet sich inzwischen in der Literatur (vgl. Peterson & Dover, 2020, S. 50).

▶ **Sales Enablement:** A strategic, collaborative discipline designed to increase predictable sales results by providing consistent, scalable enablement services that allow customer-facing professionals and their managers to add value in every customer interaction. (Matthews & Schenk, 2018, S. 28).

Im Sinne der in diesem Beitrag verwendeten Definition von Matthews und Schenk (2018) kann Sales Enablement auch als integrierter Ansatz zur Erreichung von Sales Excellence verstanden werden und letztlich zu einer nachhaltigen Differenzierung beim Kunden beitragen. Inzwischen belegen die ersten empirischen Untersuchungen die Effekte einer systematischen Unterstützung des Vertriebs im Sinne von Sales Enablement (vgl. Peterson et al., 2021).

Allen Sales-Enablement-Ansätzen und Definitionen ist gemein, dass im Kern der systematischen Unterstützungsleistungen für den Vertrieb sowohl Wissen als auch Methoden und Werkzeuge bereitgestellt werden. Im Sales-Enablement-Modell nach Matthews und Schenk (2018, S. 31) wird dieses Element „Effective Enablement Services" genannt und enthält die Aufbereitung der Inhalte sowie die Vermittlung der Inhalte mittels Training und Coaching. Die Inhalte beziehen sich hierbei auf alle notwendigen Inhalte, Methoden/Werkzeuge und Vorgehensweisen entlang der Customer Journey (vgl. Matthews & Schenk, 2018, S. 69–89).

Umso überraschender fiel die wissenschaftliche Literaturanalyse zu Vertriebsmethoden und -werkzeugen aus, die vom Arbeitskreis B2B-Marketing/Vertrieb der Arbeitsgemeinschaft für Marketing (AfM) im Jahr 2015 durchgeführt wurde: Es fand sich keine wissenschaftlich fundierte und systematische Sammlung relevanter Vertriebswerkzeuge, die Vertriebsleiterinnen und -leitern und Sales Enablement Professionals als Ressource für die systematische Analyse, Planung, Gestaltung und Weiterentwicklung der eigenen Vertriebsmethodik hätte dienen können (vgl. Purle et al., 2019, S. 11–14; Purle, 2021; Arbeitsgemeinschaft für Marketing (AfM), 2021).

4.2 Zielsetzung und Vorgehensweise zur Entwicklung eines systematischen Werkzeugkastens für das Sales Enablement

Um diese inhaltliche Lücke zu schließen, haben sich letztlich 37 Hochschulprofessorinnen und -professoren sowie Vertriebsexpertinnen und -experten zusammengetan und in einem systematischen Prozess die wichtigsten 52 Werkzeuge für den strategischen und operativen Vertrieb gesammelt (vgl. Purle et al., 2019).

Die Zielsetzung war, Sales Enablement durch eine systematische Sammlung (Werkzeugkasten) der wichtigsten wissenschaftlich fundierten, praxisorientierten Werkzeuge für den Vertrieb zu ermöglichen (Zielgruppe: Vertriebsleiterinnen und -leiter, Vertriebsmanagerinnen und -manager, Vertriebsexpertinnen und -experten im B2B-Umfeld, (interne) Unternehmensberaterinnen und -berater, Lernende und Lehrende (Aus- und Weiterbildung im Bereich Vertrieb)). Um diese Zielsetzung zu erreichen, wurde eine systematische Vorgehensweise gewählt (vgl. Purle, 2021):

1. Sammlung von relevanten Werkzeugen
   - Im ersten Schritt wurde in einem breit angelegten Prozess nach möglicherweise relevanten Werkzeugen gesucht und die Ergebnisse gesammelt.
   - Parallel dazu wurden die Mitglieder des Arbeitskreises B2B-Marketing/Vertrieb der Arbeitsgemeinschaft für Marketing (AfM) nach Interesse zur Mitwirkung angefragt.
2. Entwicklung einer Struktur zur einheitlichen Beschreibung der Werkzeuge: Im zweiten Schritt wurde eine Systematik und Struktur zur einheitlichen Beschreibung der Werkzeuge entwickelt.
3. Auswahl der Systematik zur Einordnung der Werkzeuge in den Vertriebsprozess: Im dritten Schritt wurden verschiedene Systematisierungen zur Einordnung der Werkzeuge entlang der Customer Journey bzw. des Vertriebsprozesses analysiert. Der Selling Cycle nach Hofbauer und Hellwig (2016) wurde ausgewählt, da dieser sowohl die vor- und nachgelagerten Phasen des strategischen Vertriebs als auch die Phasen des operativen Vertriebs enthält (vgl. Hofbauer & Hellwig, 2016, S. 76).
4. Auswahl der wichtigsten Werkzeuge: Aus der Vielzahl der gesammelten möglichen Werkzeuge wurden letztlich 52 Werkzeuge als relevant ausgewählt und nach ihrer primären Verwendung den verschiedenen Phasen des Selling Cycle zugeordnet (vgl. Purle et al., 2019, S. 19).
5. Identifikation von wissenschaftlich fundierten, praxisorientierten Experten für die ausgewählten Werkzeuge: Für jedes der 52 Werkzeuge wurde jeweils eine Expertin bzw. ein Experte identifiziert, der bzw. die das jeweilige Werkzeug auf Basis der vorgegebenen Struktur auf drei bis neun Seiten beschrieben hat.
6. Gewinnung des Visual-Selling-Experten Marko Hamel für die durchgängige Visualisierung aller Tools: Zum einfachen und schnellen Zugang zu den z. T. komplexen Werkzeugen hat beigetragen, dass der Visual-Selling-Experte Marko Hamel alle Werkzeuge durchgängig visualisiert und auf diesem Weg die Kerninhalte transparent gemacht hat.

7. Analyse und Auswahl eines Verlags: Die Kernidee des Werkzeugkastens wurde dann in einem Exposé zum geplanten Buchprojekt zusammengefasst. Auf Basis des Exposés zeigten die drei angefragten Verlage großes Interesse an einer Veröffentlichung. Letztlich erfolgte die Veröffentlichung im Schäffer-Poeschel-Verlag, mit dem die Zusammenarbeit sehr fruchtbar und vertrauensvoll verlief.
8. Erstellen der Manuskriptentwürfe durch 37 Autorinnen und Autoren: Die inhaltliche und organisatorische Koordination der Autorinnen und Autoren stellte für die drei Herausgeber Purle, Steimer und Hamel eine besonders spannende Erfahrung dar, genauso wie die nachfolgende Qualitätssicherung und das abschließende Lektorat.
9. Qualitätssicherung und Überarbeitung, gemeinsam mit Verlagslektorat
10. Erstellen und Bereitstellen ergänzender Materialien: Der Schäffer-Poeschel-Verlag bietet unter sp-mybook.de eine das Buch begleitende Webseite an, auf der die Autoren alle Darstellungen (PPT) und ergänzende Materialien zu den einzelnen Werkzeugen bereitstellen.

Im August 2019 erfolgte dann die Veröffentlichung des Buchs „Toolbox für den B2B-Vertrieb – ein systematischer Werkzeugkasten für Ihren Kundenerfolg" (vgl. Purle et al., 2019).

4.3 Systematische Beschreibung und Struktur zur Einordnung der Werkzeuge

Um einen schnellen und leichten Zugang zu allen Werkzeugen zu ermöglichen, wurde eine Systematik und Struktur zur einheitlichen Beschreibung der Werkzeuge entwickelt. Alle Werkzeuge wurden anhand der folgenden acht Aspekte beschrieben (vgl. Purle et al., 2019, S. 20–21):

1. Warum nutze ich das Tool?
   In dieser Rubrik wird beschrieben, in welchen Situationen die Anwendung des Tools sinnvoll ist und was der Vertriebsexperte oder die Vertriebsexpertin bzw. der Vertriebsmanager oder die Vertriebsmanagerin damit erreichen kann.
2. Was kann das Tool?
   Hier wird konkret darauf eingegangen, welchen Nutzen das Tool bietet.
3. Wie nutze ich das Tool konkret?
   Die konkrete Anwendung des Tools wird in dieser Rubrik beschrieben. Aus Platzgründen kann es vorkommen, dass weitere Beispiele auf der begleitenden Website zum Download bereitstehen.

4. Wozu kann ich es noch verwenden?
Da sich einige Tools für den Einsatz in verschiedenen Vertriebsphasen oder in unterschiedlichen Einsatzszenarien eignen, wird hier dargestellt, wann und wo das Tool noch Anwendung finden kann.
5. Vorteile
Jedes Tool, Modell und jede Methode bieten einige Vorteile in der Anwendung, welche hier beschrieben werden.
6. Nachteile
Neben den Vorteilen sind aber in der Regel auch mögliche Nachteile mit der Anwendung verbunden, auf welche hier eingegangen wird.
7. Aufwand
Jedes Tool bringt einen gewissen Aufwand an Zeit, Kosten, beteiligten Personen oder Veränderungen in Kultur und Führung mit sich, auf welche hier eingegangen wird.
8. Weiterführende Quellen und Literatur
Mit den weiterführenden Quellen, den Literaturangaben und Links zu Online-Ressourcen wird den interessierten Leserinnen und Lesern die Möglichkeit gegeben, sich vertiefend mit den Tools auseinanderzusetzen.

Als Systematik zur Einordnung der Werkzeuge in den Vertriebsprozess wurde der Selling Cycle nach Hofbauer und Hellwig (2016) ausgewählt, da dieser sowohl die vor- und nachgelagerten Phasen des strategischen Vertriebs als auch die Phasen des operativen Vertriebs enthält (vgl. Abb. 4.1).

Der Selling Cycle nach Hofbauer und Hellwig (2016) beschreibt die Phasen und Aufgaben des gesamten Vertriebsprozesses, angefangen von den erforderlichen organisatorischen Voraussetzungen bis hin zum Vertriebscontrolling. In den jeweiligen Phasen sind die Hauptaufgaben und Elemente aufgeführt, die in dieser Phase erledigt werden müssen, um den nächsten Arbeitsschritt fortführen zu können. Somit wird verhindert, dass z. B. Kunden angesprochen werden, bevor sie im Vorfeld bewertet worden sind. Der Output einer Phase entspricht dann dem Input der nachfolgenden Phase. Zur besseren Steuerung und Effizienzverbesserung gibt es für jede Teilphase verschiedene Erfolgskennzahlen, die dann auch in die Phase des Vertriebscontrollings einfließen.

Im Selling Cycle werden – ausgehend von der Unternehmens- und Vertriebsstrategie – zunächst die strategischen und organisatorischen Vertriebsthemen in den Phasen „Organisation", „Marktplanung" und „Kundenplanung" bearbeitet. Der klassische operative Vertriebsprozess beginnt mit der „Anfrageprüfung" und endet mit dem „Auftragsmanagement" nach dem erfolgreichen Vertragsabschluss. Der Selling Cycle ergänzt dann noch die wichtigen Phasen „After-Sales-Betreuung" und „Vertriebscontrolling". Ziel des Gesamtvertriebsprozesses ist es, Wert für das Unternehmen zu schaffen.

Neben dem ganzheitlichen, integrierten Ansatz ist das Besondere des Selling Cycle nach Hofbauer und Hellwig (2016), dass es spiegelbildlich zum Selling Cycle einen

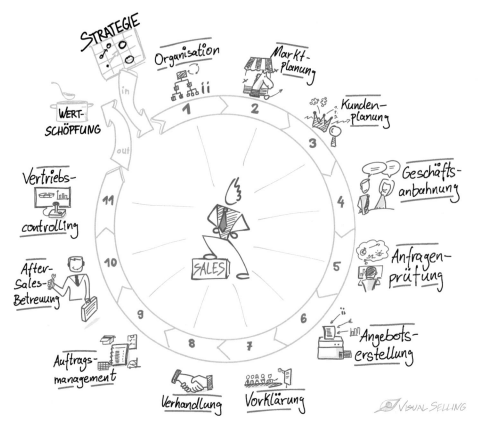

Abb. 4.1 Selling Cycle des Integrierten Vertriebsmanagements nach Hofbauer (Purle et al., 2019, S. 15, Visualisierung: Marko Hamel, in Anlehnung an Hofbauer & Hellwig, 2016, S. 76)

Buying Cycle gibt, der den strategischen und operativen Beschaffungs- bzw. Einkaufsprozess abbildet. Die Kenntnisse der Ziele, Prozesse und Kennzahlen des Verhandlungspartners (in diesem Fall des Einkäufers) können dazu beitragen, den Vertriebsprozess erfolgreicher zu gestalten. (vgl. Hofbauer & Hellwig, 2016, S. 76).

Die 52 (Vorgehens-)Modelle, Methoden und Werkzeuge wurden jeweils der zuvor dargestellten Phase des Selling Cycle zugeordnet, in der das jeweilige Tool primär eingesetzt wird (vgl. Abb. 4.2).

Einige Werkzeuge sind in unterschiedlichen Phasen des Vertriebsprozesses einsetzbar. Die wichtigsten alternativen Anwendungsgebiete sind in der Toolbeschreibung jeweils in der Rubrik „Wozu kann ich es noch verwenden?" vermerkt.

4 Toolbox für den Vertrieb: ein systematischer …

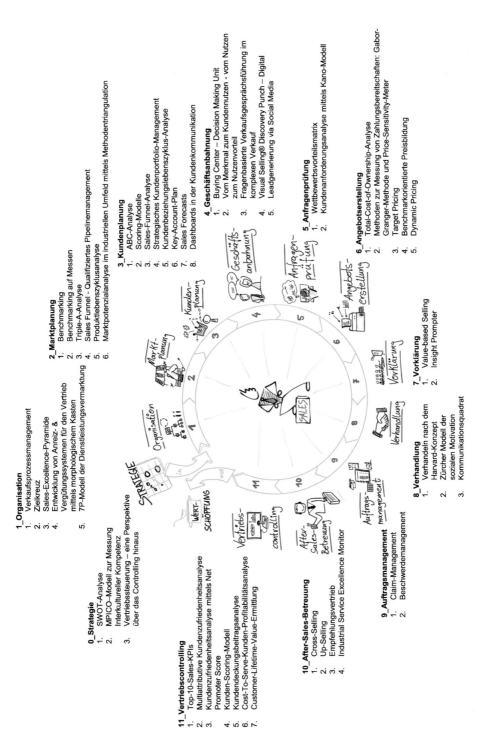

Abb. 4.2 Einordnung der Vertriebswerkzeuge in den Selling Cycle (Purle et al., 2019, S. 19)

0_Strategie
1. SWOT-Analyse
2. MPICO-Modell zur Messung Interkultureller Kompetenz
3. Vertriebssteuerung – eine Perspektive über das Controlling hinaus

1_Organisation
1. Verkaufsprozessmanagement
2. Zielkreuz
3. Sales-Excellence-Pyramide
4. Entwicklung von Anreiz- & Vergütungssystemen für den Vertrieb mittels morphologischem Kasten
5. 7P-Modell der Dienstleistungsvermarktung

2_Marktplanung
1. Benchmarking
2. Benchmarking auf Messen
3. Triple-A-Analyse
4. Sales Funnel - Qualifiziertes Pipelinemanagement
5. Produktlebenszyklusanalyse
6. Marktpotenzialanalyse im industriellen Umfeld mittels Methodentriangulation

3_Kundenplanung
1. ABC-Analyse
2. Scoring-Modelle
3. Sales-Funnel-Analyse
4. Strategisches Kundenportfolio-Management
5. Kundenbeziehungslebenszyklus-Analyse
6. Key-Account-Plan
7. Sales Forecasts
8. Dashboards in der Kundenkommunikation

4_Geschäftsanbahnung
1. Buying Center – Decision Making Unit
2. Vom Merkmal zum Kundennutzen - vom Nutzen zum Nutzenvorteil
3. Fragenbasierte Verkaufsgesprächsführung im komplexen Verkauf
4. Visual Selling® Discovery Punch – Digital
5. Leadgenerierung via Social Media

5_Anfragenprüfung
1. Wettbewerbsvorteilsmatrix
2. Kundenanforderungsanalyse mittels Kano-Modell

6_Angebotserstellung
1. Total-Cost-of-Ownership-Analyse
2. Methoden zur Messung von Zahlungsbereitschaften: Gabor-Granger-Methode und Price-Sensitivity-Meter
3. Target Pricing
4. Benchmarkorientierte Preisbildung
5. Dynamic Pricing

7_Vorklärung
1. Value-based Selling
2. Insight Prompter

8_Verhandlung
1. Verhandeln nach dem Harvard-Konzept
2. Zürcher Modell der sozialen Motivation
3. Kommunikationsquadrat

9_Auftragsmanagement
1. Claim-Management
2. Beschwerdemanagement

10_After-Sales-Betreuung
1. Cross-Selling
2. Up-Selling
3. Empfehlungsvertrieb
4. Industrial Service Excellence Monitor

11_Vertriebscontrolling
1. Top-10-Sales-KPIs
2. Multiattributive Kundenzufriedenheitsanalyse
3. Kundenzufriedenheitsanalyse mittels Net Promoter Score
4. Kunden-Scoring-Modell
5. Kundendeckungsbeitragsanalyse
6. Cost-To-Serve-Kunden-Profitabilitätsanalyse
7. Customer-Lifetime-Value-Ermittlung

4.4 Werkzeugkasten und Werkzeuge für das Sales Enablement

Im Folgenden werden die 52 Vertriebswerkzeuge entlang der Phasen des Selling Cycle in aller Kürze vorgestellt. Ausführliche Beschreibungen der Werkzeuge finden sich in Purle et al. (2019, S. 23–261) und der dort zitierten weiterführenden Literatur. Die einzelnen Werkzeuge können losgelöst voneinander angewendet, aber auch gesamthaft als Werkzeugkasten zur Analyse und Weiterentwicklung des Vertriebs im Rahmen z. B. einer Sales-Enablement-Initiative genutzt werden.

Strategie

Der Vertriebsstrategie, die dem eigentlichen Selling Cycle vorgeschaltet ist, sind die folgenden drei Werkzeuge zugeordnet:

1. SWOT-Analyse: Die SWOT-Analyse ist nach wie vor die populärste Analysemethode für strategische Entscheidungen. Mit ihr lassen sich die Strengths (Stärken), Weaknesses (Schwächen), Opportunities (Chancen) und Threats (Risiken) eines Unternehmens oder einer Strategie ermitteln. (vgl. Sponholz, 2019a, S. 23–28)
2. MPICO-Modell zur Messung interkultureller Kompetenz: Das MPICO-Modell (Manager Process Model for Intercultural Competences) setzt voraus, dass der Erwerb interkultureller Kompetenz ein lebenslanger Lernprozess ist. Mit dem MPICO-Test kann der interkulturell kompetente Lernende identifizieren, worauf er oder sie ein besonderes Augenmerk legen sollte, um die eigene interkulturelle Kompetenz zu steigern. (vgl. Überwimmer & Füreder, 2019, S. 29–31)
3. Vertriebssteuerung – eine Perspektive über das Controlling hinaus: Abgeleitet aus den strategischen Unternehmenszielen sollte eine Führungsperspektive geschaffen werden, die eine selektive Vertriebssteuerung in unterschiedlichen Phasen der Markt- und Kundenbearbeitung möglich macht. Diese Vertriebssteuerung beinhaltet die zielgerichtete Steuerung der Vertriebsaktivitäten im Markt sowie die Optimierung des Einsatzes der Vertriebsressourcen. (vgl. Schwing, 2019, S. 32–36)

Organisation

4. Verkaufsprozessmanagement: Ein modernes Vertriebsmanagement erfordert die aktive Gewinnung von Neukunden und die Generierung weiterer Aufträge bei bestehenden Kunden. An dieser Stelle bedarf es eines professionellen Verkaufsprozessmanagements. (vgl. Gündling, 2019, S. 36–41)
5. Zielkreuz: Der Einsatz des Zielkreuzes steigert die Effizienz und Effektivität von Workshops sowie Diskussionen oder Verhandlungen durch eine konsequente Orientierung auf die Ziele der Beteiligten. (vgl. Hartleben, 2019a, S. 41–43)
6. Sales-Excellence-Pyramide: Das Tool der Sales-Excellence-Pyramide (SEP) ist ein Instrument, mit dem Sie die Leistung des Verkaufsteams verbessern bzw. steigern können. Das Modell ermöglicht die einfache Selbstevaluierung des Vertriebs von

Klein- und Mittelunternehmen und hilft, dringenden Handlungsbedarf oder Verbesserungspotenziale hinsichtlich Strategie, Struktur und Methoden des Vertriebs aufzuzeigen. (vgl. Füreder et al., 2019, S. 44–46)

7. Entwicklung von Anreiz- und Vergütungssystemen für den Vertrieb mittels morphologischem Kasten: Ziel des morphologischen Kastens zur Entwicklung eines Anreizsystems für den Vertrieb ist es einerseits, die vielfältigen Optionen und die Interdependenzen zwischen den einzelnen Stellhebeln zu illustrieren und anderseits einen Leitfaden zur Entwicklung eines unternehmensspezifischen Anreizsystems zu geben. (vgl. Hälsig, 2019a, S. 46–50)

8. 7P-Modell der Dienstleistungsvermarktung: Die zunehmende Bedeutung von Dienstleistungen (Services) mit (weitgehend) immateriellen Leistungsbestandteilen und die Anforderungen einer zunehmend digitalisierten Welt machen Anpassungen an ursprüngliche Denkweisen im Marketing notwendig. Das klassische 4P-Modell des Marketings wird daher im 7P-Modell der Dienstleistungsvermarktung um drei weitere Betrachtungsebenen, „People", „Partner" und „Physical Evidence", ergänzt. (vgl. Borgmeier, 2019, S. 51–58)

Marktplanung

9. Benchmarking: Benchmarking ist ein systematischer und kontinuierlicher Prozess, bei dem die eigene Leistung mit den sogenannten „Best Practices" (führende Geschäftspraktiken) verglichen wird. Durch die Übernahme der Best Practices können die eigenen Aktivitäten optimiert werden. (vgl. Schlottmann, 2019, S. 59–62)

10. Benchmarking auf Messen: Da bei bedeutenden Messen alle signifikanten Anbieterunternehmen einer Branche bzw. Mitbewerber in einem Marktsegment als Aussteller vertreten sind und sie zugleich meist ihre neuesten Produkte oder Lösungen präsentieren, bieten sich solche Messen dafür an, die Mitbewerber systematisch und quasi zum Nulltarif zu analysieren und mit der eigenen Performance zu vergleichen (Benchmarking). (vgl. Hartleben, 2019b, S. 63–66)

11. Triple-A-Analyse: Stehen in Entscheidungssituationen verschiedene Optionen zur Verfügung, hilft die Triple-A-Analyse, geeignete Optionen zu priorisieren. Hierzu werden die gesammelten Optionen anhand der drei Beurteilungskriterien „Einfachheit der Umsetzbarkeit", „Kosten" und „Auswirkung auf übergeordnete Zielerreichung" mit A, B oder C bewertet, wobei A jeweils der besten Ausprägung entspricht. Die mit AAA bewerteten Optionen sind somit die am besten bewerteten Optionen. (vgl. Hartleben, 2019c, S. 67–72)

12. Sales Funnel – Qualifiziertes Pipelinemanagement: Das Pipelinemanagement betrachtet den ganzheitlichen Opportunity-Lebenszyklus von der initialen Geschäftsanbahnung, einem sogenannten Lead, bis zum Abschluss bzw. der Beendigung des Geschäfts. Mithilfe eines stringenten Verkaufstrichters (engl. Sales Funnel) kann analysiert werden, wie viele potenzielle Geschäftsabschlüsse aktuell in der Pipeline sind und in welcher Verkaufsphase sie sich jeweils befinden. (vgl. Arica, 2019, S. 72–77)

13. Produktlebenszyklusanalyse: Die Produktlebenszyklusanalyse eignet sich u. a. zur Analyse, warum sich Umsätze oder Gewinne einzelner Produkte und Dienstleistungen im Portfolio anders entwickeln als erwartet oder ob sich die Entwicklung und Einführung neuer Produkte noch lohnt, obwohl der Wettbewerber schneller war und schon ähnliche Produkte auf den Markt gebracht hat. (vgl. Scheed, 2019, S. 78–82)
14. Marktpotenzialanalyse im industriellen Umfeld mittels Methodentriangulation: Das Instrument der Methodentriangulation beschreibt ein systematisches Vorgehen, wie das Potenzial adressierter Marktsegmente durch die Kombination mindestens zweier Perspektiven hinreichend genau abgeschätzt bzw. eingegrenzt werden kann. (vgl. Blum, 2019, S. 83–88)

Kundenplanung

15. ABC-Analyse: Bei der kundenorientierten ABC-Analyse handelt es sich um eine einfache Methode zur Verdeutlichung von Absatz- bzw. Erlöskonzentrationen in Bezug auf Kundensegmente. (vgl. Beinert, 2019a, S. 89–92)
16. Scoring-Modelle: Scoring-Modelle, auch Punktbewertungs- oder Nutzwertmodelle genannt, sind mehrdimensionale Bewertungsansätze, die den Wert eines Kunden (bzw. seine Priorität) anhand mehrerer Einflusskriterien bestimmen. (vgl. Beinert, 2019b, S. 93–97)
17. Sales-Funnel-Analyse: Im Rahmen des Konzeptes zum strategischen Verkauf stellt die Sales-Funnel-Analyse, auch bezeichnet als Verkaufstrichteranalyse oder Marketing-Funnel-Analyse, ein zentrales Konzept der vertrieblichen Steuerung dar. Das Instrument ist eine phasenbezogene Analyse des Kundenstatus und ermöglicht sowohl Ableitungen für operative Vertriebsaufgaben als auch – über das spätere Vertriebscontrolling – Schlussfolgerungen für die Verbesserung von Marketing und Vertrieb insgesamt. (vgl. Reger-Wagner, 2019d, S. 98–101)
18. Strategisches Kundenportfolio-Management – Kundenpotenziale ausschöpfen und Kunden strategisch entwickeln: Das strategische Kundenportfolio-Management verbindet die rückblickende kaufmännische Beurteilung mit der zukunftsgewandten potenzialorientierten Kategorisierung der Kunden. Vertriebsorganisationen gewinnen damit eine Gesamtsicht auf ihr Kundenportfolio. (vgl. Schlageter, 2019a, S. 102–107)
19. Kundenbeziehungslebenszyklus-Analyse: Das Tool trägt dazu bei, die Phasen der Beziehung eines Kunden zu einem Unternehmen (analog zum Produktlebenszykluskonzept) transparent zu machen. Darauf aufbauend lassen sich Ansätze für eine gezielte Steuerung der Phasen ermitteln sowie konkrete Maßnahmen ableiten – beispielsweise für die Intensivierung und Verlängerung der Wachstums- oder Reifephase oder auch die Beschleunigung der Anbahnungs- oder Sozialisationsphase. (vgl. Eckardt, 2019, S. 107–110)
20. Key-Account-Plan: Ein Key-Account-Plan sammelt strategierelevante Informationen zu den Schlüsselkunden in einem übersichtlichen Dokument, welches allen Beteiligten in der Kundenkommunikation zur Verfügung gestellt wird. Verbesserungen in der Team-

kommunikation und im Bereich des Verantwortungsbewusstseins sowie eine Optimierung der Potenzialausschöpfung sind die Folge. (vgl. Buchard, 2019, S. 111–116)

21. Sales Forecasts: Die Nutzung eines Sales-Forecasting-Modells verbessert die Vorhersage von zukünftigen Umsätzen, Gewinnmargen, der Beurteilung der Wirksamkeit von Vertriebs- oder Marketingstrategien sowie operativer Maßnahmen. Auf diese Weise werden Mittel besser gesteuert, Risiken reduziert und das Unternehmen langfristig abgesichert. (vgl. Überwimmer, 2019, S. 116–119)

22. Dashboards in der Kundenkommunikation: Eine grafische und strukturierte Aufbereitung vorhandener Informationen über einen Kunden, einen Teilmarkt oder eine Kampagne in Form eines Dashboards (auch Cockpit genannt) ermöglicht es, alle relevanten Informationen auf einen Blick zu erfassen. (vgl. Baaken, 2019, S. 120–123)

Geschäftsanbahnung

23. Buying Center/Decision-Making-Unit: Das Buying-Center- bzw. Decision-Making-Unit-Konzept zeigt auf, welche Personen im Verkaufsprozess involviert sind. Insbesondere wird analysiert, welche Rollen und Motive diese Personen haben können. (vgl. Weiche & Schneider-Störmann, 2019a, S. 123–128)

24. Vom Merkmal zum Kundennutzen – vom Nutzen zum Nutzenvorteil: Der Weg vom Merkmal eines Produkts zum Nutzen führt über die subjektive Bewertung durch den Kunden bzw. Anwender, durch Spiegelung an seinen Erwartungen, Interessen und Beweggründen, ein bestehendes oder empfundenes Problem zu lösen. Es wird eine strukturierte Methodik zur Übersetzung von Produktmerkmalen in Nutzen bzw. Mehrwert für den Kunden vorgestellt (vgl. Hartleben, 2019d, S. 129–134)

25. Fragenbasierte Verkaufsgesprächsführung im komplexen Verkauf: Bei der fragenbasierten Verkaufsgesprächsführung wird der Kunde durch gezielte Fragen so durch das Gespräch geführt, dass er selbst seine Situation analysiert und den individuellen Nutzen der angebotenen Problemlösung eigenständig erarbeitet. Auf diese Weise werden die wahren Bedürfnisse des Kunden offengelegt, was die spätere Preisargumentation positiv beeinflusst. (vgl. Hummels, 2019, S. 134-137)

26. Visual Selling® Discovery Punch – Digital: Aus dem klassischen „Selling" wird „Co-Creation" – und zwar mit Stift, digitaler Tinte und Tablet. So können Sie gemeinsam und visuell ein Thema beleuchten und ein Gesamtbild der Situation gestalten. Für eine einfache Umsetzung im B2B-Umfeld wurde der Visual Selling® Discovery Punch für die digitale Live-Visualisierung im Kundengespräch entwickelt. (vgl. Hamel, 2019, S. 138–145)

27. Leadgenerierung via Social Media: Die Leadgenerierung, also die Gewinnung von Interessenten, hat besonders im B2B-Bereich in der heutigen digitalen Welt eine enorme Bedeutung. Businessnetzwerke wie Xing oder LinkedIn sind bestens dafür geeignet, potenzielle Kunden zu gewinnen. Man spricht in diesem Fall von Leadgenerierung mittels Community Management. (vgl. Anlanger & Engel, 2019, S. 146–149)

Anfrageprüfung

28. Wettbewerbsvorteilsmatrix: Für Entscheider wird es immer wichtiger zu analysieren, was die konkreten Kundenanforderungen in einem Markt sind und worin die Wettbewerbsvorteile bzw. -nachteile des eigenen Produkt- und Serviceangebotes im Vergleich zum Wettbewerb liegen. Für diese Fragestellung ist das Instrument der Wettbewerbsvorteilsmatrix (engl. Matrix of Competitive Advantage) hilfreich. (vgl. Hälsig, 2019b, S. 150–155)
29. Kundenanforderungsanalyse mittels Kano-Modell: Das Ziel der Kano-Analyse besteht darin, die abgefragten Eigenschaften eines Leistungsangebots in Basis-, Leistungs- und Begeisterungsanforderungen einzuteilen, die jeweils einen anderen Einfluss auf die Kundenzufriedenheit ausüben. (vgl. Magerhans, 2019a, S. 155–160)

Angebotserstellung

30. Total-Cost-of-Ownership-Analyse: Mittels einer Total-Cost-of-Ownership-Analyse (TCO-Analyse) kann dem Kunden vorgerechnet werden, welches Angebot ökonomisch attraktiver als die Wettbewerbsalternativen ist, wenn alle Kosten über die gesamte Besitzdauer in Betracht gezogen werden. (vgl. Heigl & Huttelmaier, 2019a, S. 160–165)
31. Methoden zur Messung von Zahlungsbereitschaften: Gabor-Granger-Methode und Price-Sensitivity-Meter: Die Ermittlung der Zahlungsbereitschaft der Kunden ist eine Kernaufgabe des Vertriebs. Hierfür existieren unterschiedliche Methoden, die durch direkte oder indirekte Befragungen der Kunden deren Zahlungsbereitschaft ermitteln. In diesem Beitrag werden zwei Methoden vorgestellt, die auf der direkten Preisbefragung der Kunden basieren. (vgl. Hälsig, 2019c, S. 165–170)
32. Target-Pricing: Gestiegenes Preisbewusstsein in vielen Märkten bewirkt, dass Unternehmen nach Kostensenkungspotenzialen suchen. Hier kann Target-Pricing eine Hilfestellung bieten: Target-Pricing (auch Target-Costing genannt) geht von der Fragestellung aus, was ein Produkt kosten darf, und ersetzt damit z. B. eine reine kostenorientierte Preisbestimmung. (vgl. Beinert, 2019c, S. 170–175)
33. Benchmarkorientierte Preisbildung: Ziel einer benchmarkorientierten Preisbildung ist es, die Zahlungsbereitschaften der Kunden systematischer und profitabler abzuschöpfen und damit den Vertriebserfolg zu steigern. (vgl. Wolf, 2019a, S. 175–179)
34. Dynamic Pricing: Unter dem Dynamic Pricing wird ein planvolles Vorgehen verstanden, bei dem einseitige Preisvorgaben zu (beliebigen) Zeitpunkten innerhalb des Verkaufsprozesses »dynamisch« angepasst werden, um so auf veränderte nachfrage- oder konkurrenzbezogene Rahmenbedingungen zu reagieren. (vgl. Wolf, 2019b, S. 180–184)

Vorklärung

35. Value-based Selling: Value-based Selling zielt darauf ab, den Kunden über das Aufzeigen von spürbaren Vorteilen wie Effizienz-, Effektivitäts- oder Qualitätssteigerungen frühzeitig und nachhaltig zu überzeugen. Dabei ist Value-based Selling nicht auf das Verkaufsgespräch beschränkt, sondern setzt bereits beim Aufkommen eines Kundenbedarfs an und reicht weit bis in die Nutzung des Produkts hinein. (vgl. Huttelmaier & Heigl, 2019, S. 184–189)
36. Insight Prompter: Der Insight Prompter wird genutzt, um den Vertriebsmitarbeitenden bei der Vorbereitung, Durchführung und Nachbereitung von Anbahnungsgesprächen zu unterstützen. (vgl. Sponholz, 2019b, S. 190–194)

Verhandlung

37. Erfolgreich verhandeln nach dem Harvard-Konzept: Verhandeln ist nicht Feilschen. Verhandeln zielt darauf, Interessen zu befriedigen. Dieser Zugang bildet den Kern des weltweit verbreiteten Konzepts des lösungsorientierten Verhandelns. Es wurde seit Beginn der 1980er Jahre an der Harvard Law School entwickelt. (vgl. Stäudner, 2019, S. 195–198)
38. Zürcher Modell der sozialen Motivation: Motive sind die zentralen Treiber des (Kauf-)Verhaltens. Sie steuern unbewusst unser Verhalten. Die drei Motivsysteme, die den Menschen – und damit auch die Wirkung von Vertriebsmaßnahmen – am stärksten steuern, sind im Zürcher Modell der sozialen Motivation zusammengefasst. (vgl. Stumpf, 2019, S. 198–201)
39. Kommunikationsquadrat: Gute Kommunikation bildet die Basis erfolgreicher Vertriebsarbeit. Das Kommunikationsquadrat hilft zu verstehen, wie zwischenmenschliche Kommunikation, zum Beispiel in einer Verhandlungssituation, funktioniert, aber auch, wie Kommunikationsstörungen entstehen und gelöst werden können. (vgl. Steimer, 2019, S. 202–206)

Auftragsmanagement

40. Claim-Management: Claim-Management beinhaltet das gezielte und organisierte Handeln bei Ansprüchen, die sich im Projektgeschäft dann ergeben, wenn eine Vertragspartei ihre Verpflichtungen nicht oder nur teilweise erfüllt, wenn bei Änderungen im Projektablauf zusätzliche Ansprüche und Forderungen entstehen oder wenn aufgrund unvorhersehbarer Ereignisse die Vertragsabwicklung gestört wird, die keine Vertragspartei zu vertreten hat. (vgl. Beinert, 2019d, S. 207–211)
41. Beschwerdemanagement: Der systematische und planvolle Umgang mit Beschwerden ist für alle Unternehmen von großer Bedeutung. Die zentralen Ziele des Beschwerdemanagements bestehen in der Wiederherstellung der Kunden-

zufriedenheit (Beschwerdezufriedenheit), Minimierung der negativen Auswirkungen der Kundenunzufriedenheit und Gewinnung von Hinweisen auf betriebliche Schwachstellen. (vgl. Magerhans, 2019b, S. 212–215)

After-Sales-Betreuung

42. Cross-Selling: Durch Cross-Selling werden die bestehende Unternehmens- und Markenwahrnehmung des Kunden und die dadurch aufgebaute Loyalität auf weitere Austauschprozesse übertragen, um neues Geschäft zu generieren. Wesentliches Prinzip für Cross-Selling ist es, das richtige zusätzliche Produkt für den richtigen Kunden zur richtigen Zeit zu finden. (vgl. Schlottmann & Hauck, 2019, S. 215–219)
43. Up-Selling: Das Umsatzpotenzial des Kunden kann durch Up-Selling systematisch ausgeschöpft werden. In Abgrenzung zum Cross-Selling geht es beim Up-Selling nicht darum, zusätzliche Leistungen anzubieten. Die Idee des Up-Selling ist, ein vergleichsweise höherwertigeres Produkt zu verkaufen. (vgl. Weiche & Schneider-Störmann, 2019b, S. 219–222)
44. Empfehlungsvertrieb: Die Akquisition über Empfehlungen ist ein hocheffizientes Vertriebsinstrument zur Gewinnung neuer Kunden, das keine Zusatzkosten generiert und ohne neue Strukturen in der Vertriebsorganisation auskommt. (vgl. Schlageter, 2019b, S. 223-227)
45. Industrial Service Excellence Monitor: Das Tool hilft, die firmenspezifischen Stellhebel zu erkennen, um den Profit der industriellen Services und die langfristige Kundenzufriedenheit zu steigern. Es kann als Basis genutzt werden, um den eigenen Kunden eine exzellente Service Performance bieten zu können und um festzustellen, ob durch die gesetzten Maßnahmen die Service-Exzellenz gesteigert wird. (vgl. Überwimmer et al., 2019, S. 227–230)

Vertriebscontrolling

46. Top-10-Sales-KPIs: Zentrale Vertriebskennzahlen – häufig auch mit dem englischsprachigen Fachbegriff Sales Key Performance Indicators (KPIs) bezeichnet – dienen der Analyse von Struktur, Ergebnis, Effizienz und Entwicklung der Vertriebstätigkeit auf unterschiedlichen Ebenen. Mit den Top-10-Vertriebskennzahlen bleiben die wichtigsten Steuerungsgrößen regelmäßig, schnell und einfach im Blick. (vgl. Heigl & Huttelmaier, 2019b, S. 230–233)
47. Multiattributive Kundenzufriedenheitsanalyse: Zufriedene Kunden sind die Grundlage für Kundenbindung und Weiterempfehlung – und damit für den langfristigen wirtschaftlichen Erfolg. Eine Analyse der Kundenzufriedenheit identifiziert Stärken und Schwächen im Produkt- und Leistungsangebot aus Sicht der Kunden. Bei der multiattributiven Kundenzufriedenheitsanalyse wird eine Vielzahl von Merkmalen hinterfragt. (vgl. Buerke, 2019, S. 234–242)

48. Kundenzufriedenheitsanalyse mittels Net Promoter Score: Der Net Promoter Score (NPS) ist ein Tool zur Messung der Weiterempfehlungsabsicht und damit auch der Kundenzufriedenheit. (vgl. Magerhans & Buerke, 2019, S. 243–247)
49. Kunden-Scoring-Modell: Die Identifikation von Risiken, die sich aus der Kundenstruktur ergeben oder das Aufdecken strategischer sowie operativer Vertriebspotenziale können durch die Anwendung von Kunden-Scoring-Modellen erfolgen. Es handelt sich hierbei um ein Verfahren der Kundenklassifikation, das auf dem Konzept des mehrdimensionalen Punktbewertungsverfahrens (Nutzwertanalyse) aufbaut. (vgl. Reger-Wagner, 2019a, S. 248–251)
50. Kundendeckungsbeitragsanalyse: Die Kundendeckungsbeitragsrechnung zählt zu den statischen Verfahren der monetären Kundenwertermittlung. Sie verfolgt das Ziel, nicht nur die Kundenumsätze zu analysieren, sondern die Kundenprofitabilität in einem definierten Betrachtungszeitraum zu ermitteln. (vgl. Reger-Wagner, 2019b, S. 251–253)
51. Cost-to-Serve-Kundenprofitabilitätsanalyse: Die Cost-to-Serve-Kundenprofitabilitätsanalyse ist eine spezielle Form der Kundendeckungsbeitragsanalyse und kann für eine überschaubare Anzahl an großen Kunden die Profitabilität einzelner Kunden nach Abzug aller Kosten ermitteln. (vgl. Purle, 2019, S. 254–257)
52. Customer-Lifetime-Value-Ermittlung: Der Customer-Lifetime-Value (CLTV, im Deutschen als Kundenlebenszeitwert bezeichnet) zielt auf die Berechnung des monetären Wertes eines Kunden ab, indem er den Wert des Kunden von der Gegenwart bis zum vermeintlichen Ende der Lieferbeziehung mit dem Unternehmen misst. Er ermöglicht damit eine effiziente Aussteuerung der Ressourcen für Kundenakquise und -bindung. (vgl. Reger-Wagner, 2019c, S. 258–261)

4.5 Fazit und Ausblick

Die Kurzübersicht der 52 Werkzeuge verdeutlicht, dass diese eine große Bandbreite an Konzepten, Methoden und Werkzeugen abbilden. Einige Werkzeuge sind strategischer Natur und daher primär für Vertriebsverantwortliche und interne Vertriebsexperten einsetzbar (vor allem Werkzeuge in den Phasen „Strategie" „Organisation", „Marktplanung" und „Vertriebscontrolling"). Andere Werkzeuge sind operativer Natur und grundsätzlich für alle Vertriebsverantwortlichen mit direktem Kundenkontakt geeignet.

Das Herausgeberwerk „Toolbox für den B2B-Vertrieb" (Purle et al., 2019) bietet somit auf Basis einer umfassenden Sammlung der wichtigsten Vertriebswerkzeuge erstmals einen systematischen Werkzeugkasten für den Vertrieb. Im Vergleich zu anderen Veröffentlichungen im Vertriebsbereich ist das Besondere, dass die Werkzeuge wissenschaftlich fundiert und praxiserprobt sind. Zudem ist die Darstellung kurz und prägnant. Die einfache Zugänglichkeit für die Leserschaft wird zudem durch die einheitliche Struktur der Beschreibung der Werkzeuge sowie die durchgängige Visualisierung unterstützt. Die ergänzenden Materialien (u. a. alle Darstellungen als PPT-Folien) auf mybook.de bieten Leserinnen und Lesern sowie Anwenderinnen und Anwendern zudem eine hilfreiche Unterstützung. Die erfreulich schnelle Verbreitung des Buchs verdeutlicht das Vorhandensein einer inhaltlichen Lücke in Bereich Vertriebswerkzeuge.

Trotz der umfassenden Recherche und Sammlung sowie strukturierten Auswahl der wichtigsten und relevanten Werkzeuge erhebt das Herausgeberwerk nicht den Anspruch auf Vollständigkeit. Die Herausgeber setzen ihre Recherche fort und analysieren weitere Vertriebswerkzeuge, Methoden und Konzepte, die zukünftig eine große Relevanz bekommen könnten, insbesondere auch vor dem Hintergrund der Digitalisierung des Vertriebs. Die Herausgeber freuen sich daher immer auch über Hinweise zu möglichen Lücken im aktuellen Werkzeugkasten, die dann in zukünftigen Auflagen gefüllt werden können.

Bei der Betrachtung der 52 Werkzeuge wird deutlich, dass es natürlicherweise Überlappungen der Vertriebswerkzeuge u. a. mit den Bereichen Strategie(-entwicklung), Organisation(-sentwicklung), Marketing, Business Development, Controlling und Consulting gibt. Das verdeutlicht, dass das Zusammenspiel dieser Funktionsbereiche in den vergangenen Jahren, beschleunigt insbesondere auch durch die Digitalisierung, zunehmend wichtiger geworden ist.

Vertrieb darf daher zukünftig nicht mehr singulär betrachtet werden. Das schon lange geforderte weitere Zusammenwachsen von u. a. Marketing, Vertrieb und marketing-/vertriebsunterstützenden Bereichen (wie z. B. IT-Unterstützung im Bereich CRM, Marketing und Sales Automation) wird zwangsläufig notwendig, wenn der (potenzielle) Kunde über alle Customer Touchpoints hinweg ‚mit einer Stimme' angesprochen werden soll.

In diesem Sinne kann Sales Enablement nur dann erfolgreich sein, wenn es funktionsübergreifend alle relevanten internen Stakeholder (u. a. aus Geschäftsführung, Marketing, Produktmanagement, Controlling, interner Beratung, Rechtsabteilung und Training/Weiterbildung) einbezieht. (vgl. Matthews & Schenk, 2018, S. 141–152).

Die funktionsübergreifende „Toolbox für den Vertrieb" (vgl. Purle et al., 2019) kann dann im Rahmen eines solchen ganzheitlichen Sales-Enablement-Ansatzes ein wesentliches inhaltliches Element sein, auf das die Verantwortlichen bei der Analyse und Weiterentwicklung der vertriebsunterstützenden Maßnahmen zurückgreifen können.

Literatur

Anlanger, R., & Engel, W. A. (2019). Leadgenerierung via Social Media. In E. Purle, S. Steimer, & M. Hamel (Hrsg.), *Toolbox für den B2B-Vertrieb* (S. 146–149). Schäffer-Poeschel.

Arbeitsgemeinschaft für Marketing (AfM). (2021). Arbeitskreis B2B-Marketing/Vertrieb. https://arbeitsgemeinschaft.marketing/afm-arbeitsgruppen/afm-arbeitskreis-b2b-marketing. Zugegriffen: 6. Juni 2021.

Arica, M. (2019). Sales Funnel – Qualifiziertes Pipelinemanagement. In E. Purle, S. Steimer, & M. Hamel (Hrsg.), *Toolbox für den B2B-Vertrieb* (S. 72–77). Schäffer-Poeschel.

Baaken, T. (2019). Dashboards in der Kundenkommunikation. In E. Purle, S. Steimer, & M. Hamel (Hrsg.), *Toolbox für den B2B-Vertrieb* (S. 120–123). Schäffer-Poeschel.

Beinert, M. (2019a). ABC-Analyse. In E. Purle, S. Steimer, & M. Hamel (Hrsg.), *Toolbox für den B2B-Vertrieb* (S. 89–92). Schäffer-Poeschel.

Beinert, M. (2019b). Scoring-Modelle. In E. Purle, S. Steimer, & M. Hamel (Hrsg.), *Toolbox für den B2B-Vertrieb* (S. 93–97). Schäffer-Poeschel.

Beinert, M. (2019c). Target-Pricing. In E. Purle, S. Steimer, & M. Hamel (Hrsg.), *Toolbox für den B2B-Vertrieb* (S. 170–175). Schäffer-Poeschel.

Beinert, M. (2019d). Claim-Management. In E. Purle, S. Steimer, & M. Hamel (Hrsg.), *Toolbox für den B2B-Vertrieb* (S. 207–211). Schäffer-Poeschel.

Blum, R. (2019). Marktpotenzialanalyse im industriellen Umfeld mittels Methodentriangulation. In E. Purle, S. Steimer, & M. Hamel (Hrsg.), *Toolbox für den B2B-Vertrieb* (S. 83–88). Schäffer-Poeschel.

Borgmeier, A. (2019). 7P-Modell der Dienstleistungsvermarktung. In E. Purle, S. Steimer, & M. Hamel (Hrsg.), *Toolbox für den B2B-Vertrieb* (S. 51–58). Schäffer-Poeschel.

Buchard, U. (2019). Key-Account-Plan. In E. Purle, S. Steimer, & M. Hamel (Hrsg.), *Toolbox für den B2B-Vertrieb* (S. 111–116). Schäffer-Poeschel.

Buerke, G. (2019). Multiattributive Kundenzufriedenheitsanalyse. In E. Purle, S. Steimer, & M. Hamel (Hrsg.), *Toolbox für den B2B-Vertrieb* (S. 234–242). Schäffer-Poeschel.

Eckardt, G. H. (2019). Kundenbeziehungslebenszyklus-Analyse. In E. Purle, S. Steimer, & M. Hamel (Hrsg.), *Toolbox für den B2B-Vertrieb* (S. 107–110). Schäffer-Poeschel.

Füreder, R., Überwimmer, M., & Karan, S. (2019). Sales-Excellence-Pyramide. In E. Purle, S. Steimer, & M. Hamel (Hrsg.), *Toolbox für den B2B-Vertrieb* (S. 44–46). Schäffer-Poeschel.

Heigl, J., & Huttelmaier, H. (2019a). Total-Cost-of-Ownership-Analyse. In E. Purle, S. Steimer, & M. Hamel (Hrsg.), *Toolbox für den B2B-Vertrieb* (S. 160–165). Schäffer-Poeschel.

Heigl, J., & Huttelmaier, H. (2019b). Top-10-Sales-KPIs. In E. Purle, S. Steimer, & M. Hamel (Hrsg.), *Toolbox für den B2B-Vertrieb* (S. 230–233). Schäffer-Poeschel.

Hälsig, F. (2019a). Entwicklung von Anreiz- und Vergütungssystemen für den Vertrieb mittels morphologischem Kasten. In E. Purle, S. Steimer, & M. Hamel (Hrsg.), *Toolbox für den B2B-Vertrieb* (S. 46–50). Schäffer-Poeschel.

Hälsig, F. (2019b). Wettbewerbsvorteilsmatrix. In E. Purle, S. Steimer, & M. Hamel (Hrsg.), *Toolbox für den B2B-Vertrieb* (S. 150–155). Schäffer-Poeschel.

Hälsig, F. (2019c). Methoden zur Messung von Zahlungsbereitschaften: Gabor-Granger-Methode und Price-Sensitivity-Meter. In E. Purle, S. Steimer, & M. Hamel (Hrsg.), *Toolbox für den B2B-Vertrieb* (S. 165–170). Schäffer-Poeschel.

Hamel, M. (2019). Visual Selling® Discovery Punch – Digital. In E. Purle, S. Steimer, & M. Hamel (Hrsg.), *Toolbox für den B2B-Vertrieb* (S. 138–145). Schäffer-Poeschel.

Hartleben, R. E. (2019a). Zielkreuz. In E. Purle, S. Steimer, & M. Hamel (Hrsg.), *Toolbox für den B2B-Vertrieb* (S. 41–43). Schäffer-Poeschel.

Hartleben, R. E. (2019b). Benchmarking auf Messen. In E. Purle, S. Steimer, & M. Hamel (Hrsg.), *Toolbox für den B2B-Vertrieb* (S. 63–66). Schäffer-Poeschel.

Hartleben, R. E. (2019c). Triple-A-Analyse. In E. Purle, S. Steimer, & M. Hamel (Hrsg.), *Toolbox für den B2B-Vertrieb* (S. 67–72). Schäffer-Poeschel.

Hartleben, R. E. (2019d). Vom Merkmal zum Kundennutzen – vom Nutzen zum Nutzenvorteil. In E. Purle, S. Steimer, & M. Hamel (Hrsg.), *Toolbox für den B2B-Vertrieb* (S. 129–134). Schäffer-Poeschel.

Hofbauer, G., & Hellwig, C. (2016). *Professionelles Vertriebsmanagement*. Publicis.

Hummels, H. (2019). Fragenbasierte Verkaufsgesprächsführung im komplexen Verkauf. In E. Purle, S. Steimer, & M. Hamel (Hrsg.), *Toolbox für den B2B-Vertrieb* (S. 134–137). Schäffer-Poeschel.

Gündling, C. (2019). Verkaufsprozessmanagement. In E. Purle, S. Steimer, & M. Hamel (Hrsg.), *Toolbox für den B2B-Vertrieb* (S. 36–41). Schäffer-Poeschel.

Huttelmaier, H., & Heigl, J. (2019). Value-based Selling. In E. Purle, S. Steimer, & M. Hamel (Hrsg.), *Toolbox für den B2B-Vertrieb* (S. 184–189). Schäffer-Poeschel.

Magerhans, A. (2019a). Kundenanforderungsanalyse mittels Kano-Modell. In E. Purle, S. Steimer, & M. Hamel (Hrsg.), *Toolbox für den B2B-Vertrieb* (S. 155–160). Schäffer-Poeschel.

Magerhans, A. (2019b). Beschwerdemanagement. In E. Purle, S. Steimer, & M. Hamel (Hrsg.), *Toolbox für den B2B-Vertrieb* (S. 212–215). Schäffer-Poeschel.

Magerhans, A., & Buerke, G. (2019). Kundenzufriedenheitsanalyse mittels Net Promoter Score. In E. Purle, S. Steimer, & M. Hamel (Hrsg.), *Toolbox für den B2B-Vertrieb* (S. 243–247). Schäffer-Poeschel.

Matthews, B., & Schenk, T. (2018). *Sales Enablement—A master framework to engage, equip, and empower a world-class sales force*. Wiley.

Peterson, R. M., & Dover, H. F. (2020). Sales Enablement: Definition, domain, and future considerations. *Journal of Selling, 20*(1), 46–59.

Peterson, R. M., Malshe, A., Friend, S. B., & Dover, H. (2021). Sales enablement: Conceptualizing and developing a dynamic capability. *Journal of the Academy of Marketing Science, 49*(3), 542–565.

Purle, E. (2019). Cost-to-Serve-Kundenprofitabilitätsanalyse. In E. Purle, S. Steimer, & M. Hamel (Hrsg.), *Toolbox für den B2B-Vertrieb* (S. 254–257). Schäffer-Poeschel.

Purle, E. (2021). *Toolbox für den Vertrieb: Ein systematischer Werkzeugkasten für das „Sales Enablement"*. Poster-Präsentation im Rahmen der FOM GSSI Sales Conference am 25. Februar 2021.

Purle, E., Steimer, S., & Hamel, M. (Hrsg.). (2019). *Toolbox für den B2B-Vertrieb – Ein systematischer Werkzeugkasten für Ihren Kundenerfolg*. Schäffer-Poeschel.

Reger-Wagner, K. (2019a). Kunden-Scoring-Modell. In E. Purle, S. Steimer, & M. Hamel (Hrsg.), *Toolbox für den B2B-Vertrieb* (S. 248–251). Schäffer-Poeschel.

Reger-Wagner, K. (2019b). Kundendeckungsbeitragsanalyse. In E. Purle, S. Steimer, & M. Hamel (Hrsg.), *Toolbox für den B2B-Vertrieb* (S. 251–253). Schäffer-Poeschel.

Reger-Wagner, K. (2019c). Customer-Lifetime-Value-Ermittlung. In E. Purle, S. Steimer, & M. Hamel (Hrsg.), *Toolbox für den B2B-Vertrieb* (S. 258–261). Schäffer-Poeschel.

Reger-Wagner, K. (2019d). Sales-Funnel-Analyse. In E. Purle, S. Steimer, & M. Hamel (Hrsg.), *Toolbox für den B2B-Vertrieb* (S. 98–101). Schäffer-Poeschel.

Scheed, B. (2019). Produktlebenszyklusanalyse. In E. Purle, S. Steimer, & M. Hamel (Hrsg.), *Toolbox für den B2B-Vertrieb* (S. 78–82). Schäffer-Poeschel.

Schlageter, M. (2019a). Strategisches Kundenportfolio-Management. In E. Purle, S. Steimer, & M. Hamel (Hrsg.), *Toolbox für den B2B-Vertrieb* (S. 102–107). Schäffer-Poeschel.

Schlageter, M. (2019b). Empfehlungsvertrieb. In E. Purle, S. Steimer, & M. Hamel (Hrsg.), *Toolbox für den B2B-Vertrieb* (S. 223–227). Schäffer-Poeschel.

Schlottmann, R. (2019). Benchmarking. In E. Purle, S. Steimer, & M. Hamel (Hrsg.), *Toolbox für den B2B-Vertrieb* (S. 59–62). Schäffer-Poeschel.

Schlottmann, R., & Hauck, K. (2019). Cross-Selling. In E. Purle, S. Steimer, & M. Hamel (Hrsg.), *Toolbox für den B2B-Vertrieb* (S. 215–219). Schäffer-Poeschel.

Schwing, T. (2019). Vertriebssteuerung – eine Perspektive über das Controlling hinaus. In E. Purle, S. Steimer, & M. Hamel (Hrsg.), *Toolbox für den B2B-Vertrieb* (S. 32–36). Schäffer-Poeschel.

Sponholz, U. (2019a). SWOT-Analyse. In E. Purle, S. Steimer, & M. Hamel (Hrsg.), *Toolbox für den B2B-Vertrieb* (S. 29–31). Schäffer-Poeschel.

Sponholz, U. (2019b). Insight Prompter. In E. Purle, S. Steimer, & M. Hamel (Hrsg.), *Toolbox für den B2B-Vertrieb* (S. 190–194). Schäffer-Poeschel.

Stäudner, F. (2019). Erfolgreich verhandeln nach dem Harvard-Konzept. In E. Purle, S. Steimer, & M. Hamel (Hrsg.), *Toolbox für den B2B-Vertrieb* (S. 195–198). Schäffer-Poeschel.

Steimer, S. (2019). Kommunikationsquadrat. In E. Purle, S. Steimer, & M. Hamel (Hrsg.), *Toolbox für den B2B-Vertrieb* (S. 202–206). Schäffer-Poeschel.

Stumpf, M. (2019). Zürcher Modell der sozialen Motivation. In E. Purle, S. Steimer, & M. Hamel (Hrsg.), *Toolbox für den B2B-Vertrieb* (S. 198–201). Schäffer-Poeschel.

Überwimmer, M. (2019). Sales Forecasts. In E. Purle, S. Steimer, & M. Hamel (Hrsg.), *Toolbox für den B2B-Vertrieb* (S. 116–119). Schäffer-Poeschel.

Überwimmer, M., & Füreder, R. (2019). MPICO–Modell zur Messung interkultureller Kompetenz. In E. Purle, S. Steimer, & M. Hamel (Hrsg.), *Toolbox für den B2B-Vertrieb* (S. 29–31). Schäffer-Poeschel.

Überwimmer, M., Füreder, R., & Stadlmann, C. (2019). Industrial Service Excellence Monitor. In E. Purle, S. Steimer, & M. Hamel (Hrsg.), *Toolbox für den B2B-Vertrieb* (S. 227–230). Schäffer-Poeschel.

Weiche, G., & Schneider-Störmann, L. (2019a). Buying Center/Decision-Making-Unit. In E. Purle, S. Steimer, & M. Hamel (Hrsg.), *Toolbox für den B2B-Vertrieb* (S. 123–128). Schäffer-Poeschel.

Weiche, G., & Schneider-Störmann, L. (2019b). Up-Selling. In E. Purle, S. Steimer, & M. Hamel (Hrsg.), *Toolbox für den B2B-Vertrieb* (S. 219–222). Schäffer-Poeschel.

Wolf, A. (2019a). Benchmarkorientierte Preisbildung. In E. Purle, S. Steimer, & M. Hamel (Hrsg.), *Toolbox für den B2B-Vertrieb* (S. 175–179). Schäffer-Poeschel.

Wolf, A. (2019b). Dynamic Pricing. In E. Purle, S. Steimer, & M. Hamel (Hrsg.), *Toolbox für den B2B-Vertrieb* (S. 180–184). Schäffer-Poeschel.

Prof. Dr. Enrico Purle ist seit 2014 Professor für Industriegütermarketing und -vertrieb und Studiengangsleiter des Studiengangs BWL – International Business an der Dualen Hochschule Baden-Württemberg Mosbach, Campus Bad Mergentheim. Er ist zugleich Sprecher des Arbeitskreises B2B-Marketing/Vertrieb der Arbeitsgemeinschaft für Marketing (AfM), in der derzeit über 600 Marketingprofessorinnen und -professoren aus dem deutschsprachigen Raum zusammengeschlossen sind. Lehr- und Beratungsschwerpunkte sind u. a. B2B-Marketing und Vertrieb, Business Development und Geschäftsmodellinnovationen.

Teil II

Persönliche Aspekte des Sales Enablements/ Personal Aspects of Sales Enablement

Human Capital, Network Capital, and Systems Capital: The Three Pillars of Sales Enablement Strategy

Melanie Bowen, Deva Rangarajan und Timo Kaski

Inhaltsverzeichnis

- 5.1 Introduction 54
- 5.2 A Capital Perspective on Sales Enablement 55
  - 5.2.1 Human Capital 56
  - 5.2.2 Networking Capital 58
  - 5.2.3 Systems Capital 59
- 5.3 Conclusion 60
- References 60

Abstract

In recent years, the selling function has been exposed to several challenges, which are affecting the role and function of sales (cp. Plouffe et al., 2013). As such, sales organizations today need to evaluate how to adapt their approach to enable their

---

M. Bowen (✉)
Justus-Liebig-Universität, Giessen, Deutschland
E-Mail: Melanie.Bowen@wirtschaft.uni-giessen.de

D. Rangarajan
IESEG School of Managment, Paris, Frankreich
E-Mail: d.rangarajan@ieseg.fr

T. Kaski
HAAGA-HELIA University of Applied Sciences,
Helsinki, Finnland
E-Mail: Timo.Kaski@haaga-helia.fi

© Der/die Autor(en), exklusiv lizenziert an Springer Fachmedien Wiesbaden GmbH, ein Teil von Springer Nature 2022
J. Westphal et al. (Hrsg.), *Sales Enablement als Fundament des Vertriebserfolgs*, FOM-Edition, https://doi.org/10.1007/978-3-658-37614-7_5

salespeople to have meaningful conversations with their customers. One such possibility that is gaining momentum in practice is sales enablement. A quick review of the literature reveals a complete lack of focus on the concept of sales enablement. This research provides a first conceptualization of the areas that define sales enablement and aims at spurring new research on sales enablement by providing an agenda for future research.

5.1 Introduction

In recent years, the selling function has been exposed to several elements within and outside the organization, posing challenges which are affecting the role and function of sales (cp. Plouffe et al., 2013). Moncrief (2018) suggests that the increasing influence of digital technology as well as changing buying trends could be a main driver of this trend. Practitioner research also suggests that the sales professional today is faced with a myriad set of challenges. For example, the work by Gartner suggests that 77% of B2B buying decisions are considered complex by buyers, yet they only spend 17% of their time meeting with vendor salespeople, rather devoting time to independent research (45%) and gaining information from internal teams (22%), complicating the sales process and increasing sales cycle times for salespeople (cp. Adamson, 2019). Similarly, academic research has identified changing buyer trends, including customers having more information at hand, demanding higher levels of service and having higher expectations (cp. Roman et al., 2001), a higher number of people in the customer's decision-making unit and the increasing power of the purchasing professional (cp. Paesbrugghe et al., 2017) as possible challenges facing the sales professional today. Another sobering statistic reveals that only 50% of all salespeople meet their quota (cp. Katsikeas et al., 2018). As such, sales organizations today need to evaluate how to adapt their approach in order to enable their salespeople to conduct meaningful conversations with their customers.

One such possibility that is gaining momentum in practice is sales enablement. From a practitioner's standpoint, sales enablement is defined as "a strategic, collaborative discipline designed to increase predictable sales results by providing consistent, scalable enablement services that allow customer-facing professionals and their managers to add value in every customer interaction." (CSO insights, 2017, p. 8) This definition implies that sales enablement is more than just teaching sales teams about products, how to sell, or about the organization's value proposition and competitive advantage. Rather, it focuses on the sales organization continuously adding value at different points of the whole customer journey. Practitioner work by CSO Insights (2017, 2018) show that about 60% of all companies already use sales enablement to various degrees. What they all have in common is that the implementation of sales enablement programs enhances sales success (cp. e.g. CSO Insights, 2018). Indicated by the number of companies using sales enablement as well as the various degrees to which sales enablement is used, it appears as if, until now, it has not clearly been established what strategies and types of tools successful sales enablement entails. Up until now, only a small number of research focusing on sales enablement exists (e.g. Peterson et al., 2020; Peterson & Dover, 2020, 2021; Rangarajan et al., 2020). This research agrees that sales enablement is a distinct concept and that our understanding of the phenomenon of sales enablement remains underdeveloped (cp. e.g. Peterson et al., 2020). As of now, existing research looks at sales enablement from several perspectives. While Peterson et al. (2020), for example, introduce a process model, which explicates how firms develop sales enablement as a dynamic capability, Rangarajan et al. (2020) are looking at sales enablement from a people, process and performance perspective. However, there is still a lack of focus on the concept of sales enablement, especially in terms of relevant strategies and types of tools.

This research tries to fill this gap, by providing a first conceptualization of the areas that define sales enablement. Further, by drawing on practitioner insights and linking it to existing research, this research aims at spurring new research on sales enablement by providing an agenda for future research.

5.2 A Capital Perspective on Sales Enablement

In order to provide insights into the areas that define sales enablement we conducted a review of the annual reports by CSO Insights on the state of sales enablement on a global basis. We further used feedback from practitioners, which helped us identify three distinct areas into which we could classify our findings. Based on our observation of the results and the work of Rangarajan et al. (2020) as well as Peterson et al. (2020), we suggest that organizations look at sales enablement from the perspective of a) salespeople and how to make them more effective, b) how salespeople interact with other functions within the organization, and c) what tools need to be put in place to make sales enablement possible.

Drawing from existing literature from other disciplines, we view these three distinct areas as essential components of an effective sales enablement strategy. In keeping with literature on strategy, we use the term "capital" as it relates to organizational assets and connect it to the three concepts we identified above. Specifically, we refer to the three capitals of an effective sales enablement strategy as 1) Human Capital, 2) Networking Capital, and 3) Systems Capital.

From a capital perspective, existing research has investigated, for example, human capital, relating to the composition of the knowledge, skills, and abilities of employees (cp. e.g. Byun et al., 2018; Ployhart et al., 2011; Wang & Zatzick, 2019), social or relational capital, relating to the connection and social interaction of employees and other individuals and resulting in increased trust among individuals and superior access to resources (cp. Byun et al., 2018; Levin & Cross, 2004), or, more broadly, organizational capital relating to the total accumulated knowledge and knowing capabilities an organization can use (cp. Meyer et al., 2014; Ray et al., 2013). Based on the practitioner insights, we introduce the concepts of networking capital as well as systems capital. The following sections briefly define each of the three found capitals and point to existing research as a starting point for further investigation.

Table 5.1 provides an overview of the three capitals we identified and how we map existing practitioner findings from CSO Insights into each of these domains.

5.2.1 Human Capital

The digital age brings many new challenges to organizations, such as changing customer paths, an increased number of touchpoints or less customer dependency on salespeople (cp. Moncrief, 2018; Thaichon et al., 2018). Rangarajan et al. (2020) indicate that people (i.e., salespeople and employees) play a fundamental part in effective sales enablement. More specifically, Rangarajan et al. (2020) conclude that effective sales enablement requires "that the right content is provided to the right salespeople, for the right member of the buyer's decision-making unit, at the right time in the customer's decision-making process" (2020, 2017).

The area of human capital in sales enablement deals with these challenges and focuses on the development of salespeople in order to improve their overall outcomes. More specifically, the human side of sales enablement covers aspects such as management style, sales coaching, training, and senior executive sponsorship and support, all of which are geared toward enabling salespeople to better understand and serve their key audience.

Research has long investigated the effect of leadership styles and employee performance, especially the role of initiating structure style (i.e., instrumental) and

Table 5.1 The Three Pillars of Sales Enablement. (Based on CSO Insights, 2017, 2018, 2019)

Human Capital	Networking Capital	Systems Capital
Management style	Orchestration of enablement services across organizational functions	Instated governance model
Sales coaching		Defined operating engine
Training		→ Definition of activities
→ Sales Job	Formal collaboration between functions	→ Definition of relevant content
→ Market Insights		
→ Buyer Perspective	Bi-directional conversation between functional areas	→ Production and Deployment of Resources
Senior executive sponsorship and support		→ Technology use
	Aligned social strategies between marketing and sales	Use of analytical measures Adjusted customer interaction and service

consideration style (i.e., supportive or participative) (cp. Mulki et al., 2015). As indicated by the surveyed industry insights and reports, in the context of sales enablement the management style should be engaging, inspiring, motivating and should increase the employees' emotional commitment to the organization's vision and goals. All in all, this betters the employees' performance and decreases employee turnover (cp. CSO Insights, 2019).

Researchers describe sales coaching as a "process of equipping people with the tools, knowledge, and opportunities they need to develop themselves and become more effective" (Peterson & Hicks, 1996, p. 14). From a practitioner's viewpoint, within the realm of sales enablement, sales coaching focuses on using specific formalized approaches and communication skills in order to facilitate structured conversations with team members. This supports salespeople in uncovering improvement areas and opportunities for new levels of sales success (cp. CSO Insights, 2019). In general, research agrees with the beneficial effects (i.e., in terms of increasing individual and organizational sales performance) of sales coaching (cp. Nguyen et al., 2019). However, from a managerial as well as a research perspective, several areas need further investigation. According to Badrinarayanan et al. (2015) these pertain to the areas of 1) the sales coach, 2) sales coaching approaches, 3) sales organization characteristics, and 4) the sales coaching process and outcomes. Investigating these areas in the context of sales enablement will advance the sales management literature and provide managers with deeper insights into the question how to effectively use sales coaching for enhancing sales enablement success.

Research and management agree that sales training is a vital part for the initial and ongoing development of salespeople (cp. Christiansen et al., 1996; Roman et al., 2001; Dubinsky, 1996; Churchill et al., 1997). However, from an empirical perspective, there is little research focusing on the effects of sales training on job performance (cp. Honeycutt et al., 1995; Roman et al., 2001). The practitioner insights show that in order to excel in sales enablement, organizations should not only focus on product-related training. Rather, employee training should use a more holistic perspective and focus on 1) sales job-related training, including, but not limited to, selling skills, value messaging, and engagement competencies, 2) market training, including competitive and forecast analysis, proposal development, and compensation planning, and 3) buyer perspective training, including understanding buyers business and roles, communication skills as well as post-sales approaches.

And lastly, as indicated by the practitioner studies, executive sponsorship and support is a main driver of successful sales enablement. Without executive sponsorship, sales enablement is only perceived as an operational initiative that lacks necessary support to implement strategic changes. Further, executive sponsorship and support is also needed in order to receive necessary authority for implementing needed changes (cp. CSO Insights, 2017). This finding is also supported by existing research suggesting top management support to be an important factor for successful implementation of information systems in general (cp. Igbaria, 1993).

5.2.2 Networking Capital

The area of networking capital relates to the set-up of sales enablement for success within the organization. Sales enablement should not be seen as a stand-alone approach that is only relevant within the sales department. Rather, sales enablement should be treated as a strategy touching cross-functional areas and hierarchical boundaries. This finding is in line with the research of Rangarajan et al. (2020), who state that intrafirm coordination is a cornerstone of a successful sales enablement strategy.

Networking capital relates to the mode by which different organizational departments interact with each other. More specifically, sales enablement deals with the question of how sales enablement services (i.e., human and systems capital) are orchestrated across organizational functions. It considers that a formal collaboration across functions must exist which supports the creation of effective enablement initiatives. In practice, the relevance of collaborating across departments (practice mainly talks about silo busting, i.e., overcoming departmental boundaries) is well established and seen as relevant in overcoming a departmental inward focus as well as low collaboration between departments and execution of activities (cp. e.g. Johnson, 2006; Gulati, 2007) which benefit the organization as a whole. However, up until now, academic research has neglected this topic, with only a handful of studies investigating the role of collaboration between a small number of organizational departments. Calantone and Rubera (2012), for example, investigate the effect of research, development and engineering (RD&E) and marketing collaboration on firm performance while Kahn (2005) explores how the collaboration between marketing, manufacturing, and R&D department managers affect product development performance. Based on the analysis of the practitioner studies and reports, we can conclude that in order to reap the highest benefits of sales enablement, all departments of the organization must collaborate.

Further, it must be clearly defined which functional roles are responsible and accountable for different aspects of the sales enablement services and which functional roles can be consulted and must be informed. This also entails that the organization develops a bi-directional conversation between the different functions. Lastly, all strategies planned and implemented by marketing and/or sales must be aligned to each other. This notion is supported by a small number of marketing literature, showing, for example, the positive effect of aligning marketing strategies with sales objectives and activities (cp. Strahle et al., 1996) or the negative effects of differing thought worlds of marketing and sales, which leads to conflict and tension (cp. Homburg & Jensen, 2007). In order to support sales enablement, marketing and sales should develop integrated campaigns as well as enablement services and use shared social technology. Practitioner insights show a noticeable impact on sales performance for organizations focusing on the area of networking capital (cp. CSO Insights, 2018).

5.2.3 Systems Capital

We consider systems capital a corner stone of sales enablement. This area deals with structural prerequisites to creating an efficient and effective enablement strategy that can easily be adapted to a company's changing and growing business needs. Systems capital builds a solid foundation for successful sales enablement and covers the aspects of governance model, operating engine, analytical measures as well as customer interaction and service.

A governance model is needed in order to ensure everyone is moving in the same direction and is able to smooth possible conflicts. The governance model should entail a formal approach and charter which documents the vision of sales enablement as well as its strategy and goals. This provides an overarching framework that ensures a common understanding of enablement across functions and hierarchies. Further, the governance model should define central coordinators and establish cadence with top managers in order to keep them engaged.

The operating system, on the other hand, defines relevant actions and tactics to achieve predefined goals. This includes defining and creating content that can be used in customer facing interactions as well as content relevant for training purposes. Additionally, the operating system defines the use of technology that helps with the implementation of sales enablement, such as CRM software, content management tools, document repositories as well as tools for documenting how and when content is used. All in all, these technologies should support the organization in tracking the use of developed content and thus enable the organization to evolve their content strategy as needed. This finding is also in line with recent research emphasizing the relevance of technology for sales enablement (cp. e.g. Peterson et al., 2020). As indicated by the practitioner studies, sales enablement should be supported by several technologies that are aligned to preset goals and strategies. So far, literature focuses on investigating how one specific tool is implemented and used within the organization. For example, research regularly explores the implementation of CRM technology in organizations and investigates how it is implemented (cp. e.g., Ahearne et al., 2012), needed organizational capabilities for successful CRM implementation (cp. e.g. Raman et al., 2006) or the effects of CRM implementation on customer outcomes (cp. e.g. Yim et al., 2004). However, a broader analysis investigating how different tools should be implemented and aligned is lacking.

Analytical measures relate to used metrics to measure the impact of the sales enablement initiatives. According to the practitioner reports, metrics should cover milestones, productivity, and performance indicators as well as leading and lagging indicators (cp. CSO Insights, 2018).

Lastly, the aspect of customer interaction and service defines relevant, valuable, and differentiating interactions in each phase of the customer path and tailors content to the customers' industry as well as to specific buyer roles. This practitioner insight is in line with insights from academic research investigating the importance of understanding the customer journey and corresponding touchpoints in the consumer context (cp. e.g. Lemon & Verhoef, 2016; Kuehnl et al., 2019). However, research is still needed in order to understand how to interact with B2B customers along the customer journey.

5.3 Conclusion

In conclusion, academic sales research needs to catch up quickly to the sales enablement "revolution" that is positively impacting sales performance at firms throughout the world. We hope that this brief commentary will provide sales academics and practitioners with a more strategic nature and scope of sales enablement, and provide a framework based on the three capitals that we identified. Future research should focus on conducting exploratory qualitative research with practitioners in order to develop a theoretical framework exploring the three capitals and figure out the interconnectivity between the same. This step should then be followed by a more rigorous empirical investigation of the framework and subsequently inform academe and practice about the concept of sales enablement.

References

Adamson, B. (2019). CSO Update: The New B2B Buying Journey and its Implication for Sales. Gartner Report. https://emtemp.gcom.cloud/ngw/globalassets/en/sales-service/documents/trends/cso-update.pdf.

Ahearne, M., Rapp, A., Mariadoss, B. J., & Ganesan, S. (2012). Challenges of CRM implementation in business-to-business markets: A contingency perspective. *Journal of Personal Selling & Sales Management, 32*(1), 117–130.

Badrinarayanan, V., Dixon, A., West, V. L., & Zank, G. M. (2015). Professional sales coaching: An integrative review and research agenda. *European Journal of Marketing, 49*(7/8), 1087–1113.

Byun, H., Frake, J., & Agarwal, R. (2018). Leveraging who you know by what you know: Specialization and returns to relational capital. *Strategic Management Journal, 39*(7), 1803–1833.

Calantone, R., & Rubera, G. (2012). When should RD&E and marketing collaborate? The moderating role of exploration-exploitation and environmental uncertainty. *Journal of Product Innovation Management, 29*(1), 44–57.

Insights, C. S. O. (2017). *CSO Insights Sales Enablement Optimization Study*. Miller Heiman Group Inc.

Insights, C. S. O. (2018). *Sales Enablement Grows Up: 4th Annual Sales Enablement Report*. Miller Heiman Group Inc.

Insights, C. S. O. (2019). *5th Annual Sales Enablement Study. Report Summary*. Miller Heiman Group Inc.

Christiansen, T., Kenneth, R. E., Schlachter, J. L., & Wolfe, W. G. (1996). Training differences between services and goods firms: Impact on performance, satisfaction, and commitment. *Journal of Professional Services Marketing, 15*(1), 47–70.

Churchill, G., Ford, N. M., & Walker, O. C. (1997). *Sales force management* (5. Aufl.). Irwin.

Dubinsky, A. J. (1996). Some assumptions about the effectiveness of sales training. *Journal of Personal selling and Sales Management, 16*(3), 67–76.

Kahn, K. B. (2005). Department status: An exploratory investigation of direct and indirect effects on product development performance. *Journal of Product Innovation Management, 22*(6), 515–526.

Katsikeas, C. S., Auh, S., & Spyropoulou, S. (2018). Unpacking the relationship between sales control and salesperson performance: A regulatory fit perspective. *Journal of Marketing, 82*(3), 45–69.

Kuehnl, C., Jozic, D., & Homburg, C. (2019). Effective customer journey design: Consumers' conception, measurement, and consequences. *Journal of the Academy of Marketing Science, 47*(3), 551–568.

Homburg, C., & Jensen, O. (2007). The thought worlds of marketing and sales: Which differences make a difference? *Journal of Marketing, 71*(3), 124–142.

Honeycutt, E. D., Ford, J. B., & Rao, C. P. (1995). Sales training: Executives' research needs. *Journal of Personal selling and Sales Management, 15*(3), 67–71.

Gulati, R. (2007). Silo Busting. *Harvard Business Review, 85*(5), 98–108.

Igbaria, M. (1993). User acceptance of microcomputer technology: An Empirical Test. *Journal of Personal Selling & Sales Management, 35*(1), 51–71.

Johnson, L. K. (2006). Silo Busting from the Top. *Harvard Management Update, 11*(7), 3–5.

Lemon, K. N. (2016). Understanding customer experience throughout the customer journey. *Journal of Marketing, 80*(6), 69–96.

Levin, D. Z., & Cross, R. (2004). The strength of weak ties you can trust: The mediating role of trust in effective knowledge transfer. *Management Science, 50*(11), 1477–1490.

Meyer, C. R., Skaggs, B. C., & Youndt, M. (2014). Developing and deploying organizational capital in services vs. manufacturing. *Journal of Managerial Issues, 26*(4), 326–344.

Moncrief, W. C. (2018). Are sales as we know it dying … or merely transforming? *Journal of Personal Selling and Sales Management, 37*(4), 271–279.

Mulki, J. P., Caemmerer, B., & Heggde, G. S. (2015). Leadership style, salesperson's work effort and job performance: The influence of power distance. *Journal of Personal Selling & Sales Management, 35*(1), 3–22.

Nguyen, C. A., Artis, A. B., Plank, R. E., & Solomon, P. J. (2019). Dimensions of effective sales coaching: Scale development and validation. *Journal of Personal Selling & Sales Management, 39*(3), 299–315.

Paesbrugghe, B., Rangarajan, D., Sharma, A., Syam, N., & Jha, S. (2017). Purchasing-driven sales: Matching sales strategies to the evolution of the purchasing function. *Industrial Marketing Management, 62*, 171–184.

Peterson, D. B., & Hicks, M. D. (1996). *Leader as coach*. Personnel Decisions Inc.

Peterson, R. M., & Dover, H. F. (2020). What is sales enablement: Definition, domain, and agenda. *Journal of Selling, 20*, 46–59.

Peterson, R. M., & Dover, H. F. (2021). Global perspectives of sales enablement: Constituents, services, and goals. *Industrial Marketing Management, 92*(1), 154–162.

Peterson, R. M., Malshe, A., Friend, S. B., & Dover, H. (2020). Sales enablement: Conceptualizing and developing a dynamic capability. *Journal of the Academy of Marketing Science,* [online first], 1–24.

Plouffe, C. R., Nelson, Y. H., & Beuk, F. (2013). Testing an enhanced, process-based view of the sales process. *Journal of Personal Selling and Sales Management, 33*(2), 141–163.

Ployhart, R. E., Van Iddekinge, C. H., & Mackenzie Jr, W. I. (2011). Acquiring and developing human capital in service contexts: The interconnectedness of human capital resources. *Academy of Management Journal, 54*(2), 353–368.

Raman, P., Wittmann, M. C., & Rauseo, N. A. (2006). Leveraging CRM for sales: The role of organizational capabilities in successful CRM implementation. *Journal of Personal Selling & Sales Management, 26*(1), 39–53.

Rangarajan, D., Duganb, R., Rouziouc, M., & Kunkle, M. (2020). People, Process, and Performance: Setting an agenda for sales enablement research. *Journal Of Personal Selling & Sales Management, 40*(3), 213–220.

Ray, G., Xue, L., & Barney, J. B. (2013). Impact of information technology capital on firm scope and performance: The role of asset characteristics. *Academy of Management Journal, 56*(4), 1125–1147.

Roman, S., Ruiz, S., & Munuera, J. L. (2001)."The effects of sales training on sales force activity". *European Journal of Marketing, 36*(11/12), 1344–1366.

Strahle, W. M., Spiro, R. L., & Acito, F. (1996). Marketing and sales: Strategic alignment and functional implementation. *Journal of Personal Selling & Sales Management, 16*(1), 1–20.

Thaichon, P., Surachartkumtonkun, J., Quach, S., Weaven, S., & Palmatier, R. W. (2018). Hybrid sales structures in the age of e-commerce. *Journal of Personal Selling & Sales Management, 38*(3), 277–302.

Wang, T., & Zatzick, C. D. (2019). Human capital acquisition and organizational innovation: A temporal perspective. *Academy of Management Journal, 62*(1), 99–116.

Yim, F.-K., Anderson, R. E., & Swaminathan, S. (2004). Customer relationship management: Its dimensions and effect on customer outcomes. *Journal of Personal Selling & Sales Management, 24*(4), 263–278.

Dr. Melanie Bowen is a Post-Doctoral researcher in the German habilitation system at the Department of Marketing of the Justus-Liebig-University Giessen where she also received her Ph.D. in 2018. Prior to joining the Justus-Liebig University Giessen, she worked as a research assistant at the Business School of the Technische Hochschule Mittelhessen (THM) in Giessen, Germany. Her main teaching and research areas are digital marketing, marketing research, and sales management.

Prof. Dr. Deva Rangarajan is a Professor of Marketing at IESEG School of Management in France. His main areas of research include B2B Industrial Marketing, Sales Force, and Key Account Management. He has a Bachelor's degree in Mechanical Engineering from India and a PhD in Marketing from the USA. He has taught in business schools in Belgium, France, USA, South Africa, and India.

Dr. Timo Kaski works as a research director for the Haaga-Helia University of Applied Sciences. He is responsible for the research, development, and innovation activities in the fields of digitalization and sales. Timo has more than 20 years of experience in business-to-business. He has been working in the private B2B services sector as well as, for the past years, in academia.

Hybride Hochschulausbildung als erfolgreiches Sales-Enablement-Training

6

Ludger Schneider-Störmann, Thorsten Döhring und Sylvana Krauße

Inhaltsverzeichnis

6.1	Einleitung	66
6.2	Der hybride Studiengang ITV	67
6.3	Sales-Enablement-Training in Form von hybriden Modulen	68
	6.3.1 Seminar Vertriebsingenieurwesen (1. Fachsemester)	68
	6.3.2 Sprachlehrveranstaltungen und Interkulturelle Kompetenz (1. bis 4. und 6. Fachsemester)	70
	6.3.3 Seminar Projektstudie (4. Fachsemester)	72
	6.3.4 Seminar Conflict & Negotiation Management (6. Fachsemester)	74
6.4	Sales Enablement durch Auslandspraktika und Vernetzung mit anderen Hochschulen	75
6.5	Diskussion	76
6.6	Erfolgsnachweis der Sales-Enablement-Trainings und Zusammenfassung	77
6.7	Weiterentwicklung und Ausblick	78
Literatur		78

L. Schneider-Störmann (✉)
Technische Hochschule Aschaffenburg, Aschaffenburg, Deutschland
E-Mail: ludger.schneider-stoermann@th-ab.de

T. Döhring
Technische Hochschule Aschaffenburg, Aschaffenburg, Deutschland
E-Mail: Thorsten.Doehring@th-ab.de

S. Krauße
Technische Hochschule Aschaffenburg, Aschaffenburg, Deutschland
E-Mail: Sylvana.Krausse@th-ab.de

© Der/die Autor(en), exklusiv lizenziert an Springer Fachmedien Wiesbaden GmbH, ein Teil von Springer Nature 2022
J. Westphal et al. (Hrsg.), *Sales Enablement als Fundament des Vertriebserfolgs*, FOM-Edition, https://doi.org/10.1007/978-3-658-37614-7_6

> **Zusammenfassung**
>
> Um im technischen Vertrieb erfolgreich zu sein, bedarf es umfassender Kenntnisse bei der Vorbereitung und Durchführung von Verhandlungen, auch im interkulturellen Kontext. Dabei gilt es für Berufsanfängerinnen und Berufsanfänger, möglichst frühzeitig Erfahrungen auf diesem Gebiet zu sammeln. Hierfür eignen sich insbesondere spezialisierte Vertriebsstudiengänge. Der Studiengang Internationales Technisches Vertriebsmanagement der TH Aschaffenburg bildet Vertriebsingenieurinnen und -ingenieure u. a. durch Sales-Enablement-Trainings aus, in denen die Studierenden in interaktiven Seminaren praxisnahe Verhandlungen durchführen. Im internationalen Vergleich schneiden diese dabei hervorragend ab, was Sales Contests auf Hochschulebene belegen. Darüber hinaus fassen die Absolventinnen und Absolventen dieses Studiengangs in der Industrie schnell Fuß und erreichen bald leitende Positionen in Vertriebsabteilungen.

6.1 Einleitung

Fachleute, die im technischen Vertrieb für ihr Unternehmen Produkte verkaufen, stehen wachsenden Herausforderungen, wie immer komplexer werdenden Produkten, der Globalisierung und einem damit verbundenen steigenden Wettbewerb, gegenüber. Obwohl die räumlichen Distanzen zu den Kundinnen und Kunden zugenommen haben, ist das persönliche Gespräch zwischen den Ver- und Einkaufenden immer noch notwendig (vgl. Schneider-Störmann & Büttner, 2019). Obwohl es paradox erscheint, verkürzen moderne Kommunikationsmedien räumliche Distanzen während sie persönliche erweitern. Zum einen können durch internetbasierte Meetings Dienstreisen ersetzt werden, zum anderen aber können diese das unmittelbare persönliche Gespräch nicht vollends ersetzen. Absolventinnen und Absolventen, die ihre Karrieren im Technischen Vertrieb beginnen, durchlaufen mit jeder weiteren Verhandlung eine Lernkurve. Zu Karrierebeginn sitzen Verkäuferinnen und Verkäufer mit wenig Erfahrung dabei oft professionellen Einkaufsabteilungen gegenüber, die bereits über einen großen Erfahrungsschatz in Verhandlungen verfügen. Je mehr Verkäuferinnen und Verkäufer in Verhandlungen geschult sind, umso besser und sicherer agieren sie dann in der unmittelbaren Situation.

Globalisierung, Produktkomplexität und die notwendige Lernkurve erfordern eine professionelle Ausbildung. Idealerweise gewinnen die Studierenden dabei Kompetenzen in der Technik, in den Kommunikationswissenschaften, in Marketing und Vertrieb sowie in der Betriebswirtschaft. Dazu eignen sich insbesondere Studiengänge, die mehrere dieser Disziplinen miteinander verknüpfen. Vertriebsingenieurstudiengänge erfüllen in der Regel diese Anforderung. Jedoch gibt es in Europa nur wenige, die die erforderlichen Kompetenzfelder in hybriden Lehrveranstaltungen zusammenführen. An der Technischen Hochschule Aschaffenburg hat sich der Studiengang Internationales

Technisches Vertriebsmanagement (ITV) zu einem erfolgreichen Studiengang entwickelt, welcher die oben genannten Anforderungen an die Ausbildung für Vertriebsingenieurinnen und -ingenieure erfüllt und zugleich bereits vom ersten Semester an Sales-Enablement-Trainings einsetzt (vgl. Döhring et al., 2018; Krauße et al., 2019; TH Aschaffenburg UAS, 2021).

6.2 Der hybride Studiengang ITV

Der 2008 gegründete Studiengang Internationales Technisches Vertriebsmanagement (ITV) hat in zwei Reformen 2012 und 2013 sein hybrides Profil ausgebildet. Der Studiengang zielt dabei auf die Ausbildung von technischen Verkäuferinnen und Verkäufern im Business-to-Business Umfeld ab. Neben einer breiten technischen Grundlagenausbildung, die circa 50 % der erreichbaren Kreditpunkte umfasst, werden auch weitere Kompetenzen des technischen Vertriebs vermittelt. Die Academic Association of Sales Engineering (AASE) ist ein Verein der Lehrenden in europäischen Vertriebsingenieurstudiengängen und wurde 2014 an der Hochschule für angewandte Wissenschaften in Aschaffenburg auf Initiative von Ludger Schneider-Störmann gegründet. Ziel des Vereins ist es, dem Vertriebsingenieurwesen in der akademischen Bildung und Forschung auf europäischer Ebene eine gemeinsame Basis zu geben. Die von der AASE geforderten vier Kompetenzfelder Ingenieurwissenschaften, Betriebswirtschaft, Marketing und Sales sowie Soft Skills sind in den entsprechenden Anteilen in solchen Studiengängen vertreten (vgl. Reunanen et al., 2018). Bei der Festlegung der vier Kompetenzfelder sind Marketing und Sales als vertriebsspezifische Kompetenzen bewusst separat neben der Betriebswirtschaft aufgeführt. Dies erleichtert die Unterscheidung von Studiengängen wie Wirtschaftsingenieurwesen oder Technischer Betriebswirtschaft von solchen, deren Ausbildungsziel technische Verkäuferinnen und Verkäufer sind. Denn in den meisten Studiengängen im Wirtschaftsingenieurwesen und in der Technischen Betriebswirtschaft sind die vertriebsspezifischen Anteile am Curriculum entweder vernachlässigbar oder gar nicht vorhanden. Um dem Anspruch eines Studiums gerecht zu werden, welches gezielt die Berufsbefähigung zur Verkäuferin oder zum Verkäufer technischer Produkte vermitteln soll, bedarf es eben einer ausgewiesenen Vertriebskompetenz. Unter Soft Skills werden schließlich die Kommunikationswissenschaften mit dem Erwerb von soziokulturellen Kompetenzen zusammengefasst. Abb. 6.1 zeigt die prozentualen Anteile der vier Kompetenzfelder im Curriculum des Studiengangs ITV im Vergleich zu den geforderten Mindestanteilen der AASE.

Um diese Anteile in den Kompetenzfeldern des Studiengangs Internationales Technisches Vertriebsingenieurwesen zu bemessen, muss der Begriff „hybrider Studiengang" zunächst näher erläutert werden. In einigen Modulen werden in diesem Studiengang die vier Kompetenzfelder gleichzeitig angesprochen. Das bedeutet, dass die Studierenden zum Beispiel sowohl Marketing und Vertrieb als auch Technik und Soft

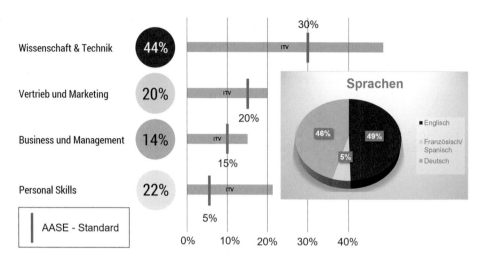

Abb. 6.1 Die Kompetenzfelder im Studiengang Internationales Technisches Vertriebsmanagement (ITV) im Vergleich zu dem AASE-Standard (Ludger Schneider-Störmann. Reunanen et.al., 2018)

Skills als Kenntnisse aufbauen und anzuwenden lernen. Darüber hinaus finden knapp 50 % aller Lehrveranstaltungen in englischer Sprache statt. In einigen Modulen werden neben technischen Inhalten auch Kompetenzen im betriebswirtschaftlichen Denken und Handeln sowie kommunikative Fähigkeiten angewendet und erlernt. Dies fördert das für technische Verkäuferinnen und Verkäufer bedeutende Zusammenspiel von kaufmännischer und technischer Expertise in englischer Sprache. Abb. 6.1 zeigt auch den prozentualen Anteil fremdsprachiger Lehrveranstaltungen am gesamten Studienplan in diesem Studiengang. Nahezu 50 % aller Vorlesungen finden in englischer Sprache statt.

6.3 Sales-Enablement-Training in Form von hybriden Modulen

In jedem Semester findet mindestens eine Lehrveranstaltung statt, welche die angehenden Vertriebsingenieurinnen und -ingenieure in Verhandlungen schult. Im Folgenden werden einige dieser Module exemplarisch beschrieben und die Lernerfolge der Studierenden herausgearbeitet.

6.3.1 Seminar Vertriebsingenieurwesen (1. Fachsemester)

Im ersten Semester besuchen die Studierenden das Modul „Fundamentals in Engineering: Optics". Dieses Modul umfasst zwei parallellaufende Teilmodule: Zum einen die englischsprachige Fachvorlesung über technische Optik, zum anderen das deutschsprachige Seminar Vertriebsingenieurwesen. Während die Grundlagen technischer Optik in dem naturwissenschaftlichen Teil des Moduls praxisnah erlernt werden, bekommen die Studierenden im zweiten Teilmodul eine Vertriebsaufgabe aus dem Bereich der technischen Optik. Das Ziel ist, in einer realistischen Wettbewerbssituation ein Angebot zu einer Produktanfrage einer optischen Komponente auszuarbeiten und diese in einer Verhandlung mit dem Seminarleiter zu verkaufen. Die Verkaufsverhandlung ist Teil der notengebenden Prüfungsleistung.

Nachdem die Studierenden in den ersten beiden Vorlesungswochen die Kompetenzfelder von Vertriebsingenieurinnen und -ingenieuren herausgearbeitet haben, werden sie in Gruppen von drei bis fünf Studierenden aufgeteilt. Jedem Teammitglied wird dabei eine andere Aufgabe zur Angebotserstellung zugeteilt: Studierende/r 1 übernimmt die Angebotserstellung, welche ein formatiertes Worddokument mit professionellem Layout einschließt. Studierende/r 2 erstellt eine Firmenpräsentation in PowerPoint, wie sie für den ersten Besuch eines Unternehmens bei einem potenziellen Kunden üblich ist. Studierende/r 3 ist für die Produkttechnik verantwortlich und muss die Spezifikationen prüfen. Studierende/r 4 hat zur Aufgabe, Cross-Selling-Potenziale herauszuarbeiten und muss dazu mehrere Anwendungen für die angefragte optische Komponente identifizieren und erläutern. Sollte eine Gruppe aus fünf Studierenden bestehen, erstellt die fünfte Person eine Produktanzeige, wie sie auch in einer Fachzeitung erscheinen könnte.

Jede der Gruppen wird einem real existierendes Unternehmen zugeordnet. Die hierfür ausgewählten Lieferanten der Präzisionsoptik verfügen über eine Internetplattform, auf der ihre optischen Produkte zum Verkauf angeboten werden. Die Studierenden dürfen aber keinen Kontakt zu diesen Unternehmen aufnehmen. Jeweils drei studentische Gruppen, die jeweils einem anderen Unternehmen zugeordnet sind, erhalten zeitgleich die identische Produktanfrage, die es zu bearbeiten gilt. Dadurch entsteht eine Wettbewerbssituation zwischen den Teams.

Da die Verkaufsgruppen den Kunden, welcher hier der Seminarleiter ist, mit Rückfragen auch ansprechen dürfen, lernen die Studierenden bereits früh, wie mit Kundinnen und Kunden kommuniziert werden sollte. Auf den Internetplattformen der Optikanbieter suchen die Studierenden dann das angefragte Produkt. Allerdings entspricht keines der lieferbaren Produkte exakt den angefragten Spezifikationen. In ein oder zwei Punkten weicht die Spezifikationsanforderung von den verfügbaren Produkten ab. Dadurch sind die Gruppen gezwungen, den Kunden anzusprechen. Sie müssen nun den Nutzen des Produktes für den Kunden herausfinden. Da sie bei der Angebotsgestaltung außer den auf der Internetplattform angegebenen Mengenrabatten und Skonti keine Möglichkeit haben, den Preis zu verändern, besteht die Aufgabe nun darin, den Kunden durch Produkttechnik, eigene Kompetenz und Professionalität, aber auch durch eine geschickte Verkaufsverhandlung über die Produkteigenschaften, das Unternehmensprofil sowie den Service zu überzeugen und zu gewinnen.

Die zu erstellenden Unterlagen, bestehend aus schriftlichem Angebot, Firmenpräsentation, Pflichtenheft, Produktanwendungen und Produktanzeige, müssen sieben bis acht Wochen nach Eingang der Anfrage elektronisch abgegeben werden. Die Bewertung der Unterlagen ist Teil der individuellen Note der Studierenden.

Alle Gruppen haben dann in einer zwanzigminütigen Verhandlung Zeit, den Kunden im persönlichen Gespräch zu überzeugen. Zuvor müssen sie sich überlegen, wie sie auftreten möchten. Das umfasst die Begrüßung, das Zeitmanagement, die Agenda und die Verhandlungsführung. Auch hier erfolgt eine Bewertung, die für die gesamte Gruppe gilt. Die Bewertungskriterien entsprechen denen der European Sales Competition ESC (vgl. European Sales Competition, 2021). Die drei erfolgreichsten Gruppen werden zu einem weiteren Termin beim Kunden eingeladen, um die Verhandlungen weiterzuführen. Genau eine Stunde vor der Schlussverhandlung erhalten die Studierenden dazu das Szenario, welches auf der ersten Verhandlung aufbaut und eine neue vertriebstypische Aufgabenstellung beinhaltet. Nachdem die Gruppen sich eine Stunde vorbereitet haben, führen sie die Abschlussverhandlung, die auch durch nicht-teilnehmende Studierende beobachtet und bewertet werden darf.

In diesem Seminar erleben die Studierenden erstmals eine Verhandlungssituation. Die Aufgabenstellung ist praxisnah und erfolgt auf Basis realer Produkte und Unternehmen. Die Studierenden haben durch dieses Sales-Enablement-Training bereits im ersten Semester einen Anhaltspunkt, wie im Technischen Vertrieb Kundinnen und Kunden zufriedengestellt werden und wie eine Verhandlung vorbereitet und geführt wird.

6.3.2 Sprachlehrveranstaltungen und Interkulturelle Kompetenz (1. bis 4. und 6. Fachsemester)

Die oben beschriebenen Lehrveranstaltungen mit dem unmittelbaren Schwerpunkt der Verhandlungsführung werden durch Sprachlehrveranstaltungen und dem Internationalen Seminar, das sich u. a. mit der Vermittlung interkultureller Kompetenz beschäftigt, begleitet. Im Studiengang ITV gibt es neben Französisch- und Spanischunterricht weiterführenden Englischunterricht über insgesamt 12 Semesterwochenstunden in den ersten vier Semestern.

Die Anforderung, die englische Sprache in der mündlichen, der schriftlichen und der Metakommunikation effektiv anzuwenden, spiegelt sich in den Inhalten dieser Kurse wieder. Diese erstrecken sich von so grundlegenden Fertigkeiten wie Telefonieren, Verfassen von E-Mail und Small Talk bis zu den notwendigen komplexeren sprachlichen Fertigkeiten des Präsentierens und des Verhandelns. Sprachliche Fertigkeiten, wie zum Beispiel die Vereinfachung komplexer Inhalte, Frage- und Nachfragetechniken und die Fähigkeit, sogenannte Softeners und Downgraders zu nutzen, d. h. die unsere, vom kulturellen Kontext geprägte, oft sehr direkte Kommunikation auch an internationale Kontexte anzupassen, sind untrennbar mit dem interkulturellen Wissen und der Herausbildung eines Bewusstseins für kulturelle Unterschiede verbunden. So lernen die Studierenden auch in diesen Sprachlehrveranstaltungen zu verstehen, was unsere kulturelle Prägung definiert, welches Verhalten man in Verhandlungen als angemessen ansieht und welche Erwartungen man an eine gute Präsentation hat. Unterschiede in den Kommunikationsstilen, der Körpersprache, der Auffassung von Geschlechterrollen, der Vorstellung von angemessenem Zeitmanagement oder Unterschiede in der Entscheidungsfindung seien hier als Beispiele genannt. Diese Soft Skills und das dazugehörige Sprachwissen fließen in die weiterführenden verhandlungsorientierten Lehrveranstaltungen ein und sind zugleich das Rüstzeug, auf das die Studierenden bei ihrer erfolgreichen Teilnahme an den Sales Competitions und im späteren Beruf bauen.

Einen Sonderstatus in der Reihe dieser Lehrveranstaltungen mit sprachlich-interkulturellem Charakter nimmt das Internationale Seminar ein. Das vornehmliche Ziel dieses Seminars ist es, bereits Studierenden des zweiten Semesters die Möglichkeit einer internationalen Erfahrung in der eigenen Hochschule zu geben. Nach einführenden Seminaren zu interkulturellen Themen folgt im Verlauf dieses Seminars die Internationale Projektwoche. Zu dieser Woche lädt der Studiengang ITV regelmäßig Gastdozierende von Partnerhochschulen ein, die die ganze Woche hindurch mit je einer kleinen Studierendengruppe an Projekten in englischer Sprache arbeiten. So haben die Studierenden die Möglichkeit, andere Lehr- und Kommunikationsstile kennenzulernen und ihr frisch erworbenes interkulturelles Wissen in der Praxis zu testen. Diese Möglichkeit besteht umso mehr, da auch studentische Kurzzeitgäste von Partnerhochschulen an dieser Woche teilnehmen und somit gemeinsam gelernt, gearbeitet, präsentiert und gelebt wird. So können Studierende für sich quasi austesten, wie sie unterschiedlichen Kommunikationsstilen begegnen und das gemeinsame Agieren in internationalen Projektgruppen miteinander aushandeln.

Die Internationale Woche ist eine ganze Woche, in der keine anderen Lehrveranstaltungen stattfinden und somit das Abtauchen in eine rein englischsprachige Arbeitsatmosphäre möglich ist. Der Höhepunkt am Ende der Woche sind die Teampräsentationen in Form von Postern, die einen lebhaften Austausch über die unterschiedlichen Projekte und ihre Ergebnisse ermöglichen. Die Woche wird weiterhin dafür genutzt, über die verschiedenen Gastdozierenden, die die Partnerhochschulen vertreten, Lust auf ein Auslandsstudiensemester zu machen. Der direkte Kontakt zu den Gastdozierenden reduziert hierbei die Hemmschwelle Fragen zu stellen.

Neben Auslandsstudiensemestern zählen auch Auslandspraktika zu den Gelegenheiten, das im Studiengang ITV obligatorische Auslandssemester zu absolvieren.

Im fünften Studienfachsemester machen die Studierenden üblicherweise ein Auslandspraktikum und belegen im Nachgang im 6. Semester ein Praxisseminar, in dem ihre Erfahrungen noch einmal aufgegriffen und diskutiert werden. Da in den meisten Jahrgängen die Mehrheit der Studierenden das Praktikum im Ausland absolviert hat, spielen neben Erfahrungen in den betrieblichen Abläufen und Tätigkeitsfeldern auch interkulturelle Erfahrungen eine Rolle. Die Praktikumsberichte bilden die Grundlage für Diskussionen: die Studierenden lernen, ihre im Praktikum erreichten Leistungen und den Lernzuwachs zu analysieren und im Hinblick auf spätere Bewerbungen zu formulieren. Zudem entwickeln sie Handlungsstrategien, wie sie nach erfolgreichem Studienabschluss auf dem Arbeitsmarkt vorgehen können.

6.3.3 Seminar Projektstudie (4. Fachsemester)

Im vierten Studiensemester findet die Lehrveranstaltung „Projektstudie" als seminaristischer Unterricht mit vier Semesterwochenstunden statt. Hierzu wird der Studienjahrgang in zwei Gruppen aufgeteilt, die von je einem Professor in der Durchführung eines komplexen praxisnahen Vertriebsprojektes im Rahmen einer Fallstudie angeleitet werden. Die Veranstaltung baut hierbei auf Modulen vorheriger Semester auf. Die inhaltliche Thematik der Projektarbeiten basiert auf der einschlägigen Berufserfahrung der beiden Professoren. Eine Gruppe erstellt im Wettbewerb Angebote für die Serienfertigung von Automobil-Kabelsätzen. Die andere Gruppe erarbeitet anhand von Original-Ausschreibungsunterlagen der Europäischen Raumfahrtbehörde konkurrierende Angebote für Satellitenkomponenten. Auf Letzteres wird im folgenden Abschnitt detaillierter eingegangen. Beide Vertriebsaufgaben dienen hierbei als Beispiele für einen komplexen Angebotserstellungsprozess, wie er auch in anderen Hochtechnologiebranchen vorkommt.

Übergeordnetes Lernziel ist die Erstellung von professionellen englischsprachigen Angebotsunterlagen, welche das Angebotsschreiben („Cover Letter"), das technische und das kaufmännische Angebot, CAD-Zeichnungen, den Zeitplan und die Kostenkalkulation sowie den Vertragsentwurf umfasst. Die Ausarbeitung eines Vorschlags für eine Satellitenkomponente ist eine vielschichtige Aufgabe, die für einen einzelnen Studierenden im Rahmen eines Semesters zu komplex ist. Daher ist die Arbeit in mehrere Unteraufgaben unterteilt und wird von einem Team von 10 bis 12 Studierenden durchgeführt. Die einzelnen Aufgaben sind in der folgenden Liste aufgeführt. Darunter fällt auch das Erkennen der Systematik der Normen und Richtlinien der Europäischen Kooperation für Raumfahrtnormung, welche man im Englischen als „European Cooperation for Space Standardization", kurz ECSS, bezeichnet.

- Proposal Management (Angebotsmanagement)
- Reporting & Lessons Learned (Berichterstattung und Lernkurve)
- Management Proposal (Management-Vorschlag)
- Risk Management (Risikomanagement)
- Financial Proposal (Preisvorschlag)
- Technical Proposal (Technischer Lösungsvorschlag)
- Design & CAD-Drawings (Design & CAD-Zeichnungen)
- Work Breakdown Structure & Work Package Descriptions (Projektstrukturplan und Beschreibungen der Arbeitspakete)
- Schedule and GANTT Chart by MS Project (MS-Projekt Gantt-Chart und Zeitplan)
- Product Assurance Plan (Produktsicherungsplan)
- Test Concept (Test- und Prüfkonzept)
- The System of the ECSS Norms (Das System der ECSS-Normen)
- Statement of Compliance (Konformitätserklärung)
- Legal Aspects of the Contract (Rechtliche Aspekte des Vertrags)

Zu Beginn des Semesters empfinden die Studierenden die Anforderungen des komplexen Angebotsprozesses für ein Satellitenexperiment oftmals als einen Praxisschock. Der komplette Satz der englischsprachigen Ausschreibungsunterlagen inklusive der zu berücksichtigenden Raumfahrtnormen umfasst über 1000 Textseiten. Wie in Abb. 6.2 dargestellt, füllen die von den Studierenden zu erstellenden Angebotsunterlagen üblicherweise ebenfalls mehrere DIN A4 Mappen. Die Aufgabenteilung innerhalb des Teams relativiert den Arbeitsumfang jedoch erheblich.

Am Ende des Semesters müssen alle Studierenden ihre Arbeitspakete in einer Präsentation vor dem gesamten Kurs präsentieren. Oft wird dies auf Englisch durchgeführt und ist ein gutes Training der Präsentationsfähigkeiten sowie Sprachkenntnisse, die in dieser Studienphase eine Voraussetzung sind. Darüber hinaus müssen die Angebotsunterlagen dem Kunden (hier dem betreuenden Professor) innerhalb einer bestimmten Frist und gemäß den Verpackungsregeln der europäischen Raumfahrtagentur ESA übergeben werden. Die Nichteinhaltung der formalen Anforderungen der ausschreibenden Institution, insbesondere der Abgabefrist eines Angebotes, kann im späteren Berufsalltag sogar zum Ausschluss eines Angebotes führen.

Am Semesterende überwiegen positive Rückmeldungen und die Studierenden erkennen an, dass ein deutlicher Lernerfolg errungen wurde. Aus Sicht der Dozierenden ist diese Projektarbeit eine praxisnahe Vorbereitung auf die Berufsanforderungen einer Vertriebsingenieurin oder eines Vertriebsingenieurs. Die hohe Qualität der erstellten Angebotsunterlagen zeigt, dass die angestrebten Lernziele erreicht wurden.

Abb. 6.2 Beispiel der Angebotsdokumente, erstellt von einem Studierendenteam. (Foto: Thorsten Döhring)

Der Praxisschock einer komplexen Angebotserstellung erfolgt somit bereits im Studium unter Anleitung eines Professors oder einer Professorin und nicht erst während der Probezeit in einer ersten Vertriebsposition.

Anschließend gaben Vertriebsleitende der Raumfahrtindustrie ihr Feedback zu den abgegebenen Angebotsunterlagen der Studierendenteams. Die Vertriebspraktizierenden bestätigten, dass diese Fallstudie und die Ergebnisse, die die Studierenden mit ihren Angebotsdokumenten erzielten, professionell waren und dass dies eine hervorragende Basis ist, um eine Karriere im Bereich des technischen Vertriebs zu beginnen.

6.3.4 Seminar Conflict & Negotiation Management (6. Fachsemester)

Nachdem die Studierenden in den vorausgegangenen Fachsemestern bereits mehrere Sales-Enablement-Trainings durchlaufen haben, erlernen sie in diesem englischsprachigen Seminar die wissenschaftlichen Grundlagen des Konfliktmanagements und der Verhandlungsvorbereitung sowie der Verhandlungsführung. Wie im Modul Vertriebsingenieurwesen besteht die Note hier aus dem individuellen Teil einer schriftlichen Verhandlungsvorbereitung und der Bewertung der Durchführung der Verhandlung. Dabei verhandeln hier die Studierenden mit anderen Teilnehmenden desselben Seminars.

Die Grundlagen des Konfliktmanagements, basierend u. a. auf den Ausführungen von Tries (2008), legen das Fundament für Kundenverständnis und Konfliktlösungsmethoden, wie sie zum Beispiel für Einwandbehandlung benötigt werden. Dabei werden auch die psychologischen Grundlagen zu Konflikten sowie deren Ursachen und Konfliktlösungsmethoden vorgestellt. Gängige Methoden wie SPIN-Fragetechniken (vorgestellt von Neil Rackham als Situation, Problem, Implementation, Need and Pay-Off-Questions (vgl. Rackham, 1988)) und DISC (vier Charaktertypen: Dominance, Influence, Steadiness, Conscientiousness (vgl. Scullard & Baum, 2015)) wird auch der Harvard-Ansatz zu Verhandlungsführung erarbeitet (vgl. Fisher et al., 2012). Die systematische inhaltliche und graphische Vorbereitung einer Verhandlung erfolgt auf Basis der Systemtheorie des Technischen Vertriebs (vgl. Schneider-Störmann, 2015a, b).

In diesem Seminar lernen die Studierenden zunächst anhand von mehreren kürzeren und selbst geführten Verhandlungen, wie sich gezielte Vorbereitung positiv auf den Ausgang der Verhandlung auswirkt. Die Methoden der Verhandlungsvorbereitung werden anhand von Fallstudien erlernt und umgesetzt. Ähnlich wie im Seminar Vertriebsmanagement werden bereits zu Anfang des Semesters Gruppen gebildet. Die Aufgabenstellungen der Gruppen sind anspruchsvolle Fallstudien, die von der Harvard University ausgearbeitet wurden. Je nach Fall verhandeln zwei bis sechs Studierende miteinander. Die Konstellationen sind fallabhängig und beinhalten entweder zwei Parteien, die miteinander verhandeln oder mehrere Parteien mit Mediatoren, denen auch eine Rolle in der Verhandlung zukommt. Ziel ist, den Kundennutzen zu erfragen und zugleich die eigenen

Ziele nicht aus dem Auge zu verlieren. Die Verhandlungen dauern je nach Fall zwischen 40 und 80 min. Die Bewertung der auf Video aufgezeichneten Verhandlungen erfolgt erneut gemäß den Regeln der European Sales Competition.

Die Studierenden des Studiengangs ITV können hier auf die bereits gewonnenen Erfahrungen der vorangegangenen Trainings der zurückliegenden Semester zurückgreifen. Bevor es zur Prüfungsverhandlung kommt, gewinnen sie durch mehrere kürzere Trainings an Sicherheit und Souveränität. Die Studierenden haben im Anschluss an die Verhandlung die Möglichkeit, sich ihr Agieren während der Verhandlung im Video anzusehen. Dadurch gewinnen sie weitere Erkenntnisse über ihre Fähigkeiten und können ihre Fehler gezielt angehen.

6.4 Sales Enablement durch Auslandspraktika und Vernetzung mit anderen Hochschulen

Die Studierenden im Studiengang Internationales Technisches Vertriebsmanagement an der TH Aschaffenburg sehen sich, wie in Abschn. 6.3 gezeigt, zahlreichen praxisnahen Sales-Enablement-Trainings gegenüber, wodurch wird die Fertigkeit des Verkaufens geschult wird. Bereits vor Abschluss des Studiums erreichen sie ein professionelles Niveau. Das Ausbildungsziel geht aber über das Verkaufen hinaus – die Absolventinnen und Absolventen sollen auch in der Lage sein, das im Sales Enablement erlernte Wissen im internationalen Umfeld umzusetzen. Wie in Abschn. 6.3.2 erwähnt, findet hierzu im fünften Fachsemester ein Auslandssemester statt. Dieses muss im nicht-deutschsprachigen Ausland, also außerhalb der DACH-Länder, stattfinden. Die Studierenden können wahlweise dort ein Semester studieren oder über einen Zeitraum von 22 bis 26 Wochen ein Praktikum im Vertrieb bzw. im Vertriebsumfeld von Unternehmen absolvieren.

Im letzteren Fall erleben die Studierenden Sales-Prozesse und Verhandlungen in einem deutlich anderen Kulturraum und in einer anderen Sprache. Seit der Gründung des Studiengangs im Jahr 2008 haben Studierende ihre Praktika auf allen fünf Kontinenten absolviert. Da die Praktikantinnen und Praktikanten bereits vier Sales-Enablement-Trainings in den vor dem Praktikum liegenden Semestern erfolgreich durchlaufen haben, bringen sie den Unternehmen die Sales-Kultur mit, die an der TH Aschaffenburg vermittelt wird. Im Praktikum wird diese der des Unternehmens gegenübergestellt und die Kompetenz zugleich erweitert. Da jedes Unternehmen, jede Branche bzw. jeder Markt jedoch eigene Spielregeln hat, was den Ablauf von Vertrieb und Einkauf angeht, haben die Studierenden nach dem Praktikum die Sales-Enablement-Schule der TH Aschaffenburg sowie eine unternehmens-, brachen- bzw. marktspezifische Trainingserfahrung erlebt. Was noch fehlt ist das akademisch fundierte Sales-Enablement-Training aus einem anderen Kulturraum.

Diese Lücke kann durch die Kooperationen der TH Aschaffenburg mit Mitgliedern der AASE im nicht-deutschsprachigen Ausland geschlossen werden. Hier sind insbesondere die École Supérieure des Technologies et des Affaires in Belfort (ESTA), Frankreich und die Turku University of Applied Sciences (Turku AMK) in Turku, Finnland zu nennen. Beide Hochschulen bilden gezielt für den technischen Vertrieb aus. Auch in Hinblick auf die Forschung und Lehre arbeiten alle drei Hochschulen eng zusammen. Studierende, die eine der beiden Partnerhochschulen für ein oder mehr Semester besuchen, erhalten dort Sales-Enablement-Trainings, die dem entsprechenden Kulturraum, also dem französischen oder dem finnischen, angepasst sind. Zwischen der Turku AMK und der TH Aschaffenburg besteht darüber hinaus ein Double-Degree-Programm. Studierende der Aschaffenburger Hochschule können binnen von zwei Semestern 90 Kreditpunkte erreichen, um nach Abschluss des Studiums an der TH Aschaffenburg neben dem Bachelor of Engineering mit 210 Kreditpunkten auch einen Abschluss der Turku AMK in Industrial Management and Engineering mit 240 Kreditpunkten zu erhalten. An der Turku AMK finden auch Sales-Enablement-Wettbewerbe statt, die im Abschn. 6.6 vorgestellt werden.

6.5 Diskussion

Im Studiengang Internationales Technisches Vertriebsmanagement an der Technischen Hochschule Aschaffenburg können Studierende Sales-Enablement-Training bereits im ersten Semester mittels Fallstudien erleben und so Kompetenzen durchführen. Eine direkte Interaktion mit Einkäuferinnen und Einkäufern aus der Industrie fehlt jedoch. Dies war nicht immer so. In den Jahren 2015 und 2016 konnten die Studierenden im Seminar Vertriebsingenieurwesen direkt mit Unternehmen der Optikbranche in Verbindung treten. Auf Wunsch der Unternehmen musste dies allerdings eingestellt werden, denn die Inanspruchnahme der Mitarbeiterinnen und Mitarbeiter durch die mitunter sehr engagierten Studierenden konnten die Unternehmen nicht mehr bewältigen. Eine Änderung des Verfahrens sollte es aber wieder ermöglichen, einzelne Industriepartner in das Seminar einzubinden, sodass die Studierenden noch realer erleben, wie technischer Vertrieb abläuft. Dies ist für die nahe Zukunft geplant.

In der Lehrveranstaltung Projektstudie erstellen die Kursteilnehmer in Teamarbeit komplexe Angebote für die Raumfahrtindustrie. Die Studierenden identifizieren sich mit ihrer jeweiligen Aufgabe und die Teilergebnisse haben oftmals eine hohe Qualität. Ein Risiko besteht darin, dass die Studierenden oft recht einseitig auf ihre jeweilige Teilaufgabe konzentriert sind. Durch eine geringe Bereitschaft, sich auch mit den anderen – nicht direkt notenrelevanten – Themenkomplexen auseinanderzusetzen, geht der Gesamtüberblick teilweise verloren. Hier ist die Teamleitung des jeweiligen Angebotsmanagements gefragt, deren Koordinationsgeschick und die Gruppendynamik letztendlich über die Qualität des komplexen Gesamtangebotes entscheidet. In dieser Lehrveranstaltung gibt es eine Rückmeldung aus der Industrie. Die von den

Studierenden erstellten Angebotspakete wurden auf Bitte des Dozenten mehrfach von externen Vertriebsfachleuten aus der Raumfahrtindustrie begutachtet. Nach deren Einschätzung sind diese Ausarbeitungen schon überwiegend professionell aufbereitet. Die Fallstudie ist somit eine gute Vorbereitung auf eine spätere Berufstätigkeit in diesem industriellen Umfeld.

Die Vermittlung fremdsprachlicher und interkultureller Kompetenzen erfolgt immer in einem für Vertriebsingenieurinnen und -ingenieure relevanten Kontext und wird szenariobasiert und handlungsorientiert erarbeitet. Auf diese Weise werden auch in diesen Wissensfeldern berufsspezifische Handlungen vorweggenommen und trainiert.

Gegen Ende des Studiums sind die Studierenden bereits in vielfältiger Sicht ausgebildet. Sie greifen im Seminar Conflict & Negotiation Management bereits auf Gelerntes zurück und können anhand von Case Studies und Rollenspielen, die i. d. R. aus der Praxis entnommen sind und von Dozierenden für Verhandlungsseminare aufbereitet wurden, ihre Fertigkeiten vertiefen. Auch hier wäre es denkbar, die Rollenspiele mit Industriepartnern zu gestalten, was allerdings einen erheblichen Mehraufwand für die Lehrenden bedeuten würde. Ferner würden die Studierenden dann nicht so vielfältige Fälle aus unterschiedlichen Regionen der Welt studieren können. So ist das Seminar besonders gut auf das Agieren in einem internationalen Umfeld zugeschnitten.

6.6 Erfolgsnachweis der Sales-Enablement-Trainings und Zusammenfassung

Seit November 2017 nehmen Studierende des Studiengangs ITV an der Sales Competition der Turku University of Applied Sciences teil. In diesem Verkaufswettbewerb stellten Studierende aus mehreren europäischen Hochschulen und Universitäten mit Vertriebsstudiengängen ihre Verkaufskompetenz unter Beweis. Die Teilnehmerinnen und Teilnehmer haben jeweils 20 min Zeit, um ihr Produkt an einen professionellen Käufer vor einer Jury zu verkaufen. Während der Verkaufsverhandlung ist es das Ziel der Verkäufer, den Käufer von dem Produkt zu überzeugen. Bei sechs Teilnahmen an diesem zweimal im Jahr stattfindenden Wettbewerb gelang es den Studierenden des Studiengangs ITV der TH Aschaffenburg, fünfmal in das Finale der besten vier zu gelangen, welches sie viermal gewonnen haben. Eingebettet in den hybriden Studiengang ITV tragen vor allem die Sales-Enablement-Trainings zum Erfolg der Studierenden bei.

Die Alumniarbeit im Studiengang ITV in sozialen Netzwerken wie XING und LinkedIn hat gezeigt, dass man die Absolventinnen und Absolventen oft bereits nach wenigen Jahren in führenden Positionen des Technischen Vertriebs in der Industrie findet. Einige der ehemaligen Studierenden arbeiten mittlerweile erfolgreich bei Unternehmen im Ausland. Diese Tatsachen verdeutlichen, dass die Ausbildung durch diesen Studiengang und seine Sales-Enablement-Trainings den Einstieg in die Industrie erleichtert und die Lernkurve der Vertriebsingenieurinnen und -ingenieure erheblich beschleunigt.

6.7 Weiterentwicklung und Ausblick

Mittelfristig wird dieser erfolgreiche Studiengang von den verantwortlichen Professorinnen und Professoren weiterentwickelt und an aktuelle Trends und zukünftige Entwicklungen angepasst. Hierbei soll insbesondere der Trend zum Arbeiten im Homeoffice und zum digitalisierten Vertrieb verstärkt aufgegriffen werden. Angedacht ist ferner die verstärkte Einbindung von Praktikern aus Vertrieb und Einkauf in die Lehrveranstaltungen, über in Vorlesungen eingebundene Praxisvorträge oder über Veranstaltungen von externen Lehrbeauftragten. Exkursionen zu Unternehmen und Messebesuche durch die Studierenden würden die gewünschten Praxisanteile und die Studienmotivation verstärken.

Die Wettbewerbsfähigkeit der Exportnation Deutschland erfordert hervorragend ausgebildete Vertriebsingenieurinnen und -ingenieure, um Technologielösungen im In- und Ausland erfolgreich zu vermarkten und so den Industriestandort Deutschland und dessen Wohlstand zu sichern. Dieses Ausbildungsziel verfolgt der in diesem Beitrag beschriebene hybride Studiengang Internationales Technisches Vertriebsmanagement an der Technischen Hochschule Aschaffenburg und nutzt dafür Sales-Enablement-Trainings für den Technischen Vertrieb der Gegenwart und der Zukunft.

Literatur

Döhring, T., Schneider-Störmann, L., & Krauße, S. (2018). Der Studiengang Internationales Technisches Vertriebsmanagement an der Hochschule Aschaffenburg – Ausbildung von Vertriebsingenieuren für einen globalen Markt. In A. Ittel & A. Meyer do Nascimento Pereira (Hrsg.), *Internationalisierung der Curricula in den MINT-Fächern* (1. Aufl., S. 161–170). wbv Media.

European Sales Competition. (13. April 2021). European Sales Competition. https://www.europeansalescompetition.com/

Fisher, R., Ury, W., & Patton, B. (Hrsg.). (2012). *Getting to yes: Negotiating an agreement without giving in* (Updated and rev., 3. Aufl.). Random House Business Books.

Krauße, S., Schneider-Störmann, L., & Döhring, T. (2019). ITV – International studieren in Aschaffenburg. *Die neue Hochschule, 2019*(06), 16–19.

Rackham, N. (1988). *SPIN selling*. McGraw-Hill.

Reunanen, T., Röhr, T., Holopainen, T., Schneider-Störmann, L., & Görne, J. (2018). On the basis of the sales engineering competences and education. *Advances in Human Factors, Business Management, 160–172*. https://doi.org/10.1007/978-3-319-60372-8_16.

Schneider-Störmann, L. (2015a). Strukturelle Analyse von Verhandlungssituationen. In J. Görne (Hrsg.), *Performance of Sales Engineers* (Bd. 1). Selbstverlag.

Schneider-Störmann, L. (2015b). *Technische Produkte verkaufen mit System: Einführung und Praxis des technischen Vertriebs*. Hanser.

Schneider-Störmann, L., & Büttner, J. (2019). Wie digital muss der Technische Vertrieb eigentlich sein? *Journal of Sales Excellence* (12/2019), 12–17.

Scullard, M., & Baum, D. (2015). *Everything DiSC Manual*. Wiley.

TH Aschaffenburg UAS. (2021). Internationales Technisches Vetriebsmanagement: „Den MIX" aus Technik, Sprachen und Wirtschaft studieren! https://www.th-ab.de/itv.

Tries, J. (2008). Konflikt- und Verhandlungsmanagement: Konflikte konstruktiv nutzen. *Springer*. https://doi.org/10.1007/978-3-540-34040-9.

Prof. Dr. Ludger Schneider-Störmann ist seit 2010 Professor an der TH Aschaffenburg und lehrt u. a. in den Gebieten der Technik und des Konflikt- und Verhandlungsmanagements. Ebenfalls seit 2010 koordiniert er den Studiengang Internationales Technisches Vertriebsmanagement. Ludger Schneider-Störmann ist ehrenamtlich in mehreren internationalen Gremien tätig und trägt dort zur Erstellung von Richtlinien und zur Definition von Kompetenzfeldern auf den Gebieten des Produktmanagements und des Technischen Vertriebs bei. Seine Forschungsschwerpunkte liegen in der Ausbildung von Vertriebsingenieuren und in der Systemtheorie des Technischen Vertriebs.

Prof. Dr. Thorsten Döhring ist seit 2012 Professor an der TH Aschaffenburg und vertritt im Studiengang Internationales Technisches Vertriebsmanagement die ingenieurwissenschaftlichen Grundlagenfächer sowie Vertriebskonzepte und Vertriebsorganisation. Als promovierter Physiker liegen die Schwerpunkte seiner international vernetzten Forschung auf den Gebieten Astronomie und Raumfahrt.

Prof. Dr. Sylvana Krauße ist seit 2009 Professorin für Englisch an der TH Aschaffenburg. Sie ist die Leiterin des Hochschulsprachenzentrums und hat im Studiengang Internationales Technisches Vertriebsmanagement die Aufgabe der Auslandsbeauftragten. Darüber hinaus ist sie die stellvertretende Direktorin des Instituts für Interkulturelle Kommunikation an der TH Aschaffenburg.

Einflussfaktoren auf das Vertrauen in Sales Persons im B2B-Dienstleistungsbereich und deren Wirkung für das Sales Enablement

Carsten Giebe, Sandra Schneider, Silvia Boßow-Thies, Bianca Krol und Oliver Gansser

Inhaltsverzeichnis

7.1	Einführung	82
7.2	Untersuchungsmodell	85
7.3	Empirie	87
7.4	Ergebnisse	89
7.5	Schlussfolgerungen	93
7.6	Ausblick	95
	Anhang	96
	Literatur	98

C. Giebe
Hungarian University of Agriculture and Life Sciences, Kaposvár, Ungarn
E-Mail: publikation-giebe@gmx.de

S. Schneider (✉)
Hungarian University of Agriculture and Life Sciences, Kaposvár, Ungarn
E-Mail: sandra.schneider@fom-net.de

S. Boßow-Thies
FOM Hochschule für Oekonomie & Management, Hamburg, Deutschland
E-Mail: silvia.bossow-thies@fom.de

B. Krol
FOM Hochschule für Oekonomie & Management, Essen, Deutschland
E-Mail: bianca.krol@fom.de

O. Gansser
FOM Hochschule für Oekonomie & Management, München, Deutschland
E-Mail: oliver.gansser@fom.de

© Der/die Autor(en), exklusiv lizenziert an Springer Fachmedien Wiesbaden GmbH, ein Teil von Springer Nature 2022
J. Westphal et al. (Hrsg.), *Sales Enablement als Fundament des Vertriebserfolgs*, FOM-Edition, https://doi.org/10.1007/978-3-658-37614-7_7

Zusammenfassung

Sales Enablement beschreibt eine strategische Möglichkeit zur Steigerung vorhersehbarer Verkaufsergebnisse. Ziel ist es, bei Interaktionen mit Kundinnen und Kunden einen Mehrwert für das Unternehmen zu erzielen. Ein wichtiger Faktor kann hier das Vertrauen sein. Es gibt nur wenige Studien, bei denen die Dimensionen des Kundenvertrauens im B2B-Dienstleistungsbereich empirisch untersucht wurden. Hauptzweck der vorliegenden Untersuchung ist es, herauszufinden, welche Faktoren Einfluss auf das Vertrauen in eine Sales Person haben. Ferner wird untersucht, ob Vertrauen tatsächlich einen Einfluss auf Engagement und Loyalität ausübt und somit als Sales Enabler funktioniert. Unsere Untersuchung präsentiert die Ergebnisse einer empirischen Analyse einer Onlineumfrage mit einer Stichprobengröße von n = 494.

7.1 Einführung

Matthews und Schenk beschreiben Sales Enablement als eine strategische, kollaborative Disziplin zur Steigerung vorhersehbarer Verkaufsergebnisse. Dies soll durch die Bereitstellung konsistenter, skalierbarer Enablement-Services geschehen, die es Fachkräften mit Kundenkontakt und ihren Führungskräften ermöglichen, bei jeder Interaktion mit Kundinnen und Kunden einen Mehrwert für das Unternehmen zu erzielen (vgl. Matthews & Schenk, 2018). Das Zitat „Der Außendienst ist zu 90 Prozent für den Erfolg des ganzen Unternehmens verantwortlich. Dahinter kommen die Informatiker mit fünf Prozent und der ganze Rest kommt auch nochmal auf fünf Prozent" von Würth (2020, o. S.) beschreibt eindrucksvoll die Rolle von Sales Persons im Business-to-Business-Bereich (B2B).

Matthews und Schenk haben für den Vertriebserfolg zwei kritische Ebenen identifiziert: die Beziehungsebene und die Prozessebene. Ein Level der Beziehungsebene ist die vertrauenswürdige Partnerschaft zwischen Vertriebsmitarbeitenden und Kundinnen und Kunden. Diese kann als Schlüssel zum langfristigen Erfolg angesehen werden. Aus Kundenperspektive werden vertrauenswürdige Partner als Teil der Organisation verstanden (vgl. Matthews & Schenk, 2018).

Die Bedeutung von Vertrauen zeigen verschiedene Studien, bei denen das Vertrauen als eines der bedeutendsten Prädikatoren für die Stärke der Beziehung zwischen Käuferin oder Käufer und der Sales Person steht (vgl. Ganesan, 1994; Berry, 1995; Abdullah & Musa, 2014; Thier, 2018). Das Vertrauen wird dabei durch ein breites Spektrum an persönlichen und fachlichen Skills gebildet (vgl. Kennedy et al., 2001).

Darauf aufbauend verdeutlichen weitere Studien, dass das Vertrauen und die persönliche Beziehung zu Kundin oder Kunde positive Auswirkungen auf das Engagement im Unternehmen haben (vgl. Chumpitaz Caceres & Paparoidamis, 2007) und dass unter anderem das Vertrauen zu Loyalität führt (vgl. Kennedy et al., 2001).

Das Vertrauen kann als eines der wichtigsten Instrumente des Relationship-Marketings angesehen werden. Vertrauen hat das Potenzial, die Unsicherheit und Komplexität in B2B-Beziehungen zu verringern und kann als Schlüssel bei Vernetzungen und Kooperationen fungieren (vgl. Thier, 2018). Mit Vertrauen kann Kundenbindung und wirtschaftlicher Erfolg erreicht werden. Trotz seiner Bedeutung hat sich in der Marketing- und Marktforschungsliteratur jedoch keine gemeinsame Definition von Vertrauen etabliert (vgl. Doney & Cannon, 1997; Moorman et al. 1993).

Empirische Studien im B2B-Kontext konzentrieren sich zum einen überwiegend auf das institutionelle Vertrauen (vgl. Chumpitaz Caceres & Paparoidamis, 2007; Svensson, 2004). Hierbei wurde das Vertrauen anhand der Gesamtbeurteilung der Beziehung mit der Lieferantenfirma berücksichtigt. Darüber hinaus wurden diese Studien überwiegend im Umfeld der produzierenden Unternehmen durchgeführt (vgl. Wang et al., 2015; Guenzi & Georges, 2010). Die Untersuchung des Vertrauens auf zwischenmenschlicher Ebene im B2B-Dienstleistungsbereich könnte daher wertvolle Managementerkenntnisse liefern. Bisher konnte ermittelt werden, dass bei B2B-Dienstleistungen die persönliche Ebene der Sales Person zu Kundin oder Kunde eher Vertrauen schafft als die personenunabhängige institutionelle Ebene (vgl. Boßow-Thies et al., 2019).

Die vorliegende Arbeit konzentriert sich auf die Rolle des Vertrauens im B2B-Beratungssektor der Personal- und Unternehmensberatungen. Dieser Bereich verzeichnet seit Jahren ein stetiges Wachstum. Die Anzahl der Personalberater ist zwischen 2008 und 2018 um rund 40 % gestiegen (vgl. BDU, 2020a), die Anzahl der Unternehmensberater im selben Zeitraum um rund 45 % (vgl. BDU, 2020b). Mit dem Branchenwachstum geht eine steigende Wettbewerbsintensität einher (vgl. BDU, 2020a, b). Eine Folge ist, dass die Sales Persons besser werden müssen, um ihre persönlichen und geschäftlichen Ziele weiterhin erreichen zu können (vgl. Matthews & Schenk, 2018). Dabei stellt sich für den B2B-Beratungssektor die Frage, welche Skills in welcher Stärke das Vertrauen beeinflussen und ob Vertrauen letztendlich einen Einfluss auf Engagement und Loyalität ausübt und somit als Sales Enabler in diesem wachsenden Sektor fungiert. Bisher fehlt es an Studien, die sich mit diesen verschiedenen vertrauensbildenden Aspekten im B2B-Dienstleistungssektor befassen.

Die in dieser Arbeit ausgewählten Beratungsbereiche unterscheiden sich beispielsweise in der Tiefe der Einbindung in das Kundenunternehmen. Personalberatungen werden mit der Suche und Auswahl qualifizierter und oft sehr spezialisierter Fach- und Führungskräfte beauftragt. Sie erhalten einen Unternehmenseinblick, der die zu besetzende Position oder den zu verändernden Bereich betrifft. Unternehmensberatungen hingegen werden zur Aufarbeitung betriebswirtschaftlicher Problemstellungen herangezogen. Sie erhalten in der Regel einen tiefgehenden Einblick in ein Unternehmen und sind häufig persönlich im Unternehmen der Kundin oder des Kunden tätig (vgl. Ellebracht et al., 2018). Hier können unterschiedliche Aspekte einen Einfluss auf das Vertrauen haben.

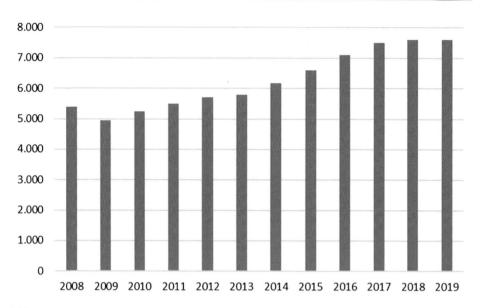

Abb. 7.1 Anzahl Personalberater in Deutschland. (Quelle: in Anlehnung an BDU, 2020a)

Für die Personal- und Unternehmensberatungsbranche ist das Vertrauen für die Sicherung einer langfristigen Geschäftsbeziehung und für den Aufbau von Reputationen essenziell (vgl. Kaiser & Ringlstetter, 2011). Dabei ist das Vertrauen nicht nur für den Erhalt von Folgeaufträgen relevant, sondern auch für Beratungsaufträge in der aktiven Bearbeitungsphase. Die vertrauensvolle Zusammenarbeit zwischen Kundinnen und Kunden und Beratenden wirkt während der Durchführung motivierend auf die Beratenden und erhöht damit das Engagement, ein gutes Ergebnis erzielen zu wollen. Die resultierende hohe Qualität des Ergebnisses wirkt sich positiv auf die Kundenzufriedenheit aus (vgl. Drepper, 2006), welche wiederum die Loyalität beeinflusst (vgl. Herrmann & Johnson, 1999).

Auf Grund des starken Wachstums dieser Branchen (siehe Abb. 7.1 und 7.2) und der hier gegebenen Relevanz von Vertrauen liegt der Fokus dieser Untersuchung im B2B-Dienstleistungsbereich auf der Unternehmens- und Personalberatungsbranche. Aufbauend auf den herausgearbeiteten Erkenntnissen ergibt sich die folgende Forschungsfrage, welche am Beispiel beider Branchen beantwortet werden soll:

Welche Faktoren haben Einfluss auf das Vertrauen in eine Sales Person im B2B-Dienstleistungsbereich und hat dies einen Einfluss auf das Engagement und die Loyalität?

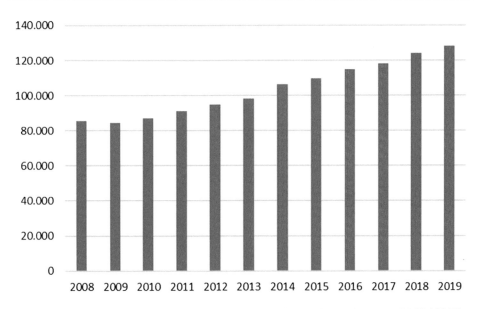

Abb. 7.2 Anzahl Unternehmensberater in Deutschland. (Quelle: in Anlehnung an BDU, 2020b)

7.2 Untersuchungsmodell

Zur Beantwortung der Forschungsfrage soll in diesem Kapitel ein theoriebasiertes Untersuchungsmodell hergeleitet werden. Dieses wird in den anschließenden Kapiteln dann empirisch überprüft.

Verschiedene Studien, wie bspw. von Kennedy et. al. (2001) und Boßow-Thies et. al. (2019), weisen darauf hin, dass das Vertrauen von Käuferinnen und Käufern in eine Sales Person aus der fachlichen Kompetenz der Sales Person resultiert. Dabei kann die fachliche Kompetenz als die Fähigkeit einer Sales Person auf der Grundlage ihres Wissens oder ihrer technischen Kompetenz ihr zugetragene Probleme zu lösen, definiert werden (vgl. Guenzi & Georges, 2010). Durch die Bestätigung ihrer Fähigkeit wird auf Kundenseite die Unsicherheit aufgrund fehlenden Know-hows reduziert (vgl. Ganesan, 1994; Doney & Cannon, 1997). Daraus resultiert die Hypothese H1.

*H*1: Ein höheres Maß an fachlicher Kompetenz der Sales Person führt zu einem erhöhten Vertrauen in die Sales Person.

Neben der Kompetenz kann die Macht einer Sales Person innerhalb ihres Unternehmens ein weiterer Faktor sein, der die Unsicherheit auf Kundenseite verringert. Je höher die Kontrolle über die organisatorischen Ressourcen einer Sales Person ist, desto höher ist die Wahrscheinlichkeit, dass diese ihre Versprechen einhalten kann. Dies würde zur Zunahme des Vertrauens in die Sales Person führen (vgl. Doney & Cannon, 1997; Swan & Nolan, 1985). Hierfür wird die Hypothese H2 formuliert.

*H*2: Ein höheres Maß an Macht der Sales Person innerhalb der Organisation führt zu einem erhöhten Vertrauen in die Sales Person.

Verschiedene Studien zeigen die hohe Bedeutung der sozialen Kompetenz einer Sales Person bzgl. des Vertrauens, das ihr von Kundenseite entgegengebracht wird (vgl. Doney & Cannon, 1997). Die soziale Kompetenz wird hierbei unter anderem durch die Sympathie geprägt. Diese ist nach Swan und Nolan (1985) zum Beispiel auf das Einfühlungsvermögen einer Person zurückzuführen. Guenzi und Georges (2010) konnten einen direkten Einfluss der Sympathie auf die Empfehlungsabsicht feststellen. Darauf aufbauend ergibt sich die Hypothese H3.

*H*3: Ein höheres Maß an sozialer Kompetenz der Sales Person führt zu einem erhöhten Vertrauen in die Sales Person.

Weitergehend gibt es empirische Belege dafür, dass häufiger Kontakt zur Kundin oder zum Kunden zur Geschäftsentwicklung und zur Vertrauensbildung beiträgt. Jeder Kontakt ermöglicht der Kundin oder dem Kunden eine weitere Informationsgenerierung, welche bei der Beurteilung des zukünftigen Verhaltens der Sales Person helfen kann (Crosby et al., 1990). Hierfür wurde Hypothese H4 erstellt.

*H*4: Ein höheres Maß an Kontaktfreudigkeit der Sales Person führt zu einem erhöhten Vertrauen in die Sales Person.

Sales Persons müssen sich häufig zwischen Unternehmen auf der einen Seite und Kundin oder Kunde auf der anderen Seite positionieren. Daraus resultieren verschiedene Verhaltensweisen der Sales Person, um die Kundenbeziehung zu pflegen und ihr Geschäft zu entwickeln. Die Kundin oder der Kunde erwartet, dass die Sales Person kundenorientiert agiert. Aus der Sicht der Sales Person könnte es jedoch von Vorteil sein, strategisch zu handeln und eigene Ziele zu verfolgen. Eine durch hohen Druck geprägte Verkaufstaktik führt zu einer Zunahme der Unsicherheit auf Kundenseite (vgl. Crosby et al., 1990; Kennedy et al., 2001). Daraus resultiert Hypothese H5.

*H*5: Ein höheres Maß an Verkaufsorientierung der Sales Person führt zu einem geringeren Vertrauen in die Sales Person.

Der Zusammenhang von Vertrauen und Engagement wurde in der Studie von Doney und Cannon (1997) bestätigt. Ebenfalls gehen Chumpitaz Caceres und Paparoidamis (2007) davon aus, dass Vertrauen und eine ausgezeichnete persönliche Beziehung einen positiven Einfluss auf das Engagement im Unternehmen haben. Unterstützt wird der Einfluss des Vertrauens auf das Engagement insbesondere durch die Theorie des sozialen Austauschs. Dabei wird argumentiert, dass Misstrauen zu weiterem Misstrauen führt, was wiederum zu einer Verringerung des Engagements führt. Eine Geschäftsbeziehung mit hohem Engagement führt zu einem nachhaltigen Wettbewerbsvorteil, der im besten Fall zu einer Unique-Selling-Proposition (Day, 2000) und zur langfristigen Loyalität gegenüber dem Unternehmen wird. Hierfür werden die Hypothesen H6 und H7 formuliert.

H6: Ein höheres Maß an Vertrauen in die Sales Person führt zu einem stärkeren Engagement in ihrer Organisation.

H7: Ein höheres Maß an Vertrauen in die Sales Person führt zu einer stärkeren Loyalität gegenüber ihrer Organisation.

Unternehmens- bzw. Personalberaterinnen und -berater erhalten von ihrer Kundschaft einen unterschiedlich tiefgehenden Einblick in das Unternehmen. Um zu prüfen, ob dieser Unterschied zwischen den Dienstleistungsbereichen Unternehmens- und Personalberatung einen Einfluss auf die vertrauensbildenden Aspekte in die Sales Person sowie auf das Engagement und die Loyalität gegenüber ihrer Organisation hat, wird Hypothese H8 erstellt.

H8: In Bezug auf die Unternehmensberatungen und Personalberatungen unterscheiden sich die skizzierten Konstrukte hinsichtlich ihres Einflusses auf Vertrauen, Engagement und Loyalität der Sales Person.

7.3 Empirie

Bei den genannten Größen handelt es sich sämtlich um abstrakte Konstrukte, die mithilfe etablierter Skalen operationalisiert (siehe Anhang 1) wurden. Dabei wurden sechs von acht Variablen reflektiv gemessen. Diese sind Vertrauen in die Sales Person (vgl. Zaheer et al., 1998), Engagement (vgl. Chumpitaz Caceres & Paparoidamis, 2007), Macht der Sales Person in der Organisation (vgl. Doney & Cannon, 1997), soziale Kompetenz (vgl. Guenzi 2002; Coulter & Coulter, 2002), Verkaufsorientierung (vgl. Guenzi & Georges, 2010) und Loyalität (Chumpitaz Caceres & Paparoidamis, 2007). Die übrigen Konstrukte, Kompetenz (vgl. Doney & Cannon, 1997; Guenzi & Georges, 2010; Kennedy et al., 2001) und Kontaktfreudigkeit (vgl. Doney & Cannon, 1997) wurden formativ gemessen. Alle Items wurden mit Hilfe von einer 6-Punkt-Likert-Skala abgefragt. Es wurde eine Vorstudie mit 75 Anbietern durchgeführt, um die Validität der Skalen zu prüfen und die Relevanz der Faktoren zu untersuchen. Um die Hypothesen zu testen, wurde eine Online-Umfrage bei B2B-Kunden von Beratungsunternehmen in Deutschland ausgewählt. Diese Befragungsform gibt die Möglichkeit, viele geografisch unabhängige Teilnehmer zu erreichen.

Die Umfrage wurde an Geschäftskontakte verteilt, welche gebeten wurden, das Vertrauensverhältnis zu einzelnen Unternehmensberatungen (UB) oder Personalberatungen (PB) zu evaluieren. Die Datenerhebung wurde vom 23. November 2016 bis zum 17. Januar 2017 durchgeführt. Im erzielten Datenset traten fehlende Werte durch Nichtbeantwortung auf. Es wurden alle Datensätze, bei denen 20 % und mehr fehlende Werte festgestellt wurden, eliminiert. Es konnten insgesamt 494 Antworten (n = UB 279/n = PB 215) verwendet werden. Hiervon waren 279 (56,5 %) Unternehmensberatungen und 215 (43,5 %) Personalberatungsunternehmen. Der Fragebogen wurde von Vorstandsmitgliedern (10,5 %), Mitarbeitenden mit Führungsverantwortung (43,7 %) und Mitarbeitenden ohne Führungsverantwortung (45,8 %) aus den Branchen Industrie (31,6 %), Handel (17,6 %) und Dienstleistungen (50,8 %) ausgefüllt.

Tab. 7.1 Deskriptive Statistik

		Mittelwert	Standardabweichung	1	2	3	4	5	6	7	8
1 Kompetenz	UB	4,73	1,32	0,74							
	PB	4,58	1,36	0,81							
2 Macht	PB	4,09	1,34	0,42	0,90						
	PB	3,81	1,38	0,55	0,88						
3 Sozialkompetenz	PB	3,81	1,38	0,65	0,37	0,85					
	PB	4,60	1,29	0,58	0,47	0,87					
4 Kontaktfreudigkeit	UB	3,75	1,37	0,56	0,32	0,58	0,70				
	PB	3,14	1,39	0,57	0,48	0,63	0,78				
5 Vertriebsorientierung	UB	2,81	1,51	−0,41	−0,24	−0,51	−0,37	0,89			
	PB	2,96	1,60	−0,55	−0,32	−0,54	−0,45	0,88			
6 Vertrauen in die Sales Person	UB	4,07	1,41	0,67	0,43	0,65	0,61	−0,64	0,90		
	PB	3,90	1,41	0,72	0,47	0,75	0,70	−0,67	0,86		
7 Engagement	UB	3,90	1,41	0,58	0,47	0,57	0,57	−0,60	0,76	0,93	
	PB	3,54	1,55	0,66	0,50	0,61	0,65	−0,65	0,77	0,93	
8 Loyalität	UB	3,27	1,60	0,60	0,43	0,62	0,56	−0,66	0,82	0,87	0,98
	PB	3,86	1,80	0,65	0,45	0,68	0,65	−0,73	0,83	0,84	0,98

Diagonale Werte sind die Quadratwurzeln von AVE
UB = Unternehmensberatung, PB = Personalberatung

Als Analyseansatz wird das varianzbasierte Verfahren PLS (Partial Least Squares) angewandt und mithilfe der Software SmartPLS3 ausgewertet (vgl. Ringle et al., 2015). Dieser Analyseansatz wird gewählt, da er keine Anforderungen an die Verteilungsform der Ausgangsdaten stellt und auch für kleine Stichproben geeignet ist. Des Weiteren können reflektive und formative Konstrukte eingebunden werden (vgl. Huber et al., 2011).

Um den Common Method Bias, sprich die Methodenverzerrung der Untersuchung, möglichst gering zu halten, wurden einzelne empfohlene Ansätze von Podsakoff et al. (2003) sowie MacKenzie und Podsakoff (2012) berücksichtigt: Neben der Zusicherung der Anonymität der Befragten sowie Anpassung der Items auf den Untersuchungskontext wurden die Teilnehmenden darauf hingewiesen, dass es keine richtigen oder falschen Antworten gebe. Zur weiteren Beurteilung wurde Harman's Single-Factor Test (Harman, 1976) verwendet, wobei über alle Variablen eine explorative Faktorenanalyse auf einen Faktor ohne Rotation durchgeführt wird (vgl. Podsakoff et al., 2003). Der so gebildete latente Faktor übersteigt in keinen der beiden Modellen den Schwellenwert von 50 %, sodass insgesamt nicht von einem Common Method Bias in den Daten auszugehen ist.

Insgesamt decken die Ausprägungen der einzelnen Items jeweils die gesamte Skalenbreite ab. Darüber hinaus zeigen die Mittelwerte sowie Standardabweichungen, die

Schiefe und Kurtosis der einzelnen Indikatoren keine Auffälligkeiten. Dies gilt auch für die Ebene der latenten Variablen. Tab 7.1 gibt einen Überblick über die Mittelwerte, Standardabweichungen sowie Korrelationen der latenten Variablen.

7.4 Ergebnisse

Die Auswertung erfolgte getrennt nach den beiden Gruppen (Unternehmensberatung und Personalberatung). Zunächst wurde das Messmodell pro Gruppe analysiert, um anschließend auf der Basis valider Messmodelle die beiden Strukturmodelle zu analysieren. Hierbei wurden sowohl die Erklärungskraft der Modelle als auch die Vorhersagekraft der jeweiligen unabhängigen Variablen untersucht. Begonnen wurde mit der Prüfung der Reliabilität der Items in den Messmodellen. Die Ladung von dem Item TS5 war in beiden Modellen kleiner als 0,5. Aus diesem Grund wird es aus beiden Messmodellen entfernt. Wie in Tab 7.2 zu sehen, waren die verbleibenden Ladungen der Items $\geq 0{,}73$ und bei $p < 0{,}001$ signifikant.

Anschließend wurden die Reliabilität und Validität der latenten Variablen für beide Modelle sichergestellt. Es wurden die interne Konsistenzreliabilität und die konvergente Validität der reflektierenden Multi-Item-Skalen durch Berechnung von Cronbachs Alpha, AVE (Average Variance Extracted) und IC (Internal Consistence Value) bewertet. Wie in der Tab. 7.3 zu sehen, überschreiten alle Werte für Cronbachs Alpha den geforderten Wert von 0,7 (vgl. Nunnally & Bernstein, 1994) und jeder AVE- sowie IC-Wert den geforderten Schwellenwert von 0,5 bzw. 0,6 (vgl. Bagozzi & Yi, 1988).

Die diskriminierende Validität nach Fornell-Larcker wurde erfüllt. Alle HTMT-Werte sind signifikant kleiner als 1, was auf ein angemessenes Niveau der Diskriminanzvalidität hinweist (vgl. Franke & Sarstedt, 2019). Darüber hinaus zeigte die Auswertung der Kreuzladungen, dass kein Item zu einer anderen Variablen eine höhere Ladung hat als zu der eigenen (vgl. Homburg & Giering, 1996). Die reflektiven Konstrukte sind somit sämtlich als eindimensional, reliabel und valide zu bezeichnen. Die Inhaltsvalidität der formativen Konstrukte ist erfüllt. Bei den formativen Variablen waren fünf von zehn t-Werten signifikant. Die äußeren VIF-Werte in beiden Modellen zeigten Werte kleiner als 5, sodass keine Probleme aufgrund von Multikollinearitäten (vgl. Hair et al., 2017) zu erwarten sind.

Auf Basis valider Messmodelle wurden im zweiten Schritt die Strukturmodelle analysiert. Da die inneren VIF Werte kleiner als 5 waren, wurde kein Problem hinsichtlich Multikollinearität gesehen (vgl. Weiber & Mühlhaus, 2014). Als wichtiges Bewertungskriterium wurde die Erklärungskraft durch die Untersuchung vom R^2korr. der abhängigen Variablen herangezogen. Das Engagement zeigt ein R^2korr. von UB 58 % bzw. PB 59 % und hat damit einen moderaten Wert. Die Loyalität mit einem R^2korr. von UB 67 % bzw. PB 69 % und das Vertrauen in die Sales Person mit einem R^2korr. von UB 66 % bzw. PB 75 % haben eine substanzielle Erklärungskraft. Im nächsten Schritt wurde die Vorhersagekraft der exogenen Variablen analysiert, indem die standardisierten

Tab. 7.2 Übersicht der Ladungen und Gewichte

Konstrukt		Unternehmensberatung		Personalberatung	
		Ladungen/Gewichte	p-wert	Ladungen/Gewichte	p-wert
Kompetenz (formativ)	SE1	0,961	0,000	0,874	0,000
	SE2	0,162	0,094	0,099	0,224
	SE3r	0,168	0,019	0,083	0,402
Macht	SP1	0,927	0,000	0,886	0,000
	SP2	0,859	0,000	0,883	0,000
	SP3	0,923	0,000	0,882	0,000
Sozialkompetenzen	SSS1	0,816	0,000	0,871	0,000
	SSS2	0,879	0,000	0,898	0,000
	SSS3	0,898	0,000	0,896	0,000
	SSS4	0,806	0,000	0,829	0,000
Kontaktfreudigkeit (formativ)	SK1	0,969	0,000	0,840	0,000
	SK2	0,086	0,391	0,335	0,000
Vertriebsorientierung	SSO1	0,851	0,000	0,874	0,000
	SSO2	0,880	0,000	0,854	0,000
	SSO3	0,910	0,000	0,906	0,000
	SSO4	0,887	0,000	0,893	0,000
	SSO5	0,904	0,000	0,856	0,000
Vertrauen in die Sales Person	TS1	0,900	0,000	0,824	0,000
	TS2	0,926	0,000	0,929	0,000
	TS3	0,928	0,000	0,937	0,000
	TS4	0,798	0,000	0,745	0,000
	TS5	0,431	0,000	0,386	0,000
Engagement	C1	0,931	0,000	0,939	0,000
	C2	0,935	0,000	0,922	0,000
	C3	0,921	0,000	0,927	0,000
Loyalität	L1	0,983	0,000	0,981	0,000
	L2	0,984	0,000	0,981	0,000

Schätzwerte der Pfadkoeffizienten und ihre Bedeutung untersucht wurden. Ergänzend wurden die Effektgrößen (f^2) der latenten exogenen Variablen bewertet. Abb. 7.3 und 7.4 zeigen die Ergebnisse der Strukturmodelle der beiden Gruppen. In dem Strukturmodell der Gruppe UB (Abb. 7.3) sind alle Pfadkoeffizienten signifikant, dies gilt bis auf eine Ausnahme auch für die Gruppe PB (Abb. 7.4). Der Pfadkoeffizient von Macht

Tab. 7.3 Übersicht zur Prüfung der latenten reflektiven und formativen Variablen

Konstrukte und Items	alpha	I.C	AVE	VIF
Kompetenz	–	–	–	UB: 1,99
				PB: 2,10
Macht	UB: 0,89	UB: 0,93	UB: 0,82	–
	PB: 0,86	PB: 0,91	PB: 0,78	
Sozialkompetenz	UB: 0,87	UB: 0,91	UB: 0,73	–
	PB: 0,90	PB: 0,93	PB: 0,76	
Kontaktfreudigkeit	–	–	–	UB: 1,68
				PB: 1,91
Vertriebsorientierung	UB: 0,93	UB: 0,95	UB: 0,79	–
	PB: 0,93	PB: 0,94	PB: 0,77	
Vertrauen in die Sales Person	UB: 0,91	UB: 0,94	UB: 0,79	–
	PB: 0,88	PB: 0,92	PB: 0,74	
Engagement	UB: 0,92	UB: 0,95	UB: 0,86	–
	PB: 0,92	PB: 0,95	PB: 0,86	
Loyalität	UB: 0,97	UB: 0,98	UB: 0,97	–
	PB: 0,96	PB: 0,98	PB: 0,96	

UB = Unternehmensberatung, PB = Personalberatung

auf das Vertrauen in die Sales Person ist hingegen nicht signifikant ($\beta = -0{,}02$; $p \leq 0{,}65$; $f^2 = 0{,}001$).

Um die beiden Gruppen auf Unterschiede zu untersuchen erfolgte eine Multigruppenanalyse (MGA). Die MGA überprüft die beiden Datensätze auf signifikante Unterschiede (zweiseitig gemessen, $p \leq 0{,}05$). Für die Hypothesen ohne signifikante Unterschiede zwischen den Gruppen können zusammenfassend die folgenden Ergebnisse formuliert werden: Die Kompetenz (UB: $\beta = 0{,}28$; $p \leq 0{,}001$; $f^2 = 0{,}11$; PB: $\beta = 0{,}27$; $p \leq 0{,}001$; $f^2 = 0{,}16$) hat einen positiven Einfluss auf das Vertrauen in die Sales Person. Auch die Kontaktfreudigkeit zeigt nahezu den gleichen Einfluss auf das Vertrauen in die Sales Person (UB: $\beta = 0{,}22$; $p \leq 0{,}001$; $f^2 = 0{,}09$; PB: $\beta = 0{,}25$; $p \leq 0{,}001$; $f^2 = 0{,}14$). Die negative Auswirkung einer starken Vertriebsorientierung auf das Vertrauen in die Sales Person zeigt sich in beiden Gruppen (UB: $\beta = -0{,}35$; $p \leq 0{,}001$; $f^2 = 0{,}25$; PB: $\beta = -0{,}25$; $p \leq 0{,}001$; $f^2 = 0{,}17$). Der Effekt der Vertriebsorientierung gehört damit in beiden Modellen zu den einflussreichsten Konstrukten auf das Vertrauen in die Sales Person. Hinsichtlich des Einflusses von Vertrauen in die Sales Person auf das Engagement für das Unternehmen zeigen beide Gruppen einen starken positiven Einfluss (UB: $\beta = 0{,}76$; $p \leq 0{,}001$; $f^2 = 1{,}40$; PB: $\beta = 0{,}77$; $p \leq 0{,}001$; $f^2 = 1{,}45$). Ähnlich verhält es sich mit dem Einfluss von Vertrauen in die Sales Person auf die Loyali-

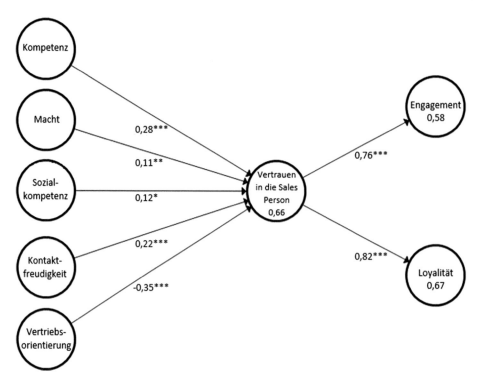

Abb. 7.3 Pfadkoeffizienten der Gruppe Unternehmensberatung (***p ≤ 0,001; **p < 0,01; *p < 0,1)

tät, welcher sehr stark ist (UB: β = 0,82; p ≤ 0,001; f^2 = 2,08; PB: β = 0,83; p ≤ 0,001; f^2 = 2,23).

Die MGA zeigte zwei Einflussgrößen mit signifikanten Unterschieden: Macht und Sozialkompetenz auf das Vertrauen in die Sales Person. Der Stellenwert der Macht einer Sales Person innerhalb ihres Unternehmens zeigt sich bei der Gruppe UB als eine signifikante Variable (β = 0,11; p ≤ 0,01; f^2 = 0,04). Für die PB war der Pfadkoeffizient 0 (β = −0,02; p = 0,65; f^2 = 0,002). Für diese Gruppe hat Macht keinen Einfluss auf das Vertrauen in die Sales Person. In Bezug auf die Sozialkompetenz weisen beide Gruppen einen signifikanten t-Wert (p ≤ 0,1) auf, jedoch zeigte der Pfadkoeffizient der Gruppe der PB einen deutlich höheren Einfluss der Sozialkompetenz auf das Vertrauen in die Sales Person (UB: β = 0,12; p = 0,06; f^2 = 0,02; PB: β = 0,31; p = 0,001; f^2 = 0,20).

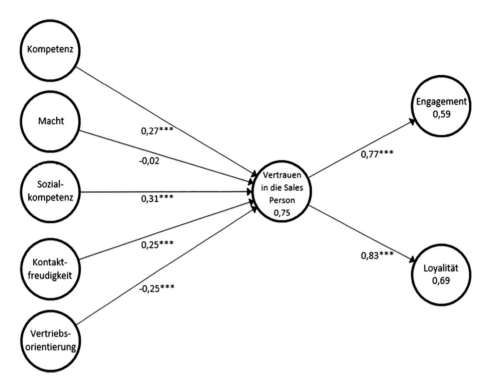

Abb. 7.4 Pfadkoeffizienten der Gruppe Personalberatung (***p ≤ 0,001; **p < 0,01; *p < 0,1)

7.5 Schlussfolgerungen

Anhand der Auswertung der Ergebnisse kann aufzeigt werden, dass verschiedene Faktoren Auswirkungen auf das Vertrauen in die Sales Person, die Loyalität und das Engagement haben. Neben den unternehmens- und verkaufsorientierten Faktoren, wie fachlicher Kompetenz und Vertriebsorientierung, hat das Zwischenmenschliche, die Sozialkompetenz, Auswirkungen auf das Vertrauen in die Sales Person. Die Ergebnisse zeigen, dass die menschliche Beziehung zwischen Kundin oder Kunde und Sales Person für eine Organisation von hohem Wert ist. Eine starke Vertriebsorientierung wirkt sich negativ auf das Vertrauen aus, wohingegen die soziale Kompetenz einen positiven Einfluss hat. Letzteres ist bei den Personalberatungen deutlich stärker ausgeprägt als bei den Unternehmensberatungen. In dem Zuge sollten Unternehmen neben Produkt- und Marketingschulungen auch Fortbildungen zur Stärkung der sozialen Kompetenz implementieren. In diesen sollte ebenfalls der Faktor der Kontaktfreudigkeit Berücksichtigung finden. Eine Sales Person sollte in der Lage sein, diese in einem Maße anzuwenden, welches von Kundinnen und Kunden nicht als negativ und penetrant empfunden wird. In der Anbahnungsphase der Kundenbeziehung sollte die Vertriebsorientierung nicht zu stark ausgeprägt sein.

Die Loyalität der Kundinnen und Kunden gegenüber einem Unternehmen kann aus Marketingsicht als ein wichtiges Ziel definiert werden. Hierbei zeigen die Ergebnisse dieser Untersuchung, dass sowohl die Loyalität als auch das Engagement zu einem großen Teil durch das Vertrauen in die Sales Person entsteht. Mit diesem Wissen sollten Unternehmen die Beziehungsbildung zwischen Sales Person und Kundinnen und Kunden unterstützen. Ein Negativbeispiel könnte ein häufiger Wechsel der Sales Person sein. Aus Kundensicht führt dies zu einem neuen und sich immer wiederholendem Prozess der Vertrauensbildung, was sich folglich dämpfend auf die Loyalität auswirkt.

Guenzi (2002) hat in seiner Studie zur Rolle des Außendienstes bei der Gewinnung von Kundenvertrauen empfohlen, eine breitere Forschungsperspektive einzunehmen. Diese könnte die Zusammenhänge zwischen einem strategischen Verkaufsansatz mit Beziehungscharakter und operativen Mechanismen, wie zum Beispiel Schulungen, Messung, Bewertung und Entlohnung der Sales Person, erklären, was durch diese Untersuchung weiter unterstützt werden kann.

Nach Matthews und Schenk (2018) hat die Vertriebsleiterin oder der Vertriebsleiter die Verantwortung dafür, dass Kundenstrategien effektiv umgesetzt werden können. Das Sales Enablement kann hierbei durch einen strategisch fortlaufenden Prozess ein Mehrwert für die Vertriebsmitarbeitenden sein. Essenziell ist, dass die Vertriebsführungskraft weiß, wie ein Einsatz in der Praxis funktioniert, anderenfalls kann diese nicht als Coach fungieren und riskiert, dass jegliche Sales-Enablement-Maßnahmen nicht greifen. Die Aktivierung von Kundinnen und Kunden hat Priorität, jedoch müssen diese Anforderungen auch an der Organisation ausgerichtet werden. Das betrifft alle Personen mit Kundenkontakt sowie ihre Führungskräfte und ist die Hauptbedingung des Sales Enablement. Die Schüsselfiguren sind die Vertriebsexpertinnen und -experten und ihre Führungskräfte (vgl. Matthews & Schenk, 2018). Hierbei sind auch die Ansätze und Methoden für die Ausbildung von Vertriebsleiterinnen und -leitern fundamental. Es müssen geeignete Dozentinnen und Dozenten oder beratende Unternehmen gefunden werden, damit die Schulung von Vertriebsleiterinnen und -leitern von Personen durchgeführt werden kann, die kompetenter in den Schulungsthemen sind als die Vertriebsleitung selbst (Gordon et al., 2012).

Das Vertrauen wirkt auf verschiedene Organisationsebenen ein. Diese können sich durch Aspekte der Zusammenarbeit, Technologie, Aktivierungsstrategien und effiziente Arbeitsabläufe charakterisieren. Versierte Sales Persons wählen effektive Ansätze, die den Bedürfnissen ihrer Kundinnen und Kunden entsprechen. Eine gute Außendienstmitarbeiterin bzw. ein guter Außendienstmitarbeiter erkennt schnell die Eigenheiten potenzieller Kundinnen und Kunden und spricht diese in der Interaktion an. Sollte die Kundin oder der Kunde zum Beispiel skeptisch sein, ist das primäre Ziel, ihr bzw. sein Vertrauen zu gewinnen (von Nitzsch et al., 2017).

Auch im „Sales Enablement Clarity Model" nach Matthews und Schenk wird das Thema Coaching unter der Rubrik „Effective Enablement Services" aufgegriffen (vgl. Matthews & Schenk, 2018). Im Rahmen von etwaigen Schulungs- und Begleitmaßnahmen sollten Teilnehmende dahin gehend sensibilisiert werden, dass unterschiedliche Faktoren Auswirkungen auf das Vertrauen in sie als Sales Person haben. Zu den Schulungsinhalten sollten verkaufsorientierte Faktoren, wie fachliche Kompetenz und Vertriebsorientierung, aber auch zwischenmenschliche Faktoren, wie Sozialkompetenz, zählen. Darüber hinaus sollte vermittelt werden, dass sich eine zu starke Vertriebsorientierung negativ auf das Vertrauen auswirkt, während die soziale Kompetenz einen positiven Einfluss hat. Als Management-Implikation gilt daher das stetige Weiterentwickeln sozialer Kompetenzen der Sales Person. Die menschliche Beziehung zwischen Kunde oder Kundin und Sales Person sollte als zentraler Erfolgsfaktor gesehen werden, der für eine Organisation von hohem Wert ist. Für dieses Bewusstsein sollte eine entsprechende Sinnkommunikation im Rahmen der Begleitmaßnahmen erfolgen.

Ein weiterer Aspekt ist die Wahrnehmung des „unter Druck gesetzt werden" bei Kundinnen und Kunden. Wie auch die Ergebnisse dieser Untersuchung zeigen, ist es wichtig, die Kundenwahrnehmung des Verkaufsdrucks zu erkennen und zu verbessern. Laut Haytko et al. (2017) sollten Vertriebsleitende und Vertriebsmitarbeitende das optimale Druckniveau bei Kundin oder Kunde ermitteln. Dies ist eine Art „Break Even"-Punkt, an welchem die Auswirkungen des wahrgenommenen Drucks von positiv auf negativ übergeht. Ein gewisses Maß an Druck sei möglicherweise notwendig, um eine Kaufentscheidung zu treffen. Wichtig ist, dass das komplette Vertriebsteam die Taktik versteht, die bei jeder Art von Druck zum Tragen kommt. Daher sollten diese Fähigkeiten ebenfalls in Verkaufstrainings thematisiert werden (Haytko et al., 2017).

Möglicherweise sind bestehende Anreiz- und Vergütungssysteme für die Sales Person auf den Prüfstand zu stellen und anzupassen. Hierbei könnten Faktoren, die eine Vertrauensbildung ermöglichen, in die künftige Ausgestaltung integriert werden (vgl. Boßow-Thies et al., 2019).

7.6 Ausblick

Die vorliegende Untersuchung hat gezeigt, dass das Vertrauen ein einflussreicher Faktor ist. Er kann der Schlüssel für Loyalität gegenüber einem Unternehmen sein. Die Daten sind hinsichtlich der beiden Dienstleistungsbereiche limitiert und können darüber hinaus keine allgemeine Aussage zu anderen Dienstleistungssegmenten geben. Hier sind weitere Untersuchungen notwendig.

Der Gruppenvergleich ergab Hinweise auf den unterschiedlichen Einfluss von Macht und Sozialkompetenz auf das Vertrauen in die Sales Person. Diese Erkenntnisse könnten auch in anderen Wirtschaftszweigen, wie z. B. dem Business-to-Customer-Bereich (B2C) einen Einfluss auf das Vertrauen in die Sales Person haben. Hierzu sind ebenfalls weitere empirische Arbeiten empfehlenswert.

Des Weiteren kann geschlussfolgert werden, dass die Bedeutung von Vertrauen in der Wirtschaft, in der Psychologie und im Marketing eine große Rolle spielt. Die Gesamtleistung eines Unternehmens kann verbessert werden, wenn zwischen den Managerinnen und Managern zwischenmenschliches Vertrauen besteht, da dieses die funktionsübergreifende Zusammenarbeit, Koordination und organisatorische Entscheidungsfindung verbessert. Umgekehrt verhalten sich Personen in Managementpositionen, die sich gegenseitig wenig vertrauen, möglicherweise eher defensiv, um sich zu schützen (vgl. Massey & Kyriazis, 2007). Die hierarchische Stellung blieb in dieser Untersuchung außen vor, sodass sie in weiteren Studien Berücksichtigung finden sollte.

Anhang

Anhang 1: Operationalisierung.

Konstrukt/Item	Operationalisierung		Quelle
Inwiefern stimmen Sie den nachfolgenden Aussagen in Bezug auf Ihre Kontaktperson insgesamt zu?			
Vertrauen in die Sales Person			Zaheer et al. 1998
TS1	…	verhält sich stets so, wie erwartet	
TS2	…	hat sich in Verhandlungen stets fair verhalten	
TS3	…	ist vertrauenswürdig	
TS4	…	handelt in unserem Interesse, auch wenn es nachteilig für die Kontaktperson sein könnte	
TS5	…	sollte unsere Erwartungen an die Leistung erfüllen	
Inwiefern stimmen Sie den nachfolgenden Aussagen in Bezug auf Ihr Vertrauen in Ihre Kontaktperson des Dienstleisters zu?			
Kompetenz			Doney und Cannon 1997; Guenzi und Georges 2010; Kennedy et al. 2001
SE1	…	verfügt über eine sehr hohe Fachkompetenz	
SE2	…	kennt das eigene Produktportfolio sehr genau	
SE3r	…	ist kein Experte	
Macht			Doney und Cannon 1997
SP1	…	besitzt ein hohes Durchsetzungsvermögen innerhalb der eigenen Organisation	
SP2	…	gehört zu den wichtigsten Vertriebsmitarbeitern des Dienstleisters	
SP3	…	besitzt hohen Einfluss in der eigenen Organisation	

Konstrukt/Item		Operationalisierung		Quelle
Vertriebsorientierung				Guenzi und Georges 2010
SSO1	…	versucht eher, möglichst viel zu verkaufen, als uns zufrieden zu stellen		
SSO2	…	hält es in ihren Verkaufsgesprächen mit der Wahrheit nicht so genau		
SSO3	…	versucht uns, zum Kauf zu überreden, auch wenn es nicht unseren Bedürfnissen entspricht		
SSO4	…	übertreibt in der Darstellung der eigenen Produkte, um diese attraktiver erscheinen zu lassen		
SSO5	…	zieht schnelle Vertragsabschlüsse langfristiger Kundenzufriedenheit vor		
Sozialkompetenzen				Guenzi 2002; Coulter und Coulter 2002
SSS1	…	ist freundlich		
SSS2	…	ist zuvorkommend		
SSS3	…	schafft eine angenehme Atmosphäre der Zusammenarbeit		
SSS4	…	ist stets voll und ganz bei der Sache		
Kontaktfreudigkeit				Doney und Cannon 1997
SK1	…	führt regelmäßige Geschäftsgespräche mit uns		
SK2	…	führt regelmäßig private Gespräche mit uns		
Inwiefern stimmen Sie den folgenden Aussagen in Bezug auf den wahrgenommenen Erfolg der Zusammenarbeit insgesamt zu?				
Engagement				Chumpitaz Caceres und Paparoidamis 2007
C1	…	Wir fühlen uns mit dem Dienstleister verbunden		
C2	…	Wir verteidigen unseren Dienstleister vor Kollegen und externen Partnern		
C3	…	Wir sind sehr stolz, dieses Unternehmen als Dienstleister zu haben		
Loyalität				Chumpitaz Caceres und Paparoidamis 2007
L1	…	Wir würden mit diesem Dienstleister weiter zusammenarbeiten		
L2	…	Wir würden diesen Dienstleister weiterempfehlen		

Literatur

Abdullah, Z., & Musa, R. (2014). The effect of trust and information sharing on relationship commitment in supply chain management. *Procedia – Social and Behavioral Sciences, 130*, 266–272.

Bagozzi, R. P., & Yi, Y. (1988). On the evaluation of structural equation models. *Journal of the Academy of Marketing Science, 16*(1), 74–94.

Berry, L. L. (1995). Relationship marketing of services – Growing interest, emerging perspectives. *Journal of the Academy of Marketing Science, 23*(4), 236–245.

BDU. (2020a). Studie Personalberatung in Deutschland 2018. https://public.centerdevice.de/05651375-d199-4216-8947-3b02239b8bca [Letzter Abruf Mai 2021].

BDU. (2020b). BDU Facts & Figures 2019 digital. https://public.centerdevice.de/db3e6440-5875-4162-8d44-5cf6649a2d9a [Letzter Abruf Mai 2021].

Boßow-Thies, S., Krol, B., & Gansser, O. (2019). Creating Trust and Commitment in B2B Services. EMAC 48th Annual Conference, Hamburg, Germany, 28–31 May 2019. EMAC.

Chumpitaz Caceres, R., & Paparoidamis, N. G. (2007). Service quality, relationship satisfaction, trust, commitment and business-to-business loyalty. *European Journal of Marketing, 41*(7/8), 836–867.

Coulter, K. S., & Coulter, R. A. (2002). Determinants of trust in a service provider: The moderating role of length of relationship. *Journal of Services Marketing, 16*(1), 35–50.

Crosby, L. A., Evans, K. R., & Cowles, D. (1990). Relationship quality in services selling: An interpersonal influence perspective. *Journal of Marketing, 54*(3), 68–81.

Day, G. (2000). Managing market relationships. *Journal of the Academy of Marketing Science, 28*(1), 24–30.

Doney, P. M., & Cannon, J. P. (1997). An Examination of the nature of trust in buyer-seller relationships. *Journal of Marketing, 61*(2), 35–51.

Drepper, T. (2006). Vertrauen, organisationale Steuerung und Reflexionsangebote. In Götz, K. (Hrsg.), *Vertrauen in Organisationen. Managementkonzepte* (Bd. 30, S. 185–204). Hampp Verlag.

Ellebracht, H., Lenz, G., Geiseler, L., & Osterhold, G. (2018). *Systemische Organisations- und Unternehmensberatung: Praxishandbuch für Berater und Führungskräfte*. Springer Gabler.

Franke, G., & Sarstedt, M. (2019). Heuristics versus statistics in discriminant validity testing: A comparison of four procedures. *Internet Research, 29*(3), 430–447.

Ganesan, S. (1994). Determinants of longterm orientation in buyer-seller relationships. *Journal of marketing, 58*(2), 1–19.

Gordon, G. L., Shepherd, C. D., Lambert, B., Ridnour, R. E., & Weilbaker, D. C. (2012). The training of sales managers: Current practices. *Journal of Business & Industrial Marketing, 27*(8), 659–672.

Guenzi, P. (2002). Sales force activities and customer trust. *Journal of Marketing Management, 18*(7–8), 749–778.

Guenzi, P., & Georges, L. (2010). Interpersonal trust in commercial relationships. *European Journal of Marketing, 44*(1/2), 114–138.

Hair, J. F., Hult, G. T. M., Ringle, C. M., & Sarstedt, M. (2017). *A primer on partial least squares structural equation modeling (PLS-SEM)* (2. Aufl., S. 2017). Sage Publikation.

Haytko, D., Clark, R., & Zboja, J. (2017). A push or a nudge: Understanding consumer perceptions of sales pressure. *Rutgers Business Review, 2*(2), 186–190.

Harman, H.H. (1976). *Modern factor analysis*. University of Chicago press.

Herrmann, A., & Johnson, M. D. (1999). Die Kundenzufriedenheit als Bestimmungsfaktor der Kundenbindung. *Schmalenbachs Zeitschrift für betriebswirt. Forschung, 51*, 579–598.

Homburg, C., & Giering, A. (1996). Konzeptualisierung und Operationalisierung komplexer Konstrukte. *Marketing ZFP, 18*(1), 5–24.

Huber, F., Krönung, S., Meyer, F., & Vollmann, S. (2011). *Akzeptanz von Bewertungsportalen als Basis von Electronic Word-of-Mouth – Eine empirische Studie zur interpersonellen Kommunikation im Web 2.0.* Josef Eul Verlag.

Kaiser, S., & Ringlstetter, M.-J. (2011). *Strategic Management of Professional Service Firms.* Springer Verlag.

Kennedy, M. S., Ferrell, L. K., & LeClair, D. T. (2001). Consumers' trust of salesperson and manufacturer: An empirical study. *Journal of Business Research, 51*(1), 73–86.

MacKenzie, S. B., & Podsakoff, P. M. (2012). Common method bias in marketing: Causes, mechanisms, and procedural remedies. *Journal of retailing, 88*(4), 542–555.

Massey, G. R., & Kyriazis, E. (2007). Interpersonal trust between marketing and R&D during new product development projects. *European Journal of Marketing, 41*(9/10), 1146–1172.

Matthews, B., & Schenk, T. (2018). *Sales Enablement.* John Wiley & Sons.

Moorman, C., Deshpande, R., & Zaltman, G. (1993). Factors affecting trust in market research relationships. *Journal of Marketing, 57*(1), 81–101.

Nunnally, J. C., & Bernstein, I. H. (1994). *Psychometric Theory* (3. Aufl.). McGraw-Hill Education.

Podsakoff, P. M., MacKenzie, S. B., Lee, J.-Y., & Podsakoff, N. P. (2003). Common method biases in behavioral research: A critical review of the literature and recommended remedies. *Journal of Applied Psychology, 88*(5), 879–903.

Ringle, C. M., Wende, S., & Becker, J.-M. (2015). *smartPLS 3.* SmartPLS GmbH.

Svensson, G. (2004). Vulnerability in business relationships: The gap between dependence and trust. *Journal of Business & Industrial Marketing, 19*(7), 469–483.

Swan, J. E., & Nolan, J. J. (1985). Gaining customer trust: A conceptual guide for the sales-person. *Journal of Personal Selling and Sales Management, 5*(2), 39–48.

Thier, K. (2018). *Storytelling in organizations: a narrative approach to change Project and Knowledge Management.* Springer Verlag.

von Nitzsch, R., Braun, D., & Bons, R. W. (2017). Success factors for effective customer interaction in digital sales: A case from the digital investment service industry. 30th Bled eConference, 629–636 (June 18–21, 2017, Bled, Slovenia). DOI: 10.18690/978-961-286-043-1.44.

Wang, G., Wang, X. Y., Long, Y., Hou, W. C., & Ching, L. A. (2015). Buyer loyalty in business markets: Can the firm and salesperson get what they truly desire? *Journal of Business-to-Business Marketing, 22*(3), 197–210.

Weiber, R., & Mühlhaus, D. (2014). *Strukturgleichungsmodellierung – Eine anwendungsorientierte Einführung in die Kausalanalyse mit Hilfe von AMOS, SmartPLS und SPSS* (2. Aufl.). Springer Verlag.

Würth, R. (2020). Ohne Außendienst könnten wir heimgehen. dpa. https://www.zeit.de/news/2020-01/25/reinhold-wuerth-ohne-aussendienst-koennten-wir-heimgehen [Letzter Abruf Februar 2020]

Zaheer, A., McEvily, B., & Perrone, V. (1998). Does trust matter? Exploring the effects of interorganizational and interpersonal trust on performance. *Organization Science, 9*(2), 141–159.

Carsten Giebe ist Doktorand eines berufsbegleitenden Promotionsstudiengangs für Management und Organisationswissenschaften, sein Forschungsfeld ist die Digitale Transformation. Nach der Ausbildung zum Bankkaufmann und der Weiterbildung zum Bankfachwirt (IHK) schloss er ein berufsbegleitendes Wirtschaftsstudium zum Diplom-Kaufmann (FH) an der FOM Hochschule in Berlin erfolgreich ab. Zudem ist er Associate Researcher beim Deutschen Bundesverband für Coaching (DBVC) sowie bei der International Organization for Business Coaching (IOBC). Carsten Giebe gehört freiberuflich als Lehrkraft zur Fakultät der Hochschule Macromedia. Er verfügt über mehrjährige Erfahrung in den Themenbereichen Training, Coaching und Vertrieb (sowohl im B2C- als auch im B2B-Bereich).

Sandra Schneider ist seit rund 15 Jahren im B2B-Vertrieb für verschiedene Unternehmen der Kunststoffindustrie tätig. Nach der Ausbildung zur Industriekauffrau und der Weiterbildung zur Betriebswirtin (IHK) schloss sie ein berufsbegleitendes Bachelor- und Masterstudium an der FOM Hochschule in Hamburg erfolgreich ab. Im Jahr 2018 begann sie ihr berufsbegleitendes internationales Promotionsstudium mit dem Forschungsschwerpunkten Frugale Innovationen und Akzeptanzforschung in verschiedenen B2C-Bereichen. Hierbei liegt der Fokus auf Technologien und nachhaltigen Produkten. Darüber hinaus ist sie seit 2017 als freiberufliche Dozentin für den Bereich Marketing und wissenschaftliches Arbeiten aktiv.

Prof. Dr. Silvia Boßow-Thies ist seit 2007 Dozentin für Strategisches Management, Marketing sowie Forschungsmethoden und seit 2014 Professorin für ABWL und Marketing an der FOM Hochschule für Oekonomie & Management. Schwerpunkte ihrer Arbeit liegen in der anwendungsorientierten quantitativen Forschung, u. a. bzgl. des Managements von Geschäftsbeziehungen sowie der Akzeptanzforschung im Bereich der digitalen Medien. Ein weiterer Fokus ihrer Arbeit liegt auf der Förderung der Anwendung von Statistik in wissenschaftlichen Arbeiten von und mit Studierenden.

Prof. Dr. Bianca Krol ist Gründerin und Direktorin des ifes Institut für Empirie & Statistik an der FOM Hochschule für Oekonomie & Management sowie Dekanin für Schlüsselkompetenzen und Methoden. Im Jahr 2010 erhielt sie nach zehnjähriger Berufstätigkeit als Unternehmensberaterin (zuletzt als Geschäftsführerin und Partnerin) die Berufung zur Professorin für Allgemeine Volkswirtschaftslehre, insbesondere Statistik und Wirtschaftsmathematik, an der FOM. Sie engagiert sich in der Kompetenzentwicklung von Studierenden und Dozierenden im Bereich der empirischen Forschung. Das umfasst auch die operative Unterstützung und methodische Absicherung empirischer Fragestellungen im Rahmen von Forschungsprojekten der Hochschule. Das eigene Forschungsinteresse liegt insbesondere auf der Durchführung von Marktanalysen und der Erforschung des Nachfrageverhaltens in verschiedenen Branchen sowie auf der Entwicklung von managementorientierten Gestaltungsansätzen durch den Einsatz von anwendungsorientierten empirischen Methoden.

Prof. Dr. Oliver Gansser ist stellvertretender Direktor des ifes Institut für Empirie & Statistik an der FOM Hochschule für Oekonomie & Management. Er ist hauptamtlicher Professor für Betriebswirtschaftslehre, insbesondere Marketing, an der FOM am Standort München und Mitglied im Vorstand von Access Marketing Management (AMM) e. V. Seine Forschungsschwerpunkte liegen in den Feldern Verhaltenstypologien, Präferenzforschung, Kommunikationsforschung und Käuferverhalten sowie dem Management von Kundenbeziehungen.

Sales Excellence durch professionelles Sales Enablement bei Würth Industrie Service

Das Interview mit Wolfram Zeitler führte Jobst Görne

Wolfram Zeitler

Zusammenfassung

Bereits im Alter von 14 Jahren war Prof. Dr. h. c. mult. Reinhold Würth im Außendienst für Würth unterwegs und hat Kundinnen und Kunden innerhalb Deutschlands besucht. Mit knapp 34.000 festangestellten Außendienstmitarbeitenden zählt Würth zu den größten Handelsunternehmen im Direktvertrieb.

Das Interview gibt einen groben Einblick in die Vertriebsorganisation der Würth Industrie Service GmbH & Co. KG und versucht, folgende Fragen zu beantworten:

- Wie funktioniert der Vertrieb bei Würth Industrie Service?
- Wie begeistert Würth Industrie Service ihre Kundinnen und Kunden und wie wird ein professioneller Service sichergestellt?
- Wie wird das über Jahre hin kontinuierliche Wachstum erreicht? Wie wird mit den damit verbundenen Veränderungen umgegangen?
- Wie werden die Mitarbeitenden im Vertrieb aus- und weitergebildet?
- Wie geht Würth Industrie Service mit neuen Markttrends und Anforderungen um?

Jobst Görne: Herr Zeitler, die Firma Würth ist aus dem Handel entstanden. Kann man da erwarten, dass der Vertrieb bei Ihnen perfekt funktioniert?

W. Zeitler (✉)
Würth Industrie Service GmbH & Co. KG, Bad Mergentheim, Deutschland
E-Mail: wolfram.zeitler@wuerth-industrie.com

© Der/die Autor(en), exklusiv lizenziert an Springer Fachmedien Wiesbaden GmbH, ein Teil von Springer Nature 2022
J. Westphal et al. (Hrsg.), *Sales Enablement als Fundament des Vertriebserfolgs*, FOM-Edition, https://doi.org/10.1007/978-3-658-37614-7_8

Wolfram Zeitler: Das Herzstück von Würth ist der Vertrieb. Der Direktvertrieb über den Außendienst, mit dem die Würth-Gruppe groß geworden ist, stellt in unserem Kerngeschäft eine unserer besonderen Stärken dar. Knapp 34.000 fest angestellte Verkäuferinnen und Verkäufer weltweit beraten heute unsere Kundschaft. Von daher glaube ich schon sagen zu können, dass wir wissen wie Vertrieb geht. Gerade dem Unternehmenseigner selbst, Prof. Dr. h.c. mult. Reinhold Würth, war es schon in frühen Jahren wichtig, unsere Kundinnen und Kunden zu begeistern und passgenaue System- und Produktlösungen sowie einen optimalen Service zu bieten. Das heißt, nicht zu warten bis eine Kundin oder ein Kunde bei Würth anruft, sondern vor Ort zu fahren und sich um Aufträge proaktiv zu bemühen. Entsprechend hat er das Unternehmen mit einem starken Direktvertrieb ausgerichtet. Wir sind sicherlich gut aufgestellt, aber perfekt sind auch wir nicht. Die Welt ändert sich, gerade in diesen Pandemiezeiten, und damit müssen wir uns beständig weiterentwickeln, kundenindividuell handeln und uns neuen Trends sowie dem Marktgeschehen anpassen.

Jobst Görne: Können Sie uns einige Schwerpunkte nennen, in denen Sie sich aktuell verbessern möchten?

Wolfram Zeitler: Selbstverständlich arbeiten wir in allen Arbeitsbereichen stets an Verbesserungen und Optimierungen. Durch unser kontinuierliches Wachstum hat sich auch unsere Organisation und die Struktur enorm weiterentwickelt. Ein aktuelles Beispiel ist daher auch die Anpassung der Matrixorganisation. Im Prozessablauf ist die Betreuung jeder einzelnen Kundin bzw. jedes einzelnen Kunden vor Ort ein wichtiges Anliegen. Dies stellen wir durch jeweils eine individuelle Ansprechpartnerin oder einen Ansprechpartner im Innendienst, Außendienst und Key Account Management sowie Produkt- und Systemspezialistinnen und -spezialisten sicher. Im Moment arbeiten wir daher an einer Verbesserung der Kundenclusterung, damit die Zuordnung und die Verantwortlichkeiten noch besser geregelt sind und Reibungsverluste vermieden werden.

Jobst Görne: Wie stellen Sie sicher, dass Ihre Vertriebsmitarbeitenden top ausgebildet sind und immer auf der Höhe der Zeit bleiben?

Wolfram Zeitler: Wir haben ein gründliches Einarbeitungsprogramm für die verschiedenen Einsteigenden mit dem Namen „Fokus Vertrieb". Da werden sowohl junge als auch erfahrene Kolleginnen und Kollegen mit Verkaufstrainings und Produktschulungen auf Stand gehoben. Dazu gehören aber nicht nur fachliche Schulungen, sondern auch die allgemeine Weiterbildung zur Persönlichkeitsentwicklung, wie beispielsweise ein Business-Knigge, um sich in Kundinnen und Kunden oder Gesprächspartnerinnen und -partner passgenau hineinversetzen zu können. Diesen weiterführenden Kursen gehen natürlich die Basics voraus, wie Produktschulungen, Kalkulationsmethoden, Pricing, Rentabilitätsrechnungen und Systemschulungen, Präsentationstechniken und Vertragsverhandlungen. Das ist ein sehr umfangreiches Angebot, das für neue Verkäuferinnen und Verkäufer über drei Jahre läuft, damit aber nicht zu Ende ist. Es gibt zweimal im Jahr ein Personalgespräch, in dem die Aus- und Weiterbildung regelmäßig besprochen und festgelegt wird.

Jobst Görne: Sind diese Abläufe formalisiert, z. B. in der Personalabteilung, wo der Stand der Ausbildung dokumentiert und nachverfolgt wird?

Wolfram Zeitler: Ja, genau so ist es. Wir haben ein Online-Tool, mit dem jede/r Vorgesetzte sich jederzeit anschauen kann, wie der Schulungsstand seiner Kolleginnen und Kollegen ist. Seit etwa drei Jahren forcieren wir zudem stark E-Learnings und der oder die Vorgesetzte kann gemeinsam mit seinen Mitarbeiterinnen und Mitarbeitern dort die relevanten Schulungen einfach definieren und buchen. Diese beziehen sich sowohl auf allgemeine Unternehmensinformationen als auch auf Inhalte in Bezug auf unser Produktportfolio und unser C-Teile-Management. Die E-Learning-Tools werden permanent erweitert und sehr gut angenommen.

Jobst Görne: Sie haben Ihr Ziel als Problemlöser beschrieben. Wie stellen Sie sicher, dass jeder Verkäuferin bzw. jedem Verkäufer jederzeit die richtigen Informationen vorliegen, um für die Kundschaft Mehrwert zu schaffen, wie es das Sales Enablement fordert?

Wolfram Zeitler: Zunächst benötigt die Verkäuferin oder der Verkäufer eine Hardware-Grundausrüstung, also Laptop und Handy mit speziellen Zugängen zu unserem ERP-System, unserem Intranet und dem CRM. Dort hat sie oder er alle Infos zu den Kundinnen und Kunden griffbereit. Im Vertrieb gibt es auch eine Neuakquise-Pipeline, die zeigt, welche Kundinnen und Kunden in welcher Akquisephase stehen. Wir haben darüber hinaus monatliche Besprechungen, wo der Stand der verschiedenen Kundenprojekte aufgezeigt wird.

▶**Ergebnis 1:**
Würth Industrie Service schult seine Verkäuferinnen und Verkäufer in einem breit angelegten Schulungsprogramm mit dem nötigen Fachwissen. Diese Schulungsmaßnahmen werden geplant und akribisch verwaltet.

Jobst Görne: Welche Abteilungen arbeiten denn Ihrem Vertrieb zu? Wie läuft die Zusammenarbeit, spontan und wenig formal oder gibt es feste Abläufe?

Wolfram Zeitler: Wir haben Fachspezialistinnen und -spezialisten in unseren Produkt- und Systemdivisionen, die im Bedarfsfall den Außendienstmitarbeitenden zur Verfügung stehen. Bei den Produktdivisionen geht es z. B. um Spezialwissen in den Bereichen Arbeitsschutz oder chemisch-technischen Produkten. Bei den Systemdivisionen geht es nicht um produktrelevante Themen, sondern dort sind Spezialisten für prozess-relevante Themen, wie z. B. spezielle Logistikthemen, Beschaffungssysteme, Baustellenbelieferung, Streckenanbindungen und weitere Dinge angesiedelt. Dann gibt es eine Abteilung Vertriebssteuerung, die ebenfalls den Vertrieb mit Listen und Auswertungen unterstützt, wie Balanced Scorecards, die die Entwicklungen im Vertrieb mit einem Ampelsystem aufzeigen, sodass schnelles Eingreifen möglich ist. Natürlich unterstützt uns die Technik ebenfalls, z. B. bei Bemusterungen oder speziellen technischen Themen, wie Reibwertprüfungen oder Korrosionsfragen. Ebenfalls sind logistische Daten, wie Rückstände oder Lagerbestände, jederzeit schnell über das CRM-System abrufbar. Gerade zum jetzigen Zeitpunkt ist die termingerechte Belieferung ein Balanceakt, der viel Kraft benötigt und bei dem alle Abteilungen zusammenarbeiten müssen, um ein optimales Ergebnis für Kundinnen und Kunden zu erzielen. Wir überwachen den Lieferzustand der Kundinnen und Kunden täglich; das ist eine Aufgabe des Innendienstes.

Jobst Görne: Ist die Zusammenarbeit der Abteilungen formalisiert oder muss sich der Vertrieb die Informationen bei den einzelnen Abteilungen holen?

Wolfram Zeitler: Bei uns sind die Abläufe stark standardisiert und in einem feststehenden Prozess im Vertrieb verankert, sodass die Grundinformationen zu den Kundinnen und Kunden verfügbar sind und kein separates Einholen notwendig ist. Die Standardisierung der Regelabläufe führt zu einer Entlastung des Vertriebs, sodass dieser sich auf die Kernprozesse konzentrieren und vor allem auch neuen Projekten und komplexen Aufgaben im Detail widmen kann. Insbesondere bei neuen Kundenanwendungen, die uns täglich erreichen, kommt es vor, dass neue Situationen auftreten, die ein manuelles Eingreifen notwendig machen, den Vertrieb entsprechend fordern und ein tiefes Einsteigen bedingen. Wenn wir beispielsweise einen neuen Kanban-Kunden akquirieren, gibt es einen genauen Fahrplan und ein umfangreiches, individuelles Projektkonzept, welches beschreibt, was in welchen Stufen zu tun ist und wer in seiner Verantwortung was zu erledigen hat. Das bindet alle Beteiligten von vorne herein ein und erleichtert die Arbeit.

▶**Ergebnis 2:**
Würth Industrie Service hat weitgehend standardisierte Abläufe, wie vom Sales Enablement gefordert. Die einzelnen Abteilungen arbeiten im Tagesgeschäft dem Vertrieb zu und es gibt verschiedene Systeme, die dem Vertrieb die benötigten Informationen an die Hand geben.

Jobst Görne: Sie sprachen in Ihrem Vortrag davon, dass Ihr Haus anfangs einzelne Artikel verkauft hat und dass Sie sich zunehmend in den Systemverkauf begeben. Sind einzelne Artikel einfacher zu verkaufen als komplette Systeme? Sind die Vertriebsabläufe dieselben für beide?

Wolfram Zeitler: Beim Artikelverkauf muss das Produkt Vorteile für Kundinnen und Kunden generieren, um interessant zu sein. Wir haben bei Würth beispielsweise spezielle Holzschrauben entwickelt, die ein schnelleres Einschrauben ermöglichen; somit besteht auf Kundenseite ein Vorteil beim Einsetzen unserer Schrauben. Existiert ein solcher Vorteil nicht, geht der Verkauf über den Preis, der traditionellen Stellschraube des Vertriebs. Beim Systemverkauf ist der Kundenvorteil nicht sofort offensichtlich, da er oft Prozessänderungen bei den Kundinnen und Kunden voraussetzt, um den Vorteil überhaupt zu generieren. Dazu müssen wir uns die Abläufe und Prozesse bei Kundin oder Kunde erst anschauen – was Anfangsvertrauen voraussetzt. Geht es beispielsweise um die Materialausgabe, die klassisch mit einer Ausgabeperson besetzt ist, die gegen Materialscheine das Material zu definierten Öffnungszeiten ausgibt, zieht dies einen hohen personellen Aufwand nach sich. Es kommt vor, dass die Ausgabe nicht besetzt ist, was die Arbeitsabläufe im Betrieb stört. Hier können wir mit Ausgabeautomaten die Abläufe vom Personal entkoppeln und eine 100 %ige Verfügbarkeit sicherstellen. Dies muss aber genau geprüft und die Prozesskosten und Produktwerte einerseits und die Kosten des Ausgabeautomaten andererseits gegenübergestellt werden. Die Einführung eines neuen Ablaufes bei Kundin oder Kunde ist viel schwieriger zu verkaufen und erfordert ein viel tieferes Eindenken in die Kundenseite als der Verkauf eines Produktes, welches keine Prozessänderungen voraussetzt. Bei Würth führen wir, wenn es das Projekt rechtfertigt, auch umfangreiche Prozessanalysen durch, untersuchen alle Aspekte, die mit dem Prozess verbunden sind und machen sie rechnerisch greifbar. Wir unterstützen unsere Kundinnen und Kunden dann bei der Entscheidung. Dieses Vorgehen ist weitaus umfangreicher und komplexer durchzuführen als eine Preisdiskussion eines einzelnen Produkts.

Jobst Görne: Die Firma Würth Industrie Service hat sich, ausgehend vom Normteilelieferanten, extrem erweitert und löst Logistikprobleme ihrer Kundinnen und Kunden. Wie kommen die Impulse des Marktes zu Ihrer Entwicklungsabteilung? Gibt es formalisierte Bedarfsworkshops?

Wolfram Zeitler: Die Tatsache, dass wir einen Direktvertrieb bei Würth Industrie Service mit über 200 Verkäuferinnen und Verkäufern haben, unterstützt den Informationsfluss von Kundinnen und Kunden zu uns. Unsere Außendienstmitarbeitenden und Angestellten im Key Account Management sind die Kundenbotschafterinnen und -botschafter. Sie tragen die Informationen der Kundschaft und der Märkte ins Haus, zu den einzelnen Teams und Führungskräften. Es gibt standardisierte Abstimmungen, die genau diesen transparenten Informationsfluss zum Ziel haben und monatliche Besprechungen, bei denen Anforderungen thematisiert werden. Im Führungskreis gibt es einen Vertriebscouncil, in dessen Rahmen verschiedene Themen regelmäßig besprochen werden – und da gehören neue Marktanforderungen regelmäßig dazu. Zusätzlich haben wir sogenannte Innovationsteams, die sich aus unterschiedlichen Ressorts zusammensetzen und die Thematik analysieren. In diesem Personenkreis sind oft Mitarbeitende, die langjährige Erfahrung haben und sich in einer Fach- oder Führungslaufbahn befinden. Basierend auf deren Vorschlägen wird dann entschieden, ob in eine neue Entwicklung investiert wird oder nicht. Innovation und Weiterentwicklung läuft also Hand in Hand mit und gemeinsam für den Anwendenden und praxisorientiert am Einsatzzweck der Kundin bzw. des Kunden.

▶**Ergebnis 3:**
Würth Industrie Service setzt auf individuelle Logistik-Lösungen, die zusammen mit Kundinnen und Kunden entwickelt werden. Hierzu werden die Voraussetzungen durch geplante Abläufe in der Entwicklung neuer Lösungen im Vorfeld geschaffen.

Jobst Görne: Sie sprachen in Ihrem Vortrag die Benutzung von VR-Systemen an. Ist Virtual Reality eine Möglichkeit, besser zu verkaufen oder ist sie einfach ein weiteres Produkt in Ihrem Portfolio?

Wolfram Zeitler: VR ist einerseits ein Tool zum Verkaufen, welches gerade in Zeiten mit eingeschränktem persönlichen Kundenkontakt stark genutzt wird, um Produkte, Systeme und Abläufe unseres Hauses zeigen zu können, wie beispielsweise die Ausgabeautomaten oder Kanban-Systeme. Neben dem interaktiven Erleben des Leistungsspektrums bietet der VR Showroom auch den passenden Rahmen für individuelle Besuche. Ganz gleich, ob für Kundentermine, Besprechungen, Vorführungen, Trainings, Konferenzen, Präsentationen oder die Schaffung gemeinsamer Erlebnisse wie Ausstellungsbesuche und Ähnlichem – die virtuellen Räume können für Interaktionen aller Art genutzt und mit den verschiedensten Endgeräten betreten werden. Das Erlebnis der Kundinnen und Kunden ist wesentlich intensiver als bei der Betrachtung einer Reihe Power-Point-Folien und das Portfolio ist praxisnah erlebbar. Hierzu führen wir auch interne Schulungen durch, damit die Berührungsängste mit VR als Technologie abgebaut werden. Andererseits bieten wir diese Systeme auch Kundinnen und Kunden an, die wiederum ihre Belegschaft weltweit schulen und ein geeignetes System hierzu suchen, oder auch an Hochschulen, die eine spezielle Lehrmöglichkeit für die Studierenden suchen – gerade in Zeiten, in denen Social Distancing so wichtig ist.

Jobst Görne: Eine weitere Frage ist die nach der Distanz zwischen dem Vertrieb und der obersten Führungsriege. Wie stark stehen die Vertriebsabteilungen in deren Fokus? Wie eng ist der Kontakt?

Wolfram Zeitler: Von unseren vier Geschäftsführern sind zwei für den Vertrieb zuständig, was bereits die Wertigkeit des Vertriebs unterstreicht. Wir haben ein tägliches Monitoring, welches das Neugeschäft genauso aufzeigt wie den Umsatz und bestehende Kundenprojekte. Monatlich gibt es feste Meetings, in denen der Vertrieb über aktuelle Themen berichtet, sei es Neuabschlüsse, Markttendenzen oder aktuelle Herausforderungen. Hier ist ein permanenter Informationsaustausch enorm zielführend.

Die Vertriebsgeschäftsführenden sind sehr oft im Markt unterwegs und bilden sich vor Ort eine Meinung. Sie sehen, die Anbindung ist eng, die Strippen kurz und der Informationsfluss direkt. Diese Kultur wurde durch Prof. Dr. h.c. mult. Würth etabliert. Er fordert ein, dass die Führungsverantwortlichen bei den Kundinnen und Kunden präsent sind, bis hin zur Konzernführung. Es gibt einmal jährlich eine Aktion, bei der Personen aus unterschiedlichen Abteilungen mit zu Kundin oder Kunde fahren, um das Verständnis auf allen Ebenen für die Kundenseite zu fördern. Das hat zwar weniger mit der Frage nach der Einbindung der Leitungsebene zu tun, soll aber zeigen, dass auf allen Ebenen die Kundensicht gestärkt wird und der Kundenaspekt auf breiter Front Eingang in die Firma Würth hat.

▶**Ergebnis 4:**
Bei Würth ist die Distanz zwischen Vertrieb, Kunden und Geschäftsführung sehr gering. Der Kundenkontakt wird auf vielen Ebenen gepflegt, um Verständnis und Nähe aufzubauen.

Jobst Görne: Was denken Sie, wie kann Würth seine Verkäuferinnen und Verkäufer noch besser im Verkaufen unterstützen, wie können sie noch stärker ‚enabled' werden, was sind die kommenden Tendenzen?

Wolfram Zeitler: Im Mittelpunkt steht hier auf jeden Fall der Mensch und damit nimmt die Weiterentwicklung eines jeden einzelnen Beschäftigten eine entscheidende Rolle ein. In diesem Zusammenhang ist ein weiterer Punkt neue und zusätzliche Schulungen einzuführen, um einzelne Themen, die neu auftreten, besser abzudecken – insbesondere auch auf der globalen Ebene. Aktuell sind wir dabei, unser E-Learning-Programm weiter auszubauen und sukzessive in weitere Sprachen zu übersetzen, um den Know-how-Transfer in unsere internationalen Gesellschaften weiter zu verbessern. Unser Standard in Bad Mergentheim soll auch auf unsere ausländischen Niederlassungen übertragen werden, um die Kolleginnen und Kollegen dort besser zu ‚enablen'. Das Ziel ist es hier, einen einheitlichen Service in Produkt, System, Qualität und auch in der Beratung weltweit vor Ort bieten zu können sowie einen reibungslosen und transparenten Informationsfluss für die dezentralen Standorte der Kundinnen und Kunden.

Jobst Görne: Möchten Sie noch abschließend etwas von Ihrer Seite hinzufügen?

Wolfram Zeitler: Ich habe versucht, in meinem Vortrag die täglichen Abläufe bei Würth Industrie Service zu schildern. Da wir von Anfang an den Vertrieb mit dem Wissen der Würth-Gruppe professionell aufgezogen haben, denken wir, dass wir uns auf der nach oben offenen Sales-Enablement-Skala im oberen Bereich bewegen. Es war sehr interessant, den Vertrieb nochmals aus SE-Sicht zu durchdenken, was uns immer neue, gute Ideen liefert und dafür sind wir jederzeit offen. Die Rahmenbedingungen, die ich geschildert habe, decken viele Aspekte des Sales Enablement ab und wir freuen uns, dass uns diese Sichtweise letzten Endes in unserem Tun bestärkt.

Jobst Görne: Herr Zeitler, vielen Dank für Ihre Offenheit, Ihre Zeit und Ihre interessanten Ausführungen.

Wolfram Zeitler: Nach seinem Studium zum Diplom-Betriebswirt BA an der Dualen Hochschule Mosbach war Wolfram Zeitler zunächst im Vertriebs-Außendienst bei zwei Unternehmen aktiv bevor er 1999 zur Würth Industrie Service GmbH & Co. KG wechselte. Hier war er anfangs für verschiedene Vertriebsregionen innerhalb Deutschlands sowie für einen internationalen Großkunden als Key Account Manager tätig. Er hat den Aufbau und die Entwicklung der Würth Industrie Service GmbH & CO. KG als eigenständiges Unternehmen innerhalb der Würth-Gruppe von Beginn an miterlebt und aktiv mitgestaltet. Heute vertritt Wolfram Zeitler den Bereich Key Account Management innerhalb der Geschäftsleitung.

Wolfram Zeitler Nach seinem Studium zum Diplom-Betriebswirt BA an der Dualen Hochschule Mosbach war Wolfram Zeitler zunächst im Vertriebs-Außendienst bei zwei Unternehmen aktiv bevor er 1999 zur Würth Industrie Service GmbH & Co. KG wechselte. Hier war er anfangs für verschiedene Vertriebsregionen innerhalb Deutschlands sowie für einen internationalen Großkunden als Key Account Manager tätig. Er hat den Aufbau und die Entwicklung der Würth Industrie Service GmbH & CO. KG als eigenständiges Unternehmen innerhalb der Würth-Gruppe von Beginn an miterlebt und aktiv mitgestaltet. Heute vertritt Wolfram Zeitler den Bereich Key Account Management innerhalb der Geschäftsleitung.

Teil III
Sales Enablement in einer digitalen Welt/ Sales Enablement in a Digital World

Digital Transformation in Sales and Marketing Departments: An Integrated Overview and Directions for Organizations and Further Research

9

Jan Philipp Graesch, Susanne Hensel-Börner und Jörg Henseler

Inhaltsverzeichnis

9.1	Introduction	114
9.2	Methodology	115
9.3	Type of relationship between departments	116
9.4	Overview of M-S-I literature research	123
9.5	Managerial implications	127
9.6	Conclusion	128
	References	128

Die Originalversion dieses Kapitels wurde revidiert. Ein Erratum ist verfügbar unter https://doi.org/10.1007/978-3-658-37614-7_17

J. P. Graesch (✉)
University of Twente, Enschede, Niederlande
E-Mail: j.p.graesch@utwente.nl

S. Hensel-Börner
Hamburg School of Business Administration, Hamburg, Deutschland
E-Mail: Susanne.HenselBoerner@hsba.de

J. Henseler
University of Twente, Enschede, Niederlande
E-Mail: j.henseler@utwente.nl

© Der/die Autor(en), exklusiv lizenziert an Springer Fachmedien Wiesbaden GmbH, ein Teil von Springer Nature 2022, korrigierte Publikation 2022
J. Westphal et al. (Hrsg.), *Sales Enablement als Fundament des Vertriebserfolgs*, FOM-Edition, https://doi.org/10.1007/978-3-658-37614-7_9

> **Abstract**
>
> Firms all over the world have started initiatives and made investments in projects to help discover the benefits of digital technologies. This transformation has had an impact on the marketing and sales relationship and the role of IT. Researchers have confirmed the need for interdepartmental alignment, but the integration of all three disciplines together has been overlooked, and a concrete method of collaboration has not yet been identified. The aim of this study is to review the marketing, sales, and IT (M-S-I) research and to integrate the findings into a framework that can direct future research and organizational structures for interdepartmental alignment and collaboration with the goal of improving the performance of companies.

9.1 Introduction

Practically oriented researchers have found that organizations are struggling to follow the fast-moving effects of digitalization. For instance, managers hire numerous people who call themselves 'digital specialists' and claim to know the processes and tools required. At the same time, however, marketing strategies fail to keep pace with the disruptive effects of technologically empowered customer demands (cp. e.g., Day, 2011; Maycock & Hamshar, 2012). This change has widely been called 'digital transformation' and has been influencing companies' organizations and capabilities (cp. Matt et al., 2015). Understanding the extent to which managers need to align marketing, sales, and information technology (IT) departments in organizations is a key aspect for a successful 'digital transformation'. Although researchers have pointed out that marketing departments should become more innovative (cp. Verhoef & Leeflang, 2010), the extent to which the IT department is already a part of marketing and sales activities and decisions has, surprisingly, not been a field of research so far. Especially because ample research focuses on scattered terms such as the 'alignment', 'integration', 'collaboration', 'interaction', or 'integration' of organization departments, the combination of all three departments – marketing, sales, and IT (M-S-I) – is an essential missing piece of research on sales or marketing, whereas interdepartmental alignment shapes the front end for the customer. In order to address this gap and provide further guidance for managerial practice and future research, a literature review and meta-study was conducted in a three-step approach, including examinations of studies focusing on the departments of marketing, sales, and IT. Further, this work derives the managerial implications of transferring the findings into the organizational structures of companies. The following chapters explain the methodology of the research, followed by the results, which demonstrate the existing gap and provide managerial implications.

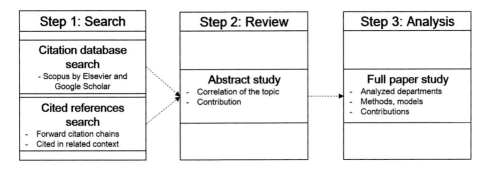

Fig. 9.1 Process of literature review

9.2 Methodology

The domain of interdepartmental collaboration and the integration of IT into the marketing and sales environment are broad and include many attributes. Reviewing every side would be unwieldy; thus, it is necessary to focus on the most relevant attributes. Hence, the literature review was carried out with a three-step approach as shown in Fig. 9.1. We chose this approach because there is no common term for 'alignment' in literature and the names of the departments analyzed are not necessarily part of the articles' titles. Additionally, not all journals include keywords. In step 1, we carried out a general database search (e.g. Scopus by Elsevier and Google Scholar) for the terms *'digital transformation + marketing'* and *'digital transformation + sales'*, as well as *marketing, sales,* and *information technology* coupled with synonyms for collaboration, such as *alignment, collaboration, cooperation, interaction* and *integration*. The selected end date for the search was 31 December 2019, ensuring a limit of 20 years from the starting date of 1999. We chose this timeframe because 1999 can be considered the approximate start of online retail and the beginning of the need for IT integration in sales and marketing activities. That year, the online store Alibaba was founded and Amazon expanded its business from selling books to other items by cooperating with other retailers, which made Jeff Bezos the person of the year in 1999 according to *Time Magazine* (cp. Greeven & Wei, 2017; McGurl, 2016). Hence, the topic of IT integration within both sales and marketing became essential for organizations, the organizational structures were fundamentally adapted and new requirements were introduced for the three departments. Consequently, knowledge of the form and extent of interdepartmental alignment are relevant prerequisites for organizations and scholars. This study focuses on articles published in peer-reviewed journals (ranked at VHB JOURQUAL 3)[1] to

---

[1] https://vhbonline.org/vhb4you/jourqual/vhb-jourqual-3/gesamtliste/.

ensure a minimum quality of the articles.[2] In a second step, we studied the abstracts of the articles to identify studies that contribute to the subject of this research. Topics that were frequently part of the search results but were not considered to fit the subject included, among others, *'web analytics'*, *'branding'*, *'social media'*, and *'co-creation'*, as these fields deal with specific applications of IT-like tools, and this study analyzes organizational structures through the theoretical lens of collaboration and alignment. In step 3, we studied the remaining set of articles thoroughly and excluded papers for the same reason mentioned above. Additionally, we added references from this set of articles cited in the appropriate context or by reviewing the reference list by title and author using forward citation chains. For these additional articles, we repeated steps 2 and 3.

The literature search revealed numerous articles, 159 of which were studied thoroughly (Step 3), resulting in a set of 69 articles at the end of this step. The results of this search process are summarized in Table 9.2, which includes information on which departments were analyzed, using indicators for the three departments: marketing (M), sales (S) and IT (I). Some articles directly address the interface and the relationship with customers (C), which together are considered an important indicator of differentiation. Interactions with other departments (e.g. finance, manufacturing or business strategy) are indicated conclusively with an (O).

9.3 Type of relationship between departments

One finding from reviewing the literature is that different terms are used to describe the existence of a common view and understanding between departments and of joint approaches or methods for working together. We identified the terms 'alignment', 'collaboration', 'cooperation', and 'integration'. Thus, these various terms are explained and defined below. The results are summarized in Table 9.1 and illustrated in Fig. 9.2 and can be applied to organizational structures as different forms of working relationships.

Alignment

In general, there is the understanding that unaligned departments usually face conflicts and that being unaligned is the opposite of being fully integrated. However, 'alignment' means that two departments are not fully integrated. Conclusively, boundaries between the aligned departments still exist; hence, the boundaries are perceived as rather flexible (cp. Kotler et al., 2006). However, a very clear concept of alignment seems to be lacking in current research, and the term has even been called a nebulous concept (cp. Gerow et al., 2014; Preston & Karahanna 2009; Chan et al., 1997). While some authors discuss alignment in the context of operational processes (cp. e.g. Cragg et al., 2002), another

---

[2] Note: Four papers were added by forward citation chains despite the journals not being listed in the VHB JOURQUAL 3.

Table 9.1 Definition of terms used to describe relationships between departments

Term	Definition
Alignment	"'Alignment' is the degree to which the needs, demands, goals, objectives, and/or structures of one component are consistent with the needs, demands, goals, objectives, and/or structures of another component" (Nadler & Tushman, 1983, p. 119)
Collaboration	Collaboration involves cooperation, representation, the sharing of resources and the contribution of different organizational functions to strategic processes and usually represents a collective working relationship that is more than just interaction. (Biemans et al., 2010; Massey, 2012; Lawrence & Lorsch, 1967)
Cooperation	The term cooperation is used to describe the level or the extent to which there is a state of collaboration and involvement of two or more parties and does not describe the integration process itself. It reflects tangible actions like information sharing, which implies that it is measurable. (Massey, 2012; Ernst et al., 2010)
Integration	"'Integration' describes the extent to which distinct and interdependent organizational components rapidly and adequately respond and/or adapt to each other while pursuing common organizational goals." (Ricciardi et al., 2017, p. 93)

option is to consider long-term planning and strategy alignment (cp. e.g. Porra et al., 2005; Reich & Benbasat, 2000). This circumstance also applies to the research and practitioner literature (cp. Gerow et al., 2014).

Phrases that are used to describe alignment are, e.g., 'mutual understanding', 'congruence', 'matched with', 'in harmony with', 'complement each other', 'congruent with', 'understanding of priorities' and 'fit' (cp. Reich & Benbasat, 2000; Gerow et al., 2014; Shpilberg et al., 2007b; Coltman et al., 2015). Thus, the meaning of alignment in the business environment is a preferred maximum level of overlap of general views on needs and priorities, e.g. in the context of business strategizing and planning (cp. Avison et al., 2004; Johnson & Lederer, 2010). Additionally, it refers to the extent to which managers execute their tasks and projects in line with strategic marketing objectives (cp. Verhoef & Leeflang, 2009; Vorhies & Morgan, 2005).

Conclusively, we use the following definition: "'Alignment' is the degree to which the needs, demands, goals, objectives, and/or structures of one component are consistent with the needs, demands, goals, objectives, and/or structures of another component" (Nadler & Tushman, 1983, p. 119). In this context, 'component' can be understood to mean 'department'. 'Alignment' is usually not related to the concrete (joint) execution of tasks and is more abstract and generalized than 'collaboration' and 'cooperation', which is defined as follows. In a managerial context, it can be understood as an overall attitude and understanding of the different departments to achieve overlapping goals, but the way in which goals are to be achieved is solved individually by each department. The extent to which goals overlap can vary. Figure 9.2 provides an illustration for 'alignment' as overlapping goals that departments aim to achieve from different perspectives.

Table 9.2 Summary of the literature review for marketing (M), sales (S), IT (I), other departments and customer consideration (C)

Publication	M	S	I	C	Other departments	Focus	Method
Ahearne and Rapp (2010)		•		•		Tools	Lit. review
Avison et al. (2004)			•		Strategy	Alignment	Case studies
Barki and Pinsonneault (2005)			•			Integration	Lit. review
Bathen and Jelden (2014)	•					Influence	Interviews, survey, leadership circles
Berthon et al. (2003)	•					B2B Configurations	Lit. review
Biemans et al. (2010)	•	•				Alignment	Interviews
Bush et al. (2009)			•		Strategy	Alignment	Interviews
Coltman et al. (2015)			•		Strategy	Alignment	Lit. review
Constantinides (2002)	•		•			Tools	Case studies
Dawes and Massey (2006)	•	•				Collaboration	Survey
Day (2011)	•					Alignment	Lit. review
Dewsnap and Jobber (2000)	•	•				Alignment	Lit. review
Dewsnap and Jobber (2002)	•	•				Collaboration	Lit. review
Ernst et al. (2010)	•	•			R&D	Cooperation	Survey
Gerow et al. (2014)			•		Business Units	Alignment	Survey
Guenzi and Troilo (2007)	•	•				Alignment	Interviews, survey
Hensel-Börner et al. (2018)	•	•		•		Collaboration	World-cafe
Homburg and Jensen (2007)	•	•				Alignment	Survey
Homburg et al. (1999)	•	•			R&D, Finance, Manufacturing, Human Resources	Influence	Survey
Homburg et al. (2002)		•		•	Key Account Management	Alignment	Survey
Homburg et al. (2008)	•	•				Alignment	Survey

(Fortsetzung)

Table 9.2 (Fortsetzung)

Publication	M	S	I	C	Other departments	Focus	Method
Homburg et al. (2010)		•				Tools	Interviews, survey, data bases
Homburg et al. (2011)		•		•		Stereotypes	Interviews, survey
Homburg et al. (2012a)	•			•	Management Accounting	Alignment	Survey
Homburg et al. (2012b)	•					Alignment	Survey
Homburg et al. (2015)	•	•			R&D, Finance, Operations	Influence	Survey
Hult et al. (2011)	•			•		Collaboration	Lit. review
Hunter and Perreault (2006)		•				Tools	Survey
Hunter and Perreault (2007)		•				Tools	Survey
Järvinen and Karjaluoto (2015)	•		•			Tools	Interviews
Järvinen and Taiminen (2016)	•	•	•	•		Tools	Interviews
Johnson and Lederer (2010)			•		CEO, CIO	Alignment	Survey
Johnson and Matthes (2018)	•	•				Job Roles	Interviews
Kearns and Lederer (2000)			•		Strategy	Alignment	Survey
Kearns and Lederer (2003)			•		Strategy	Alignment	Survey
Kearns and Sabherwal (2006)			•		Strategy	Alignment	Survey
Kotler et al. (2006)	•	•				Alignment	Interviews
Krohmer et al. (2002)	•	•		•	R&D, Finance, Manufacturing, Human Resources	Alignment	Survey
Le Meunier-FitzHugh and Lane (2009)	•	•				Collaboration	Interviews, survey
Le Meunier-FitzHugh and Piercy (2007)	•	•				Collaboration	Survey

(Fortsetzung)

Table 9.2 (Fortsetzung)

Publication	M	S	I	C	Other departments	Focus	Method
Le Meunier-FitzHugh and Piercy (2009)	•	•				Collaboration	Interviews, survey
Le Meunier-FitzHugh and Piercy (2011)	•	•				Collaboration	Survey
Le Meunier-FitzHugh et al. (2011)	•	•		•		Collaboration	Case studies, survey
Lipiäinen (2015)	•		•			Tools	Interviews
Massey (2012)	•	•				Collaboration	Compilation of surveys of other authors
Matt et al. (2015)			•		Strategy	Alignment	Lit. review
Matthyssens and Johnston (2006)	•	•				Collaboration	Interviews
Meuter et al. (2005)		•	•			Tools	Interviews, survey
Millson (2013)	•				R&D, New Product Design	Integration	Survey
Oh and Pinsonneault (2007)			•		Strategy	Alignment	Survey
Preston and Karahanna (2009)			•		Strategy	Alignment	Survey
Quinn et al. (2016)	•					Integration	Interviews
Reich and Benbasat (2000)			•		Business Units	Alignment	Interviews
Ricciardi et al. (2017)			•	•	Business Units, Top Management Team, Non-IT Suppliers, IT Providers	Alignment	Survey
Rouziès et al. (2005)	•	•				Integration	Lit. review
Sabherwal and Chan (2001)			•		Strategy	Alignment	Survey
Sabherwal et al. (2001)			•		Business Units	Alignment	Interviews
Shpilberg et al. (2007a)			•			Alignment	Survey
Slater and Olson (2001)	•				Strategy	Integration	Survey

(Fortsetzung)

Table 9.2 (Fortsetzung)

Publication	M	S	I	C	Other departments	Focus	Method
Smith et al. (2006)	•	•		•		Cooperation	Case studies
Verhoef and Leeflang (2009)	•			•	Finance	Collaboration	Survey
Verhoef and Leeflang (2010)	•			•		Collaboration	Survey
Verhoef and Leeflang (2011)	•			•		Collaboration	Survey
Verhoef et al. (2011)	•	•		•	R&D, Finance	Influence	Survey
Wilson (2000)		•		•		Collaboration	Case studies and online research
Wind (2006)	•	•	•		Operations	Alignment	Lit. review
Workmann (1993)	•	•			Product Manager, Engineering, Manufacturing, Service and Support	Collaboration	Interviews
Yayla and Hu (2012)			•		Business Units	Alignment	Survey
Zhao and Priporas (2017)	•		•			Alignment	Lit. review

Collaboration

The term 'collaboration' occurs less frequently in the reviewed papers than 'alignment' and is connected to phrases such as 'collective goals', 'informal activity', 'shared resources', 'joint creation', 'common vision', 'various informal activities', and 'esprit de corps'; it is considered to have a greater impact on performance than 'interaction' does (cp. Kahn, 1996; Le Meunier-FitzHugh & Piercy, 2009; Massey, 2012; Kahn & Mentzer, 1998; Workman, 1993). Collaboration involves cooperation, representation, the sharing of resources, and the contribution of different organizational functions to strategic processes (cp. Biemans et al., 2010) and often represents a collective working relationship, which is more linked than just interaction (cp. Massey, 2012; Lawrence & Lorsch, 1967). Thus, it can be concluded that 'collaboration' is a resource-shared execution of activities for a common vision or a collective goal. Compared to the term 'alignment', an overlap regarding the vision exists, but 'collaboration' usually describes activities directly. In a managerial context, 'collaboration' does not necessarily mean that different departments strive for shared goals. It is even possible to collaborate with competitors to achieve their own goals, e.g., by exchanging information or sharing resources. However,

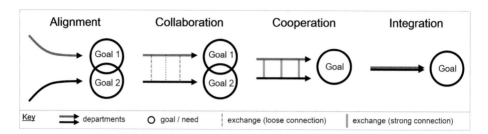

Fig. 9.2 Illustration of the different types of relationship between departments

the goals overlap to a certain extent, which prompts collaborative work among departments. Figure 9.2 illustrates how collaboration can be seen as two (or more) departments that have loose (e.g., temporary or task-related) interconnections in different forms.

Cooperation

The term 'cooperation' can be found in all types of literature, resulting in a common understanding of its meaning. The reason for including the definition of this term in this chapter is to highlight the difference between 'alignment' and 'collaboration'. The term 'cooperation' describes the level or extent to which there is a state of collaboration and involvement of two or more parties, but the parties are not actually integrated. It reflects tangible actions such as information sharing, which implies that cooperation is measurable (cp. Massey, 2012; Ernst et al., 2010). From a managerial point of view, cooperation is more concrete and compulsory than collaboration. In this case, the departments usually strive for the same goal and interact in a constant and defined way. Departments cooperating with each other have a transparent understanding of, e.g., information sharing or joint approaches. Figure 9.2 illustrates 'cooperation' similar to collaboration, but with bold, constant exchange routes between the departments striving for the same goal.

Integration

In the context of interdepartmental working relationships, the term 'integration' represents 'coordination', 'interconnection' and 'constitution' (cp. Barki & Pinsonneault, 2005; Ricciardi et al., 2017). It is used to explain the extent of coordination and interconnection of activities, e.g. the observed processes, in the department's general environment (cp. Barki & Pinsonneault, 2005). Examples of such activities are planning, target setting, conducting customer assessments and developing value propositions (cp. Kotler et al., 2006). For this study, we define 'integration' as follows: "'Integration' describes the extent to which distinct and interdependent organizational components rapidly and adequately respond and/or adapt to each other while pursuing common organizational goals" (Ricciardi et al., 2017, p. 93). 'Component' is again interchangeable with the term 'department'. In conclusion, between two fully integrated departments, the boundaries are blurred, and both start to adopt tasks and shared metrics from each other (cp. Kotler et al., 2006). Figure 9.2 demonstrates how 'integration' can be seen as hardly distinguishable departments that are striving for the same goal. In a managerial context, this could, for example, be developed by interdisciplinary or agile teams working in the same office.

Synopsis

The literature review shows that there is no such common definition or terminology for a joint working relationship. The reason might be that 'alignment' and 'collaboration' are difficult to measure by themselves but do contribute to a measurable value such as business performance or sales revenues. We noticed that authors focusing more on the relationship between teams and departments tend to use the term 'alignment', while authors focusing more on the results of such relationships use specific phrases such as 'integration'. Managers can use different definitions as an orientation for proper interdepartmental working environments. In general, the terms all describe an overlap of activities or understanding in striving for goals. They can be understood as attributes that have a more tangible or abstract effect on the analyzed objects to which they are applied. The attribute describes 'how to do it' through various commonalities, such as a general or common esprit des corps, a common mindset on an abstract level, common goals, or simply a common language. Alignment is the most generic attribute applicable to all objects, sets of goals, and organizational components. It has been identified as the comprehensive terminology and is therefore used as the descriptive attribute in this study.

9.4 Overview of M-S-I literature research

The focus of the present study is research on alignment among marketing, sales, and IT departments. However, literature with a different focus has primarily been published, and this review identifies three major areas of research concerning these departments and their interfaces. Figure 9.3 illustrates the number of articles that analyzed the departments marketing, sales or IT. Furthermore, by connecting lines among the three departments as well as with other departments, it demonstrates how many articles analyzed more than one department and thus also the alignment between these departments. One major aspect of interest is the alignment of marketing and sales, as 27 of the 69 analyzed papers address this interface. Concerning IT departments, a common field of interest is the alignment of an IT department's strategy with the corporate or business unit strategy, and this is the subject of research in 16 articles. Third, a very broadly researched area concerns customer relationship management (CRM) tools. As the literature in this field has begun to mature, the focus of most articles has turned to the use, adjustment, and performance of such tools. Thus, these articles do not address the alignment of sales and IT itself and do not contribute to the question of interdepartmental alignment and collaboration with the goal of improving the performance of companies. Therefore, most

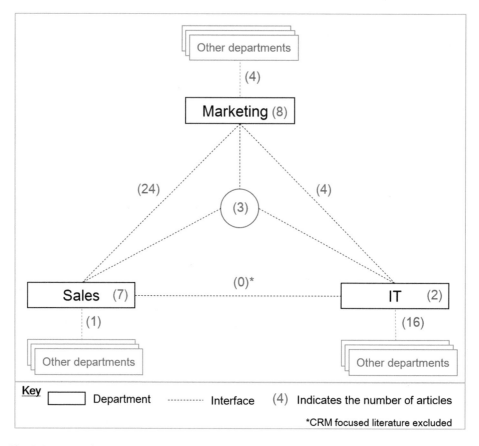

Fig. 9.3 Areas of current interdepartmental alignment research

articles about CRM were excluded in steps (2) and (3) of the review process and are not discussed in the following chapter. However, it is worth noting this topic here because it is one possible interface between sales and IT. As shown in Fig. 9.3, the number of collected articles concerning the alignment of IT with sales and marketing is minor compared to all other reviewed interfaces.

In total, three out of 69 included articles analyze all three departments (M-S-I) together in their research. One of these articles reflects the evolution of publications over 40 years to consider the implications of the blurring of the lines between industrial and consumer marketing. The article points out that most marketing (and sales) decisions are interrelated and, in turn, affect and are affected by other functions such as operations or IT (Wind, 2006).

The second study focuses on digital content in B2B marketing and analyzes how marketing and sales systems may be integrated through advancements in IT by conducting interviews within an organization's top management. Although this article concludes that not only IT integration between marketing and sales systems but also collaborative planning and functional alignment across departments is required, unfortunately no interviews were performed with IT department representatives (cp. Järvinen & Taiminen, 2016).

The study described in the third article included interviews and quantitative research with interdisciplinary groups of all three departments, and the article concludes that IT needs to be integrated into the framework of marketing and sales as an additional player. However, the way these departments need to be aligned or work together has not been answered so far (cp. Hensel-Börner et al., 2018).

Marketing and sales alignment
Within this review, 27 articles address the interface between marketing and sales and the alignment, collaboration or cooperation of those departments, and 24 authors directly refer to these terms. In general, the studies have found that an increased alignment, in almost all cases, had a positive effect on business performance, efficient working or its equivalent. The studies strongly conclude that improvements in collaboration between sales and marketing have a positive effect and that requirement changes in the company's culture to enable this collaboration are necessary (cp. Le Meunier-FitzHugh et al., 2011; Le Meunier-FitzHugh & Piercy, 2009; Le Meunier-FitzHugh & Lane, 2009; Guenzi & Troilo, 2007). It is noteworthy that none of the reviewed studies analyzing the marketing and sales department by questionnaire uses matched pairs within the surveyed companies (except for case studies). Seven studies create a model to measure the outcome (e.g. business performance) of marketing and sales alignment, and it can be concluded that an alignment between the two departments is necessary, but a complete integration of all tasks redundant (cp. Homburg & Jensen, 2007; Homburg et al., 2008). The significant positive effect on both market orientation and business performance of a collaboration between sales and marketing is, for example, confirmed by frameworks, a correlation matrix, and a scenario management model (cp. Le Meunier-FitzHugh & Piercy, 2009, 2011; Le Meunier-FitzHugh & Lane, 2009; Smith et al., 2006). This common conclusion results in recommendations such as aligning sales and marketing through frequent, disciplined cross-functional communication and joint projects (cp. Kotler et al., 2006). Further improving the connection with the customer requires that marketers become more accountable and innovative to gain more influence (cp. Verhoef & Leeflang, 2009, 2010) and use shared performance metrics and rewards (cp. Kotler et al., 2006), which requires changes in the company's culture and managerial systems as well as people's attitudes and behaviors (cp. Guenzi & Troilo, 2007).

Alignment with the IT department
Out of the 23 studies concerning IT, 16 studies compare the effects of alignment between corporate or business unit strategies and the IT division strategy. Alignment is overall considered to positively influence business performance (cp. Gerow et al., 2014; Yayla & Hu, 2012; Sabherwal & Chan, 2001). Although investment costs need

to be considered carefully (cp. Oh & Pinsonneault, 2007), it has even been stated that alignment with IT essentially defines a company's position in the marketplace (cp. Shpilberg et al., 2007a). The findings also suggest that formal organizational structures provide a greater advantage than informal interactions and a shared understanding; additionally, shared language contributes to alignment (cp. Preston & Karahanna, 2009) and knowledge sharing (cp. Kearns & Lederer, 2003). Studies concerning strategy were included, although they are not directly connected to marketing and sales, because the representatives for strategy decisions are in the top management team or include the CEO (cp. Oh & Pinsonneault, 2007; Preston & Karahanna, 2009; Sabherwal & Chan, 2001; Johnson & Lederer, 2010; Ricciardi et al., 2017), who usually directs the sales and marketing him or herself. Secondly, the methods, models, and results used can be compared with those from the marketing and sales field of research and potentially applied to common research in all three departments. A difference to the studies concerning marketing and sales is that scholars analyzing the use of IT focus more on the difference between business-to-business (B2B) and business-to-customer (B2C) environments than do scholars with other focuses (cp. Järvinen & Taiminen, 2016; Berthon et al., 2003; Dewsnap & Jobber, 2000; Ahearne & Rapp, 2010; Le Meunier-FitzHugh et al. 2011). Applied models include an alignment-performance relationship model within the context of the resource-based view (cp. Kearns & Lederer, 2003), alignment measurement instruments (cp. Gerow et al., 2014) and a cluster and factor analysis of matched pairs representatives within the same company (cp. Johnson & Lederer, 2010; Oh & Pinsonneault, 2007; Preston & Karahanna, 2009). The creation of different models shows that researchers trust in the impact of alignment on business performance, but a manifest model or a determined set of variables have not yet been found. Nevertheless, there are similarities between the used models and a certain plausibility behind applying those models to different alignment scenarios.

Current limitations and future directions
In the context of business performance, one of the larger concerns in literature relates to the alignment of either sales and marketing or IT and business unit strategies. However, each of these streams argues about the importance of such integration separately. Considering this issue, there are several opportunities for future research. First, the extent to which all three, marketing, sales, and IT, are aligned in organizations needs to get more attention. Second, the impact on the performance of companies resulting from this alignment can be measured. Ideally, this can be observed in an alignment process using longitudinal case studies (cp. Sabherwal & Chan, 2001; Sabherwal et al., 2001; Homburg et al., 2008; Zhao & Priporas, 2017; Ricciardi et al., 2017; Oh & Pinsonneault, 2007; Avison et al., 2004). Alternatively, in contributing to a longitudinal study, future research should consider using matched triple responses or pooling of sales, IT, and marketing managers' responses in order to provide triadic data on the sales, IT, and marketing relationship within one organization. Having found both dyadic approaches (e.g., Oh & Pinsonneault, 2007; Preston & Karahanna, 2009) and scholars describing the

need for and benefits of such types of surveys (e.g., Massey, 2012; Le Meunier-FitzHugh & Piercy, 2009; Guenzi & Troilo, 2007; Yayla & Hu, 2012), there is, to our knowledge, no such research that captures the responses from all three (M-S-I) departments within one company. Even one study that conducted interviews with the top management of several departments and emphasized the necessity of alignment with IT did not include interviews with IT department representatives (cp. Järvinen & Taiminen, 2016). In conclusion, there is a general lack of data captured from all three departments in the field of alignment research.

Interdepartmental alignment is one of the most important components of solving the challenge of digital transformation. However, organizations need to consider the customer as an additional player within this interaction. The results of this study demonstrate which articles considered the customer. Further research is required to analyze customer interaction in combination with the alignment of marketing, sales, and IT with the goal of providing managerial and theoretical guidelines for organizational structures and communication (cp. Graesch et al., 2020).

Although there are many existing measures to report in this review, a subsequent scale development or refinement based first on theory and then on empirics that focus on the level of alignment seems to be out of reach. However, a scale that contributes to business performance based on the extent of alignment is recommended for future research. Conclusively, a design approach that analyzes the artifact of the marketing-, sales-, and IT interface including its attributes and variables will be necessary to demonstrate the shape and consequence of an aligned interface. This also applies to the need in future research for a set of variables that are relevant for such measurements (cp. e.g. Homburg et al., 2012b; Hunter & Perreault, 2006; Millson, 2013).

9.5 Managerial implications

This study clearly identifies the gaps in M-S-I alignment. A summary of the different terms used in the literature makes it clear that neither the type nor the form of the relationship between the departments has been collectively agreed upon. However, scholars have discovered that alignment has, for example, a positive effect on business performance. These findings can be transferred to practical implications. First, marketing and sales managers should carefully analyze their digital capabilities and skillsets. Given the finding of this study that less attention has been paid to the alignment of M-S-I, it is not surprising that a knowledge gap between necessary knowledge and required knowledge exists when using digital technologies in marketing and sales. Second, managers should connect the knowledge among M-S-I instead of hiring 'digital specialists' (cp. Day, 2011).

This study provides an orientation through the defined terms of 'alignment', 'collaboration', 'cooperation', and 'integration', which support managers in finding the right amount of interdepartmental knowledge transfer. Finally, companies need to design new organizational environments and the interface between marketing, sales, and IT in particular. Furthermore, they need a common understanding of aligned and separated responsibilities, which could lead to new forms of working relationships.

9.6 Conclusion

Driving most researchers' motivations for analyzing IT department alignment is the progressive increase in digitalization, which is called the 'digital transformation' and affects not only the use of digital technologies, but also cross-functional collaboration (cp. Matt et al., 2015). 'Digital transformation' has been identified as an inherent trend in practice and research, but the question of the extent to which alignment with IT is necessary remains relevant. There is a lot left to discover about this cross-border alignment (cp. Zhao & Priporas, 2017). The relevance and positive effects of interdepartmental alignment have been confirmed by numerous studies, and several models have been created to measure that effect by, e.g., improved business performance (cp. e.g. Kearns & Lederer, 2003; Gerow et al., 2014).

However, discussions about IT alignment are still ongoing. In addition to the alignment of business strategy with information technology strategy, scholars have so far paid little attention to other departments, such as marketing and sales, which opens a gap in understanding, designing, and measuring the positive effect of this interaction. Furthermore, managers should ask themselves what form of working relationship among the marketing, sales, and IT departments is suitable for promoting digital transformation.

This paper identifies the gaps in the alignment among marketing, sales, and IT departments. In addition, this study provides guidance for scholars and managers on the different types of relationship among these departments. A broad three-step meta-study shows that the issue of an IT department's alignment with the existing framework of marketing and sales is rarely part of the history of marketing research (cp. Wind, 2006), but is relevant to recent publications (cp. Hensel-Börner et al., 2018; Järvinen & Taiminen, 2016) while the interface between marketing and sales has been analyzed intensively (cp. Homburg et al., 2008; Krohmer et al., 2002; Rouziès et al., 2005; Massey, 2012). Closing this gap is important for both researchers and practitioners to prepare for digital transformation.

References

Ahearne, M., & Rapp, A. (2010). The role of technology at the interface between salespeople and consumers. *Journal of Personal Selling & Sales Management, 30*(2), 111–120.

Avison, D., Jones, J., Powell, P., & Wilson, D. (2004). Using and validating the strategic alignment model. *The Journal of Strategic Information Systems, 13*(3), 223–246.

Barki, H., & Pinsonneault, A. (2005). A model of organizational integration, implementation effort, and performance. *Organization Science, 16*(2), 165–179.

Bathen, D., & Jelden, J. (2014). *Marketingorganisation der Zukunft*. DMV-Service.

Berthon, P., Ewing, M., Pitt, L., & Naudé, P. (2003). Understanding B2B and the web: The acceleration of coordination and motivation. *Industrial Marketing Management, 32*(7), 553–561.

Biemans, W. G., Makovec Brenčič, M., & Malshe, A. (2010). Marketing–sales interface configurations in B2B firms. *Industrial Marketing Management, 39*(2), 183–194.

Bush, M., Lederer, A. L., Li, X., Palmisano, J., & Rao, S. (2009). The alignment of information systems with organizational objectives and strategies in health care. *International journal of medical informatics, 78*(7), 446–456.

Chan, Y. E., Huff, S. L., Barclay, D. W., & Copeland, D. G. (1997). Business strategic orientation, information systems strategic orientation, and strategic alignment. *Information Systems Research, 8*(2), 125–150.

Coltman, T., Tallon, P., Sharma, R., & Queiroz, M. (2015). Strategic IT alignment: Twenty-five years on. *Journal of Information Technology, 30*(2), 91–100.

Constantinides, E. (2002). The 4S web-marketing mix model. *Electronic Commerce Research and Applications, 1*(1), 57–76.

Cragg, P., King, M., & Hussin, H. (2002). IT alignment and firm performance in small manufacturing firms. *The Journal of Strategic Information Systems, 11*(2), 109–132.

Dawes, P. L., & Massey, G. R. (2006). A study of relationship effectiveness between marketing and sales managers in business markets. *Jnl of Bus & Indus Marketing, 21*(6), 346–360.

Day, G. S. (2011). Closing the Marketing Capabilities Gap. *Journal of Marketing, 75*(4), 183–195.

Dewsnap, B., & Jobber, D. (2000). The sales-marketing interface in consumer packaged goods companies: A conceptual framework. *Journal of Personal Selling & Sales Management, 20*(2), 109–119.

Dewsnap, B., & Jobber, D. (2002). A social psychological model of relations between marketing and sales. *European Journal of Marketing, 36*(7/8), 874–894.

Ernst, H., Hoyer, W. D., & Rübsaamen, C. (2010). Sales, marketing, and research-and-development cooperation across new product development stages: Implications for success. *Journal of Marketing, 74*(5), 80–92.

Gerow, J. E., Thatcher, J. B., & Grover, V. (2014). Si• types of IT-business strategic alignment: An investigation of the constructs and their measurement. *European Journal of Information Systems, 24*(5), 465–491.

Guenzi, P., & Troilo, G. (2007). The joint contribution of marketing and sales to the creation of superior customer value. *Journal of Business Research, 60*(2), 98–107.

Graesch, J. P., Hensel-Börner, S., & Henseler, J. (2020). Information technology and marketing. An important partnership for decades. *Industrial Management & Data Systems, 121*(1), 123–157.

Greeven, M. J., & Wei, W. (2017). *Business ecosystems in China*. Alibaba and competing Baidu, tencent, Xiaomi and LeEco. Routledge, 2017.

Hensel-Börner, S., Schmidt-Ross, I., & Merkle, W. (2018). Digitale Transformation. Erweiterung der Zusammenarbeit zwischen Marketing und Sales um einen dritten Player. *Marketing Review St. Gallen, 2018*(3), 20–26.

Homburg, C., Artz, M., & Wieseke, J. (2012a). Marketing performance measurement systems: Does comprehensiveness really improve performance? *Journal of Marketing, 76*(3), 56–77.

Homburg, C., Fürst, A., & Kuehnl, C. (2012b). Ensuring international competitiveness: A configurative approach to foreign marketing subsidiaries. *J. of the Acad. Mark. Sci., 40*(2), 290–312.

Homburg, C., & Jensen, O. (2007). The thought worlds of marketing and sales: Which differences make a difference? *Journal of Marketing, 71*(3), 124–142.

Homburg, C., Jensen, O., & Krohmer, H. (2008). Configurations of marketing and sales: A taxonomy. *Journal of Marketing, 72*(2), 133–154.

Homburg, C., Vomberg, A., Enke, M., & Grimm, P. H. (2015). The loss of the marketing department's influence: Is it really happening? And why worry? *Journal of the Academy of Marketing Science, 43*(1), 1–13.

Homburg, C., Wieseke, J., & Kuehnl, C. (2010). Social influence on salespeople's adoption of sales technology: A multilevel analysis. *Journal of the Academy of Marketing Science, 38*(2), 159–168.

Homburg, C., Wieseke, J., Lukas, B. A., & Mikolon, S. (2011). When salespeople develop negative headquarters stereotypes: Performance effects and managerial remedies. *Journal of the Academy of Marketing Science, 39*(5), 664–682.

Homburg, C., Workman, J. P., & Jensen, O. (2002). A configurational perspective on key account management. *Journal of Marketing, 66*(2), 38–60.

Homburg, C., Workman, J. P., & Krohmer, H. (1999). Marketing's influence within the firm. *Journal of Marketing, 63*(2), 1–17.

Hult, G. T., Mena, M., Jeannette, A., Ferrell, O. C., & Ferrell, L. (2011). Stakeholder marketing: A definition and conceptual framework. *AMS Rev, 1*(1), 44–65.

Hunter, G. K., & Perreault, W. D. (2006). Sales technology orientation, information effectiveness, and sales performance. *Journal of Personal Selling & Sales Management, 26*(2), 95–113.

Hunter, G. K., & Perreault, W. D. (2007). Making sales technology effective. *Journal of Marketing, 71*(1), 16–34.

Järvinen, J., & Karjaluoto, H. (2015). The use of web analytics for digital marketing performance measurement. *Industrial Marketing Management, 50*, 117–127.

Järvinen, J., & Taiminen, H. (2016). Harnessing marketing automation for B2B content marketing. *Industrial Marketing Management, 54*, 164–175.

Johnson, A. M., & Lederer, A. L. (2010). CEO/CIO mutual understanding, strategic alignment, and the contribution of IS to the organization. *Information & Management, 47*(3), 138–149.

Johnson, J. S., & Matthes, J. M. (2018). Sales-to-marketing job transitions. *Journal of Marketing, 82*(4), 32–48.

Kahn, K. B. (1996). Interdepartmental integration: A definition with implications for product development performance. *Journal of Product Innovation Management, 13*(2), 137–151.

Kahn, K. B., & Mentzer, J. T. (1998). Marketing's integration with other departments. *Journal of Business Research, 42*(1), 53–62.

Kearns, G. S., & Lederer, A. L. (2000). The effect of strategic alignment on the use of IS-based resources for competitive advantage. *The Journal of Strategic Information Systems, 9*(4), 265–293.

Kearns, G. S., & Lederer, A. L. (2003). A resource-based view of strategic it alignment: How knowledge sharing creates competitive advantage. *Decision Sciences, 34*(1), 1–29.

Kearns, G. S., & Sabherwal, R. (2006). Strategic alignment between business and information technology: A knowledge-based view of behaviors, outcome, and consequences. *Journal of Management Information Systems, 23*(3), 129–162.

Kotler, P., Rackham, N., & Krishnaswamy, S. (2006). Ending the war between sales & marketing. *Harvard business review, 84*(68–78), 187.

Krohmer, H., Homburg, C., & Workman, J. P. (2002). Should marketing be cross-functional? Conceptual development and international empirical evidence. *Journal of Business Research, 55*(6), 451–465.

Lawrence, P. R., & Lorsch, J. W. (1967). Differentiation and integration in complex organizations. *Administrative Science Quarterly, 12*(1), 1.

Le Meunier-FitzHugh, K., & Piercy, N. F. (2007). Does collaboration between sales and marketing affect business performance? *Journal of Personal Selling & Sales Management, 27*(3), 207–220.

Le Meunier-FitzHugh, K., & Lane, N. (2009). Collaboration between sales and marketing, market orientation and business performance in business-to-business organisations. *Journal of Strategic Marketing, 17*(3–4), 291–306.

Le Meunier-FitzHugh, K., Massey, G. R., & Piercy, N. F. (2011). The impact of aligned rewards and senior manager attitudes on conflict and collaboration between sales and marketing. *Industrial Marketing Management, 40*(7), 1161–1171.

Le Meunier-FitzHugh, K., & Piercy, N. F. (2009). Drivers of sales and marketing collaboration in business-to-business selling organisations. *Journal of Marketing Management, 25*(5–6), 611–633.

Le Meunier-FitzHugh, K., & Piercy, N. F. (2011). Exploring the relationship between market orientation and sales and marketing collaboration. *Journal of Personal Selling & Sales Management, 31*(3), 287–296.

Lipiäinen, H. S. M. (2015). CRM in the digital age: Implementation of CRM in three contemporary B2B firms. *Journal of Systems and Information Technology, 17*(1), 2–19.

Massey, G. R. (2012). All quiet on the Western front? Empirical evidence on the "war" between marketing managers and sales managers. *Australasian Marketing Journal, 20*(4), 268–274.

Matt, C., Hess, T., & Benlian, A. (2015). Digital transformation strategies. *Business & Information Systems Engineering, 57*(5), 339–343.

Matthyssens, P., & Johnston, W. J. (2006). Marketing and sales: Optimization of a neglected relationship. *Journal of Bus & Industrial Marketing, 21*(6), 338–345.

Maycock, M., Spenner, P., Hamshar, R., West, S., & Chodhury, N. V. (2012). The digital evolution in B2B marketing. Research report in partnership with Google.

McGurl, M. (2016). Everything and less. *Modern Language Quarterly, 77*(3), 447–471.

Meuter, M. L., Bitner, M. J., Ostrom, A. L., & Brown, S. W. (2005). Choosing among alternative service delivery modes: An investigation of customer trial of self-service technologies. *Journal of Marketing, 69*(2), 61–83.

Millson, M. R. (2013). Exploring the moderating influence of product innovativeness on the organizational integration-new product market success relationship. *Euro Jrnl of Inn Mnagmnt, 16*(3), 317–334.

Nadler, D., & Tushman, M. (1983). A general diagnostic model for organizational behavior: Applying a congruence perspective. In J. R. Hackman, E. E. Lawler, & L. W. Porter (Hrsg.), *Perspectives on Behavior in Organizations* (S. 112–124). McGraw-Hill.

Oh, W., & Pinsonneault, A. (2007). On the assessment of the strategic value of information technologies: Conceptual and analytical approaches. *MIS quarterly*, 239–265.

Porra, J., Hirschheim, R., Parks, M. S. (2005). The history of Texaco's corporate information technology function: A general systems theoretical interpretation. *MIS Quarterly*, 721–746.

Preston, D. S., & Karahanna, E. (2009). Antecedents of IS strategic alignment: A nomological network. *Information Systems Research, 20*(2), 159–179.

Quinn, L., Dibb, S., Simkin, L., Canhoto, A., & Analogbei, M. (2016). Troubled waters: The transformation of marketing in a digital world. *European Journal of Marketing, 50*(12), 2103–2133.

Reich, B. H., & Benbasat, I. (2000). Factors that influence the social dimension of alignment between business and information technology objectives. *MIS Quarterly, 24*(1), 81.

Ricciardi, F., Zardini, A., & Rossignoli, C. (2017). Organizational integration of the IT function: A key enabler of firm capabilities and performance. *Journal of Innovation & Knowledge, 3*(3), 93–107.

Rouziès, D., Anderson, E., Kohli, A. K., Michaels, R. E., Weitz, B. A., & Zoltners, A. A. (2005). Sales and marketing integration: A proposed framework. *Journal of Personal Selling & Sales Management, 25*(2), 113–122.

Sabherwal, R., & Chan, Y. E. (2001). Alignment between business and IS strategies: A study of prospectors, analyzers, and defenders. *Information Systems Research, 12*(1), 11–33.

Sabherwal, R., Hirschheim, R., & Goles, T. (2001). The dynamics of alignment: Insights from a punctuated equilibrium model. *Organization Science, 12*(2), 179–197.

Shpilberg, D., Berez, S., & Puryear, R. (2007a). (2007a): Avoiding the alignment trap in information technology. *MIT SLOAN MANAGEMENT REVIEW, 03*, 51–58.

Shpilberg, D., Berez, S., Puryear, R., & Shah, S. (2007b). Avoiding the alignment trap in IT. *MIT SLOAN MANAGEMENT REVIEW, 49*(1), 51.

Slater, S. F., & Olson, E. M. (2001). Marketing's contribution to the implementation of business strategy: An empirical analysis. *Strategic Management Journal, 22*(11), 1055–1067.

Smith, T. M., Gopalakrishna, S., & Chatterjee, R. (2006). A Three-Stage model of integrated marketing communications at the marketing-sales interface. *Journal of Marketing Research, 43*(4), 564–579.

Verhoef, P. C., & Leeflang, P. S. H. (2011). Accountability as a main ingredient of getting marketing back in the board room. *Marketing Review St. Gallen, 28*(3), 26–32.

Verhoef, P. C., & Leeflang, P. S. H. (2009). Understanding the marketing department's influence within the firm. *Journal of Marketing, 73*(2), 14–37.

Verhoef, P. C., & Leeflang, P. S. H. (2010). Getting marketing back into the boardroom: The influence of the marketing department in companies today. *GfK Marketing Intelligence Review, 2*(1), 34–41.

Verhoef, P. C., Leeflang, P. S., Reiner, J., Natter, M., Baker, W., Grinstein, A., & Saunders, J. (2011). A cross-national investigation into the marketing department's influence within the firm: Toward initial empirical generalizations. *Journal of International Marketing, 19*(3), 59–86.

Vorhies, D. W., & Morgan, N. A. (2005). Benchmarking marketing capabilities for sustainable competitive advantage. *Journal of Marketing, 69*(1), 80–94.

Wilson, D. T. (2000). Deep relationships: The case of the vanishing salesperson. *Journal of Personal Selling and Sales Management.* 20(1), 53–61.

Wind, Y. (2006). Blurring the lines: Is there a need to rethink industrial marketing? *Journal of Bus & Industrial Marketing, 21*(7), 474–481.

Workman, J. P. (1993). Marketing's limited role in new product development in one computer systems firm. *Journal of Marketing Research, 30*(4), 405.

Yayla, A. A., & Hu, Q. (2012). The impact of IT-business strategic alignment on firm performance in a developing country setting: Exploring moderating roles of environmental uncertainty and strategic orientation. *European Journal of Information Systems, 21*(4), 373–387.

Zhao, S., & Priporas, C.-V. (2017). Information technology and marketing performance within international market-entry alliances. *International Marketing Review, 34*(1), 5–28.

Jan Philipp Graesch is PhD candidate at the chair of Product–Market Relations of the University of Twente and at the Marketing & Sales department of the Hamburg School of Business Administration. His research interests encompass cooperation and alignment aspects of marketing, sales, and IT with a focus on practically oriented requirements, specifically in the context of digital transformation. He participated in various research projects with several industrial and academic partners within Hamburg.

Susanne Hensel-Börner has been a professor of Business Administration, in particular Marketing and Sales, since 2009 and chaired the Department Marketing & Sales from 2012–2020. She is the initiator and academic director of the innovative master's program MSc Digital Transformation & Sustainability. Her research interests include interdisciplinary collaboration between marketing, sales, and IT, digitalization in personal selling, and shaping the digital transformation in the sense of sustainable development.

Jörg Henseler holds the Chair of Product–Market Relations, embedded in the Department of Design, Production & Management at the Faculty of Engineering Technology of the University of Twente, Enschede, The Netherlands. Moreover, Jörg Henseler is a visiting professor at NOVA Information Management School, Universidade Nova de Lisboa, Portugal, and Distinguished Invited Professor in the Department of Business Administration and Marketing at the University of Seville, Spain. His broad-ranging research interests encompass empirical methods of marketing and design research as well as the management of design, products, services, and brands. He is a Highly Cited Researcher according to Clarivate/Web of Science, and Ioannides et al. (2020, https://doi.org/10.1371/journal.pbio.3000918) rank him #26 among the world's researchers in marketing.

10

Technik als Substitut des persönlichen Verkaufs im stationären Handel: Konsequenzen eines digitalen Beratungsangebots für das Kundenbedürfnis nach persönlicher Beratung

Marco Schwenke, Martin Haupt und Marcel Rosenow

Inhaltsverzeichnis

10.1 Einleitung.. 136
10.2 Problemstellung.. 137
10.3 Hypothesen.. 138
10.4 Studie... 139
10.5 Diskussion... 141
Literatur... 141

Zusammenfassung

Der stationäre Vertrieb sieht sich infolge digitaler Technologien einem grundlegenden Wandel ausgesetzt. Hier kann der Einzelhandel ansetzen – zum Beispiel durch den Einsatz digitaler Beratungsangebote am Verkaufsort. Der vorliegende Beitrag widmet sich der Fragestellung, was für einen Effekt der Einsatz eines digitalen Beratungsangebots (zum Beispiel in Form eines Tablets) auf das Kundenbedürfnis nach persönlicher Kundenberatung hat. Dafür wurde ein Feldexperiment mit 83

M. Schwenke (✉)
EBZ Business School – University of Applied Sciences, Bochum, Deutschland
E-Mail: m.schwenke@ebz-bs.de

M. Haupt
Justus-Liebig Universität, Gießen, Deutschland
E-Mail: martin.haupt@w.thm.de

M. Rosenow
University of Europe for Applied Sciences, Iserlohn, Deutschland
E-Mail: marcel.rosenow@ue-germany.de

© Der/die Autor(en), exklusiv lizenziert an Springer Fachmedien Wiesbaden GmbH, ein Teil von Springer Nature 2022
J. Westphal et al. (Hrsg.), *Sales Enablement als Fundament des Vertriebserfolgs*, FOM-Edition, https://doi.org/10.1007/978-3-658-37614-7_10

Studienteilnehmerinnen und -teilnehmern durchgeführt. Die Ergebnisse bestätigen die aufgestellten Hypothesen: Das Angebot einer digitalen Beratung senkt das durchschnittliche Kundenbedürfnis nach persönlicher Beratung – aber nur dann, wenn das Angebot im Design des Händlers erfolgt (und nicht im Design des Herstellers).

10.1 Einleitung

Digitale Technologien beeinflussen immer stärker das Kaufverhalten von Konsumierenden. Aktuelle Studien zeigen, dass zwischen 30 und 50 Prozent aller stationären Einkäufe durch digitale Kundenaktivitäten beeinflusst werden. Beispiele sind das Lesen von Online-Kundenbewertungen, das Betrachten von Videos oder der Austausch auf sozialen Medien (vgl. Lobaugh & Ohri, 2016). Dieser digital bedingte Wandel des Konsumentenverhaltens beschäftigt Wissenschaft und Praxis gleichermaßen. In der Folge bekommt die Analyse der Integration von digitalen Kanälen in das klassische, stationäre Geschäft eine weiter steigende Bedeutung – zum Beispiel in Form von Tablets, Selbstbedienungsterminals oder mobilen Applikationen (vgl. Scherer et al., 2015; van Doorn et al., 2016). Fokus dieser oftmals allgemein gehaltenen Analysen sind in der Regel (1) die Treiber oder Barrieren der digitalen Angebote im Vergleich zu traditionellen Kanälen und (2) die Kundenakzeptanz der digitalen Angebote. Studien stellten zum Beispiel heraus, dass digitale Kanäle die durchschnittliche Kundenloyalität verringern (vgl. Lee, 2015). Diesem negativen Effekt steht jedoch gegenüber, dass Kundinnen und Kunden, die mehrere Kanäle nutzen (im Vergleich zu solchen, die nur einen Kanal nutzen), mehr Selbstvertrauen in die getroffene Entscheidung haben (vgl. Flavián et al., 2016) und generell einen größeren Wert für das Unternehmen bieten (vgl. Neslin et al., 2006). Zudem zahlen Kundinnen und Kunden, die mehrere Kanäle nutzen, durchschnittlich höhere Geldbeträge (vgl. Sopadjieva et al., 2017).

Jedoch sind insbesondere in mehrstufigen Vertriebsstrukturen (wie zum Beispiel im Einzelhandel) die Folgen des Einsatzes von digitalen Kanälen im stationären Bereich noch nicht hinreichend bekannt. Das führt unter anderem dazu, dass Unternehmen überwiegend nach dem Prinzip *Trial and Error* verfahren (vgl. Spreer, 2013). Hier sollten Forschungsarbeiten ansetzen und Wissenslücken schließen. Es fehlt zum Beispiel an vertiefenden Erkenntnissen, inwiefern digitale Angebote Kundenbedürfnisse beeinflussen oder sogar die klassische Beraterin bzw. den Berater ersetzen könnten. In diesem Kontext soll das vorliegende Kapitel einen Beitrag leisten. Konkret gehen die Autoren der Fragestellung nach, welchen Effekt der Einsatz eines digitalen Beratungsangebots im stationären Handel (zum Beispiel in Form eines Tablets) auf das Kundenbedürfnis nach persönlicher Beratung hat.

Vertiefend soll der vorliegende Beitrag die Frage untersuchen, welche Effekte unterschiedliche Quellen des digitalen Angebotes (in mehrstufigen Vertriebssystemen) auf die Kundschaft haben. Im Handel ist zum Beispiel unklar, welche Effekte der Einsatz eines digitalen Beratungsangebots auf das Kundenbedürfnis nach persönlicher Beratung hat, wenn dieses (1) vom Hersteller des Produktes oder (2) vom Händler bereitgestellt wird.

In Kooperation mit einem Schraubenhersteller haben die Autoren zur Untersuchung der aufgestellten Hypothesen ein Feldexperiment in einem Baumarkt durchgeführt. Die insgesamt 83 Studienteilnehmerinnen und -teilnehmer verteilten sich auf drei Gruppen: neben einer Kontrollgruppe (Gruppe 1) standen den anderen beiden Gruppen Tablets als digitale Beratungsangebote zur Verfügung – und zwar entweder im Hersteller-Design (Gruppe 2) oder im Händler-Design (Gruppe 3).

Die Ergebnisse bestätigen die vorab aufgestellten Hypothesen: (1) Durch das Angebot einer digitalen Beratung sinkt das durchschnittliche Kundenbedürfnis nach persönlicher Beratung. (2) Wenn das Angebot einer digitalen Beratung im Design des Händlers erfolgt, senkt dies das durchschnittliche Kundenbedürfnis nach persönlicher Beratung stärker als das Angebot einer digitalen Beratung im Design des Herstellers. Aus diesen Erkenntnissen ergeben sich konkrete Handlungsempfehlungen für Einzelhändler und Produktanbieter.

10.2 Problemstellung

Die persönliche Kundenberatung ist ein zentraler Aspekt des stationären Handels und ein Differenzierungsmerkmal zum Online-Handel (vgl. Verhoef et al., 2007). Wenn Kundinnen und Kunden als Teil ihrer Einkaufserlebnisse die Beratung durch eine Verkaufsmitarbeiterin oder einen Verkaufsmitarbeiter erhalten und als zufriedenstellend bewerten, beeinflusst dies ihre Gesamtzufriedenheit und die Loyalität zum Händler positiv. Zudem sind sie eher bereit, das Produkt zu kaufen und das Unternehmen in ihrem Umfeld weiterzuempfehlen (vgl. Blut et al., 2018).

Jedoch erweisen sich Verkäuferinnen und Verkäufer der stationären Händler oftmals als schlecht ausgebildet (vgl. Geissler, 2015; Weishaupt, 2018). Hinzu kommt das Missverhältnis zwischen der Verkäuferanzahl und den potenziell zu beratenden Kundinnen und Kunden. Da der Online-Handel Druck auf die Margen und die gesamte Profitabilität vieler stationärer Geschäfte ausübt, halten viele Händler die Anzahl ihrer Verkäuferinnen und Verkäufer im Verhältnis zur Verkaufsfläche und Kundenanzahl eher niedrig (vgl. Kolf, 2019). Bei der Baumarktkette OBI zum Beispiel ist eine Mitarbeiterin bzw. ein Mitarbeiter im Durchschnitt für 2000 Quadratmeter der Verkaufsfläche zuständig (vgl. Reiners, 2014).

Die Diskrepanz zwischen dem Kundenbedarf nach persönlicher Beratung und dem tatsächlichen Angebot – sowohl quantitativ als auch qualitativ – beschäftigt aber nicht nur den Händler als direkten Kontaktpunkt zur Kundschaft. Auch die Hersteller, die den stationären Handel als einzigen oder wesentlichen Vertriebskanal nutzen, sind von den persönlichen Verkaufsberaterinnen und -beratern abhängig. Denn Kundschaft, die nicht nach ihren Bedürfnissen beraten wird, tätigt weniger häufig einen Einkauf und kauft geringere Mengen (vgl. Homburg et al., 2016). Daher stellt sich für zahlreiche Händler und Hersteller die folgende Frage: Wie kann man den Kundenbedarf nach persönlicher Beratung am Verkaufsort bestmöglich bedienen?

Grundsätzlich kann hierbei zwischen zwei Möglichkeiten gewählt werden: (1) Entweder kann das Beratungsangebot gesteigert werden, indem der Händler vor Ort mehr persönliche Beratungsleistungen anbietet. Dies ist vor allem möglich durch den Einsatz von mehr Mitarbeiterinnen und Mitarbeitern oder eine effizientere Aufteilung der Beratungszeiten. (2) Oder der Bedarf der Kundschaft nach persönlicher Interaktion kann gesenkt werden, indem die benötigten Informationen durch verschiedene Alternativen bereitgestellt werden. Der zweiten Möglichkeit widmet sich dieser Beitrag – und zwar mit Blick auf die Möglichkeiten digitaler Beratungsangebote.

10.3 Hypothesen

Durch technische Entwicklungen und den Einsatz von IT-Systemen oder -Schnittstellen können Unternehmen heute eine Vielzahl an Informationsquellen neben dem direkten, persönlichen Austausch mit der Verkäuferin oder dem Verkäufer anbieten (vgl. Rust & Huang, 2014). Giebelhausen et al. (2014) beschreiben treffend, dass zum Beispiel immer mehr Technologien in Form von Tablets und Selbstbedienungsterminals die Interaktion im Handel oder bei Dienstleistungsunternehmen begleiten. In der Folge werden Kunden-Verkäufer-Interaktionen teilweise sogar ersetzt. Insbesondere Tablets gelten als sehr beliebtes technisches Gerät im Kontext von Cross-Channel-Vertriebssystemen (vgl. Xu et al., 2017). Zahlreiche Unternehmen haben in den letzten Jahren Tablets als digitale Beratungsangebote eingeführt, um Service-Kosten einzusparen und die Service-Qualität und das Service-Angebot zu erhöhen (vgl. Campbell & Frei, 2010). Allerdings wurden Tablets von Kundinnen und Kunden oft noch nicht wirklich wahrgenommen (vgl. El Azhari & Bennett, 2015). Hinzu kommt gerade in Deutschland, dass viele Menschen Angst vor neuen Technologien haben und sich zunächst furchtsam und zögerlich verhalten (vgl. Jansen & Heeg, 2018). Trotz dieser möglichen Zurückhaltung kann das bloße Angebot eines unpersönlichen, digitalen Beratungsangebots, zum Beispiel in Form eines Tablets, bereits dazu führen, dass Kundinnen und Kunden ein geringeres Bedürfnis nach persönlicher Beratung haben. Denn sie haben durch technische Angebote jederzeit die Möglichkeit, an relevante Informationen zu gelangen – ohne zum Beispiel die Suche nach einer Verkäuferin oder einem Verkäufer in Verbindung mit möglichen Wartezeiten. Zusammenfassend lautet Hypothese H1 daher wie folgt:

> **H1:** Durch das Angebot einer digitalen Beratung (zum Beispiel in Form eines Tablets) sinkt das durchschnittliche Kundenbedürfnis nach persönlicher Beratung.

Digitale, unpersönliche Informationen von angebotenen Produkten können im Handel vom Händler selbst bereitgestellt werden, zumal er der Kundschaft die Einkaufsumgebung und das übergeordnete Einkaufserlebnis bietet (vgl. Verhoef et al., 2007).

Zudem bildet der Händler, zumindest historisch betrachtet, die Beratungsleistung für die Kundschaft ab, weswegen diese die Beratung als Aufgabe und Kompetenz des Händlers verstehen könnte.

Alternativ kann auch der Produzent die unpersönliche Beratung bereitstellen, zumal er aus erster Hand Produktdetails, mögliche Unterschiede zu anderen Produkten und die Einsatzfelder seines Produktes erörtern kann. Dabei wird dem Hersteller sicherlich ein hohes, teils (im Vergleich zum Händler) auch höheres Produktwissen unterstellt. Dem steht jedoch gegenüber, dass Kundinnen und Kunden beim Händler (im Vergleich zum Hersteller) von einer objektiveren Beratung ausgehen, da sie dem Händler (im Vergleich zum Hersteller) ein geringeres Interesse am Verkauf des spezifischen Produktes und ein stärkeres Interesse an der allgemeinen Kundenzufriedenheit zusprechen (vgl. Kirmani & Campbell, 2004).

Basierend auf dem *Persuasion Knowledge Model* von Friestad und Wright (1994) bilden Konsumentinnen und Konsumenten diese Annahmen oder Unterstellungen gegenüber einem Unternehmen oder auch gegenüber einer Verkäuferin oder einem Verkäufer, um angepasst auf erwartete Überzeugungsversuche reagieren zu können (vgl. Kirmani & Campbell, 2004). Daher wird dem Hersteller (im Vergleich zum Händler) eher unterstellt, seine Produkte zu positiv darzustellen, mögliche Schwachpunkte zu verschweigen und Kundinnen und Kunden zum Kauf überreden zu wollen. Persönliche Beratung am Verkaufsort bedeutet für die Kundschaft, die Informationen vom Händler als objektivere Beratungsquelle zu erhalten – im Gegensatz zu einem Beratungsangebot mit Informationen des Herstellers. Das Gefühl, objektivere Informationen zu erhalten, stärkt in der Folge dann die Sicherheit bei der Produktauswahl.

Werden also digitale Informationen vom Händler (Hersteller) angeboten, so haben Kundinnen und Kunden zur Absicherung ihrer Kaufentscheidung ein geringeres (stärkeres) Bedürfnis nach persönlicher Beratung. Dies resultiert in Hypothese H2:

▶ **H2:** Wenn das Angebot einer digitalen Beratung (zum Beispiel in Form eines Tablets) im Design des Händlers erfolgt, senkt dies das durchschnittliche Kundenbedürfnis nach persönlicher Beratung stärker als das Angebot einer digitalen Beratung im Design des Herstellers.

10.4 Studie

Um die Studie in einer realistischen Umgebung durchzuführen, haben die Autoren in Kooperation mit einem großen, deutschen Schraubenhersteller in einem bekannten, deutschen Baumarkt ein Feldexperiment durchgeführt. Die Probanden wurden am Schraubenregal einem von drei Szenarien zugeordnet (Kontrollgruppe (kein Tablet) *versus* Tablet im Hersteller-Design *versus* Tablet im Händler-Design). Auf den Tablets wurde im jeweiligen Corporate Design ein Schrauben-Konfigurator zur Verfügung gestellt. Von den insgesamt 92 Probandinnen und Probanden wurden neun aufgrund von zu geringer Ausfüllquoten ausgeschlossen. Folglich wurden 83 Teilnehmende berücksichtigt, von denen 65 Prozent männlich sind. Das Durchschnittsalter liegt bei 55 Jahren, knapp 30 Prozent der Befragten sind von Beruf Handwerker und über die Hälfte der Studienteilnehmenden (58 Prozent) hat im Anschluss an die Befragung Schrauben des Herstellers gekauft. Mehrere Kontrollvariablen zur Markeneinschätzung der Händler- und Herstellermarke (das Markenvertrauen, die gefühlte Ehrlichkeit sowie die Markenqualität) ergaben keine signifikanten Unterschiede ($p > 0{,}10$). Beide Marken wurden bezüglich dieser Kriterien im Durchschnitt als gleichwertig empfunden.

Die Messung des Konstruktes „Kundenbedürfnis nach persönlicher Beratung durch einen Mitarbeiter" erfolgte über eine etablierte Multi-Item Skala mithilfe von zwei Indikatoren (vgl. Dabholkar, 1996). Konkret handelt es sich um die beiden Fragen „Es stört mich, eine Maschine zu benutzen, wenn ich stattdessen mit einer lebenden Person sprechen könnte" und „Die persönliche Betreuung durch einen Kundenbetreuer ist mir wichtig", die die Studienteilnehmerinnen und -teilnehmer entlang einer Likert-Skala von 1 („Trifft gar nicht zu") bis 5 („Trifft voll zu") beantworteten. Das Konstrukt wies eine akzeptable Reliabilität auf ($\alpha = 0{,}74$).

Die Hypothesen (H1, H2) wurden mit einer Varianzanalyse (ANOVA) getestet. Hierfür wurden die drei Gruppen (Kontrollgruppe (ohne Tablet), Gruppe mit Tablet im Hersteller-Design, Gruppe mit Tablet im Händler-Design) als Faktoren genutzt. Als abhängige Variable wurde das Konstrukt „Kundenbedürfnis nach persönlicher Beratung durch einen Mitarbeiter" operationalisiert. Das Gesamtergebnis zeigt einen signifikanten Unterschied zwischen den Gruppen ($M_{\text{Kontrollgruppe}} = 4{,}57$; $M_{\text{Tablet im Hersteller-Design}} = 4{,}06$; $M_{\text{Tablet im Händler-Design}} = 3{,}19$; $F = 13{,}64$; $p < 0{,}001$). Die Unterschiede zwischen den einzelnen Gruppen wurden mit dem Tukey-Post-Hoc-Test näher untersucht. Dieser Test ist bei gleichen oder ähnlichen Gruppengrößen angemessen und eben solche liegen bei dem durchgeführten Experiment vor ($N_{\text{Kontrollgruppe}} = 26$; $N_{\text{Tablet im Hersteller-Design}} = 27$; $N_{\text{Tablet im Händler-Design}} = 30$).

Die Ergebnisse zeigen (1) einen *nicht-signifikanten Unterschied* zwischen den Mittelwerten der Kontrollgruppe und der Gruppe mit dem Tablet im Hersteller-Design ($M_{\text{Kontrollgruppe}} = 4{,}57$; $M_{\text{Tablet im Hersteller-Design}} = 4{,}06$; $p > 0{,}10$; CI $[-0{,}14; 1{,}17]$), (2) *signifikante Unterschiede* zwischen den Mittelwerten der Kontrollgruppe und der Gruppe mit dem Tablet im Händler-Design ($M_{\text{Kontrollgruppe}} = 4{,}57$; $M_{\text{Tablet im Händler-Design}} = 3{,}19$; $p < 0{,}001$; CI $[0{,}74; 2{,}03]$) und (3) *signifikante Unterschiede* zwischen den Mittelwerten der Gruppe mit dem Tablet im Hersteller-Design und der Gruppe mit dem Tablet im Händler-Design ($M_{\text{Tablet im Hersteller-Design}} = 4{,}06$; $M_{\text{Tablet im Händler-Design}} = 3{,}19$; $p < 0{,}01$; CI $[0{,}23; 1{,}50]$).

Damit können beide Hypothesen (H1, H2) bestätigt werden: Insgesamt senkt das Angebot einer digitalen Beratung das durchschnittliche Kundenbedürfnis nach persönlicher Beratung (H1) – aber nur dann, wenn das Angebot einer digitalen Beratung im Design des Händlers erfolgt (und nicht im Design des Herstellers) (H2).

10.5 Diskussion

Aus der Analyse ergibt sich eine klare Empfehlung für den Einsatz eines digitalen Beratungsangebots im stationären Handel: Auch wenn der Hersteller vielleicht die technischen Mittel und Informationen für eine digitale Beratung bereitstellen mag, sollte die digitale Beratung im Design des Händlers erfolgen. Basierend auf dem *Persuasion Knowledge Model* erwarten die Autoren, dass die Glaubwürdigkeit einer objektiven Beratung durch den Händler (im Vergleich zum Hersteller) als höher eingeschätzt wird, was in der Folge zu einem geringeren Kundenbedürfnis nach persönlicher Beratung durch eine Mitarbeiterin oder einen Mitarbeiter des Händlers führt. Dieser Erkenntnis steht die eigene Beobachtung gegenüber, dass in verschiedenen Handelsgeschäften (und insbesondere auch im Baumarkt-Umfeld) deutlich mehr digitale Beratungsangebote im Design des Herstellers angeboten werden.

Aus der Perspektive des Händlers stellen diese Erkenntnisse hilfreiche Aspekte dar, um Personalkosten einzusparen oder um das Personal für andere Aufgaben einzusetzen. Im Umfeld des Baumarktes könnten der Kundschaft zum Beispiel mehr Beratungskapazitäten zur Planung von größeren Projekten wie Bädern, Küchen oder Gärten zur Verfügung gestellt werden.

Für den Hersteller bedeuten diese Erkenntnisse, dass er digitale Beratungsangebote gemeinsam mit dem Händler entwickeln sollte. Der dann daraus resultierende, geringere Beratungsbedarf macht den Verkauf seiner Produkte weniger abhängig von der direkten Verfügbarkeit einer Mitarbeiterin oder eines Mitarbeiters und ihrer bzw. seiner Empfehlungen. Zudem kann ein solches, gemeinsam erstelltes Service-Angebot die Kooperation des Herstellers mit dem Händler stärken.

Literatur

Blut, M., Teller, C., & Floh, A. (2018). Testing retail marketing-mix effects on patronage: A meta-analysis. *Journal of Retailing, 94*(2), 113–135. https://doi.org/10.1016/j.jretai.2018.03.001.

Campbell, D., & Frei, F. (2010). Cost structure, customer profitability, and retention implications of self-service distribution channels: Evidence from customer behavior in an online banking channel. *Management Science, 56*(1), 4–24. https://doi.org/10.1287/mnsc.1090.1066.

Dabholkar, P. A. (1996). Consumer evaluations of new technology-based self-service options. An investigation of alternative models of service quality. *International Journal of Research in Marketing, 13*(1), 29–51. https://doi.org/10.1016/0167-8116(95)00027-5.

El Azhari, J., & Bennett, D. (2015). Omni-channel customer experience: An investigation into the use of digital technology in physical stores and its impact on the consumer's decision-making process. *XXIV AEDEM International Conference London*, S. 1–13. http://www.researchgate.net/publication/299430656_Omni-channel_customer_experience_An_investigation_into_the_use_of_digital_technology_in_physical_stores_and_its_impact_on_the_consumer's_decision-making_process. Zugegriffen: 26. Okt. 2020.

Flavián, C., Gurrea, R., & Orús, C. (2016). Choice confidence in the webrooming purchase process. The impact of online positive reviews and the motivation to touch. *Journal of Consumer Behaviour, 15*(5), 459–476. https://doi.org/10.1002/cb.1585.

Friestad, M., & Wright, P. (1994). The persuasion knowledge model: How people cope with persuasion attempts. *Journal of Consumer Research, 21*(1), 1–31. https://doi.org/10.1086/209380.

Geissler, H. (2015). BrandIndex. Welcher Baumarkt die kompetentesten Mitarbeiter hat. *Wirtschaftswoche.* http://www.wiwo.de/unternehmen/handel/brandindex-welcher-baumarkt-diekompetentesten-mitarbeiter-hat/11954956.html. Zugegriffen: 26. Okt. 2020.

Giebelhausen, M., Robinson, S. G., Sirianni, N. J., & Brady, M. K. (2014). Touch versus tech: When technology functions as a barrier or a benefit to service encounters. *Journal of Marketing, 78*(4), 113–124. https://doi.org/10.1509/jm.13.0056.

Homburg, C., Schäfer, H., & Schneider, J. (2016). *Sales Excellence. Vertriebsmanagement mit System* (8., vollständig überarbeitete und erweiterte Aufl.). Springer Gabler.

Jansen, J., & Heeg, T. (2018). Cebit 2018: Deutsche Angst vor neuen Technologien? *Frankfurter Allgemeine Zeitung.* http://www.faz.net/aktuell/wirtschaft/cebit/deutsche-angst-vor-neuen-technologien-15636609.html. Zugegriffen: 26. Okt. 2020.

Kirmani, A., & Campbell, M. C. (2004). Goal seeker and persuasion sentry: How consumer targets respond to interpersonal marketing persuasion. *Journal of Consumer Research, 31*(3), 573–582. https://doi.org/10.1086/425092.

Kolf, F. (2019). Der Einzelhandel droht 2019 zum Opfer der Digitalisierung zu werden. *Handelsblatt.* http://www.handelsblatt.com/unternehmen/handel-konsumgueter/handelsblatt-branchencheck-der-einzelhandel-droht-2019-zum-opfer-der-digitalisierung-zu-werden/23820150.html. Zugegriffen: 26. Okt. 2020.

Lee, H.-J. (2015). Consumer-to-store employee and consumer-to-self-service technology (SST) interactions in a retail setting. *International Journal of Retail & Distribution Management, 43*(8), 676–692. https://doi.org/10.1108/IJRDM-04-2014-0049.

Lobaugh, K., & Ohri, L. (2016). Navigating the new digital divide. A global summary of findings from nine countries on digital influence on retail. *Deloitte.* www2.deloitte.com/content/dam/Deloitte/global/Documents/Consumer-Business/gx-cb-global-digital-divide.pdf. Zugegriffen: 26. Okt. 2020.

Neslin, S. A., Grewal, D., Leghorn, R., Shankar, V., Teerling, M. L., Thomas, J. S., & Verhoef, P. C. (2006). Challenges and opportunities in multichannel customer management. *Journal of Service Research, 9*(2), 95–112. https://doi.org/10.1177/1094670506293559.

Reiners, H. (2014). TV-Kritik WDR-Markencheck Obi: Ein Mitarbeiter auf 2000 Quadratmetern. *Handelsblatt.* http://www.handelsblatt.com/unternehmen/handel-konsumgueter/tv-kritik-wdr-markencheck-obi-ein-mitarbeiter-auf-2000-quadratmetern/9730702.html. Zugegriffen: 26. Okt. 2020.

Rust, R. T., & Huang, M.-H. (2014). The service revolution and the transformation of marketing science. *Marketing Science, 33*(2), 206–221. https://doi.org/10.1287/mksc.2013.0836.

Scherer, A., Wünderlich, N. V., & von Wangenheim, F. (2015). The value of self-service: Long-term effects of technology-based self-service usage on customer retention. *Management Information Systems Quarterly, 39*(1), 177–200. https://doi.org/10.25300/MISQ/2015/39.1.08.

Sopadjieva, E., Dholakaia, U., & Benjamin, B. (2017). A study of 46,000 shoppers shows that omnichannel retailing works. *Harvard Business Review.* https://hbr.org/2017/01/a-study-of-46000-shoppers-shows-that-omnichannel-retailing-works. Zugegriffen: 26. Okt. 2020.

Spreer, P. (2013). Die Digitalisierung des PoS. Ein Leitfaden zur Implementierung innovativer In-Store-Medien. *Marketing Review St. Gallen, 30*(5), 48–59. https://doi.org/10.1365/s11621-013-0277-z.

van Doorn, J., Mende, M., Noble, S. M., Hulland, J., Ostrom, A. L., Grewal, D., & Petersen, J. A. (2016). Domo Arigato Mr. Roboto: Emergence of automated social presence in organizational frontlines and customers' service experiences. *Journal of Service Research, 20*(1), 43–58. https://doi.org/10.1177/1094670516679272.

Verhoef, P. C., Neslin, S. A., & Vroomen, B. (2007). Multichannel customer management: Understanding the research-shopper phenomenon. *International Journal of Research in Marketing, 24*(2), 129–148. https://doi.org/10.1016/j.ijresmar.2006.11.002.

Weishaupt, G. (2018). Kunden wünschen sich Beratung. Für manche Dinge gehen Kunden lieber ins Geschäft als an den Computer. Der stationäre Handel kann vor allem mit guten Konzepten überzeugen. *Handelsblatt*. http://www.handelsblatt.com/unternehmen/handel-konsumgueter/einzelhandel-kunden-wuenschen-sich-beratung/23148168.html. Zugegriffen: 26. Okt. 2020.

Xu, K., Chan, J., Ghose, A., & Han, S. P. (2017). Battle of the channels: The impact of tablets on digital commerce. *Management Science, 63*(5), 1469–1492. https://doi.org/10.1287/mnsc.2015.2406.

Prof. Dr. Marco Schwenke ist Professor für Marketing, Vertrieb und Quantitative Methoden an der EBZ Business School – University of Applied Sciences, Vertriebler und Verkaufstrainer. Schwerpunkte seiner bisherigen Forschung liegen in den Bereichen (Preis-)Verhandlungen, persönlicher Verkauf und Digitalisierung.

Martin Haupt ist Doktorand im Marketing und Verkaufsmanagement an der Justus-Liebig-Universität in Kooperation mit der Technischen Hochschule Mittelhessen. Schwerpunkte seiner bisherigen Forschung liegen in den Bereichen Konsumentenverhalten gegenüber digitalen Applikationen, wie z. B. Künstliche Intelligenz oder Chatbots, und interaktive Sales-Strategien.

 **Marcel Rosenow** ist Omnichannel/E-Commerce Application Manager bei der Wolford AG in Bregenz (Österreich). Dort beschäftigt er sich mit der Umsetzung und Optimierung einer Omnichannel-Systemarchitektur nach den MACH-Kritierien. Im Rahmen seines Masterstudiums an der University of Europe for Applied Sciences forschte er zu den Themen Onlinehandel und Omnichannel-Management.

Erfolgreich mit Social Media Influencern arbeiten – Ergebnisse einer Online-Studie

11

Frithiof Svenson und Markus A. Launer

Inhaltsverzeichnis

11.1	Worin erkennen Manager die Voraussetzungen von digitalem Vertrauen bei Social Media Influencern (SMI)?	146
11.2	Problemstellung und Forschungsfragen	146
11.3	Theoretische Einordnung	147
11.4	Methodik	148
11.5	Diskussion der Ergebnisse	150
Anhang		155
Literatur		158

Zusammenfassung

Laut jüngerer Studien bedarf das Sales Enablement Verbesserungen und/oder einer Neuausrichtung hinsichtlich der Zusammenarbeit mit Management und Marketing. Das wesentliche Ziel der Arbeit mit Social Media Influencern (SMI) ist die Generierung von kundenorientierten Inhalten. Studien haben gezeigt, dass Kundinnen und Kunden Empfehlungen deutlich mehr Vertrauen entgegenbringen als klassischer

---

F. Svenson (✉)
UiT The Arctic University of Norway,
Tromsø, Norwegen
E-Mail: frithiof.svenson@uit.no

M. A. Launer
Ostfalia Hochschule für angewandte Wissenschaften, Suderburg, Deutschland
E-Mail: m-a.launer@ostfalia.de

© Der/die Autor(en), exklusiv lizenziert an Springer Fachmedien Wiesbaden GmbH, ein Teil von Springer Nature 2022
J. Westphal et al. (Hrsg.), *Sales Enablement als Fundament des Vertriebserfolgs*, FOM-Edition, https://doi.org/10.1007/978-3-658-37614-7_11

Werbung oder Testberichten. Die Darstellung der Arbeit mit SMI stellt somit eine sinnvolle Ergänzung des Sales Enablements dar. Die Zusammenarbeit mit SMI kann Vertriebsorganisationen dabei helfen, Erfolge zu generieren. In diesem Beitrag wird der diesen Interaktionen vorangestellte Prozess der Organisation der Beziehung zwischen SMI und Unternehmen durch eine empirische Erhebung bei Social-Media-Managern untersucht.

11.1 Worin erkennen Manager die Voraussetzungen von digitalem Vertrauen bei Social Media Influencern (SMI)?

Für das Sales Enablement sollen kundenorientierte Inhalte generiert werden. Mit Hilfe von SMI können vielfältige Ziele erreicht werden. Sie reichen von einer gesteigerten Markenbekanntheit bis hin zu einem stärkeren sozialen Engagement für eine Marke. Dies kann den Markenwert und den Vertriebserfolg steigern (vgl. Sudha & Sheena, 2017). SMI können Superfans von Marken und Power User innerhalb bestehender Communities sein (vgl. Svenson, 2018, 2019). Für Managerinnen und Manager ist jedoch zunächst zu prüfen, ob die Voraussetzungen von digitalem Vertrauen gegeben sind. Digitales Vertrauen stellt eine wichtige Voraussetzung für Interaktionen online dar (vgl. Marcial & Launer, 2019; Svenson et al., 2020a, b). Die Generierung von digitalem Vertrauen zwischen Kunde oder Kundin und Vertriebsorganisation durch SMI wird als Teilbereich des Sales Enablements (vgl. Matthews & Schenk, 2018) betrachtet. SMI erhalten digitales Vertrauen von Organisationen und Followern. Die SMIs werden von ihren Anhängerinnen und Anhängern als vertrauenswürdige, inspirierende Expertinnen und Experten und Meinungsbildende angesehen (vgl. Ancillai et al., 2019; Harrigan et al., 2021). Sie entwickeln Popularität in Form einer relevanten Anzahl von Anhängerinnen und Anhängern, auf die sie mittels diverser Social-Media-Plattformen zugreifen können (vgl. Freberg et al., 2011; Carter, 2016). Diese Eigenschaften machen sie für die Vertriebsorganisation wertvoll, weil sie Zugang zu (vor allem jüngeren) Kundinnen und Kunden haben, die sonst nur schwer über herkömmliche Medien erreichbar sind (vgl. Chatzigeorgiou, 2017; Lin et al., 2018). Inzwischen hat jeder Kunde bzw. jede Kundin ein größeres Potenzial, die Kaufentscheidungen anderer Kundinnen und Kunden zu beeinflussen (vgl. Kumar et al., 2010).

11.2 Problemstellung und Forschungsfragen

Die CSO Insights 2017 Sales Enablement Optimization Study zeigt: wenn Sales Enablement mit Marketing zusammen agiert, ist der Erfolg größer (vgl. Matthews & Schenk 2018, S. 148). Oft wird jedoch noch nicht ausreichend davon Gebrauch gemacht (vgl. Matthews & Schenk, 2018, S. 149). Die Generierung kundenorientierter Inhalte zählt zu den Hürden, die genommen werden müssen (vgl. Lemon & Verhoef, 2016).

Die Arbeit mit SMI ergänzt vor diesem Hintergrund das Feld des Sales Enablements, um auf diesem Wege zusätzlich kundenzentrierten Inhalt zu schaffen. Eine Reihe von Problemfeldern ergeben sich gerade für Organisationen, welche im Rahmen eines Sales Enablements erstmalig Ressourcen in die Arbeit mit SMI einbringen möchten. Für diesen Beitrag werden die Herausforderungen für Vertriebsorganisationen bei der Auswahl von SMI und die Beziehungsgestaltung mit ihnen betrachtet.

Die Auswahl der richtigen SMI ist für viele Unternehmen laut den meisten Studien noch immer die größte Herausforderung. Für den Erfolg des Sales Enablements mit Hilfe von SMI ist die Auswahl des passenden SMIs allerdings besonders ausschlaggebend (vgl. Leinemann, 2011). Nur wenn die SMI zum Leitbild eines Produkts oder eines Unternehmens passen, kann die richtige Wirkung erzielt werden. Um die Eignung eines SMIs festzustellen, sollten quantitative und qualitative Analysen durchgeführt werden (vgl. Firsching, 2015).

Wurden die passenden SMI für das Unternehmen oder die Kampagne gefunden, ist der nächste Schritt mit diesen in Kontakt zu treten (vgl. Gerstenberg & Gerstenberg, 2017). Viele Studien machen deutlich, dass die meisten Kooperationen bereits an der falschen Ansprache oder später am falschen Umgang mit den SMI scheitern. Um die passenden SMI für das Unternehmen und die Marke zu begeistern, ist ein strukturierter Beziehungsaufbau essentiell und braucht vor allem Feingefühl, echtes Interesse und den Willen zum individuellen Dialog (vgl. Leinemann, 2011; Gerstenberg & Gerstenberg, 2017). Als Erfolgsursachen gelten hier: Persönlicher Kontakt und langfristige Beziehungen. Als Basis für eine erfolgreiche Zusammenarbeit ist der persönliche und authentische Kontakt zu den möglichen Kooperationspartnern bedeutsam, um die Ernsthaftigkeit einer Zusammenarbeit und den damit verbundenen Respekt gegenüber dem SMI zu demonstrieren (vgl. Leinemann, 2011). Unternehmen sollten die Beziehungen zu SMI auch nach Abschluss einer Kampagne pflegen, um auf diese Weise langfristige Kooperationspartner zu gewinnen (vgl. Steinke, 2015).

Vor diesem Hintergrund beantworten wir die folgenden Forschungsfragen: Welche Kriterien der Auswahl sind für die erfolgreiche Arbeit mit einem SMI relevant? Und welche Aspekte der Beziehungsgestaltung haben einen relevanten positiven Effekt auf die Tätigkeit des SMI und damit, auf lange Sicht, auf den Vertriebserfolg?

Demnach wird der Forschungsbedarf in der Influencer-Identifikation, Influencer-Auswahl und Influencer-Relation gesehen (futurebiz.de, 2016). Auf die Erfolgsmessung von Influencer-Projekten wird unter Verweis auf vorhandene Literatur in diesem kurzen Beitrag verzichtet.

11.3 Theoretische Einordnung

Die theoretische Einordnung erfolgt durch eine Durchsicht der Literatur in relevanten, internationalen Zeitschriften mit *double blind peer review*. Verschiedene Aspekte stehen für die Beantwortungen unserer Forschungsfragen in der Literatur zur Verfügung. Für einen Überblick siehe Sundermann und Raabe (2019): In Bezug auf die Identifizierung

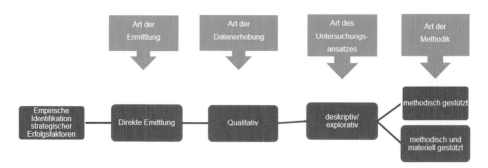

Abb. 11.1 Darstellung der Methode der empirischen Untersuchung. (Quelle: Eigene Darstellung der Autoren in Anlehnung an Schmalen et al., 2006, S. 4)

von SMIs schlagen Araujo et al. (2017), Bakshy et al. (2011), Bokunewicz und Shulman (2017) und Litterio et al. (2017) quantitative Methoden vor und wenden sie an, um einflussreiche Nutzer in sozialen Online-Netzwerken unter Verwendung von Faktoren wie der Influencer-Positionierung (z. B. durch Eigenvektor berechnet), Zentralität und Zwischen-Zentralität sowie Engagement (z. B. Kommentare) ausfindig zu machen.

Aus der Literatur geht hervor, dass sich nur wenige Artikel mit der Frage befassen, wie die Kommunikation der SMI aus Sicht einer Organisation gestaltet werden kann. Unternehmen streben eine Zusammenarbeit mit SMI an, um digitales Vertrauen zwischen Verbrauchern und ihrer Marke aufzubauen (vgl. Sundararajan, 2019). Dieser Beitrag stützt sich auf Ergebnisse einer empirischen Untersuchung (siehe Abb. 11.1) unter Managern im deutschen Social-Media-Dienstleistungssektor (vgl. Launer et al., 2017), um Handlungsempfehlungen für die Unternehmenspraxis zu geben.

11.4 Methodik

Ein wenig erforschtes Gebiet ist bisher der richtige Umgang und die Ansprache von möglichen SMI. Viele SMI werden von Marketingagenturen betreut; diese Gruppe von Social-Media-Managern standen uns als Experten zur Verfügung. Im Umgang mit SMI haben diese Managerinnen und Manager in unserer Erhebung auch die meisten Antworten gegeben.

Expertinnen und Experten im Online-Marketing wurden mit methodischer und materieller Unterstützung eines Online-Fragebogens nach den Erfolgsfaktoren in der Beziehungsgestaltung mit SMI gefragt. Eine Online-Befragung ist für die Teilnehmerinnen und Teilnehmer im Vergleich zu anderen Befragungsmethoden oft angenehmer, da sie eine selbstständige Zeiteinteilung gestattet. Der verwendete Fragebogen fragt einerseits anhand von geschlossenen Fragen die Relevanz potenzieller Erfolgsfaktoren ab, die sich aus der Literatursichtung ergeben haben. Andererseits sollen diese Konzepte durch offene, direkte Fragen zu problemfeldspezifischen Erfolgsfaktoren erweitert werden.

Während die Informantinnen und Informanten bei einem offenen Frageformat schriftlich eine eigens formulierte Antwort geben, kreuzen sie bei geschlossenen Fragen die für sie jeweils zutreffende Antwortkategorie an. Offen formulierte Fragen ermöglichen den Teilnehmenden dabei die Freiheit in der Beantwortung, da sie sich nicht an vorgegebene Antwortkategorien halten müssen. Die Datenerhebung erfolgt aufgrund der gewählten Ermittlungsmethode anhand einer qualitativen Analyse. Die qualitativen Expertenaussagen zu den Gelingensbedingungen von Sales Enablement durch die Arbeit mit SMI sollen im Mittelpunkt stehen.

Vor Beginn der empirischen Studie wurde das Datenerhebungsinstrument in einem Pretest an mehreren Studierenden erprobt. Der Pretest sollte in erster Linie überprüfen, inwieweit die vorgesehenen Fragen von den Teilnehmenden überhaupt angenommen und beantwortet werden. Von großer Bedeutung war vor allem das Feedback zu den offenen Fragen. Die Bearbeitungsdauer entsprach dem vorgesehenen Rahmen von zehn Minuten. Aus den offenen Antworten werden Leitfragen formuliert, anhand derer Entscheidende vorab prüfen können, ob die Organisation der Zusammenarbeit mit SMI für sie handhabbar ist.

Bei der Auswahl der Expertinnen und Experten wurde zum einen auf die Zugehörigkeit zu relevanten Branchen (Online-Marketing, Social-Media-Marketing, Content-Marketing etc.) sowie auf die Position bzw. den beruflichen Hintergrund (Online-Marketing-Manager, Social-Media-Berater, Geschäftsführer etc.) der Personen Wert gelegt. Zur Kontaktaufnahme mit den potenziellen Teilnehmerinnen und Teilnehmern kam es über einschlägige soziale Netzwerke wie Xing und Facebook, über die Zugehörigkeit zu relevanten Gruppen in diesen Netzwerken (z. B. „Influencer Marketing Deutschland" auf Facebook), über Foren und zum Großteil auch durch intensiven E-Mail-Kontakt zu Online-Marketing-Expertinnen und -Experten verschiedenster Unternehmen und Agenturen, welche anhand der Unternehmenswebsite ausfindig gemacht machen konnte. Eine deskriptive Charakterisierung der Teilnehmenden der Studie zu allgemeinen Betriebsdaten, Zielen und Zwecken, die in erster Linie entlang von geschlossenen Fragen erhoben wurden, liegt den Autoren vor und ist auf Anfrage verfügbar. Aufgrund des Zuschnitts dieses Beitrags wird auf eine Vorstellung hier verzichtet.

Um die Teilnahme bzw. die Beendigungsquote positiv zu beeinflussen, wurde der Fragenkatalog auf ein hinreichend geringes Maß angelegt, der zur Erfassung der erforderlichen Information ausreicht. Bei der Aussendung des Fragebogenlinks an 412 E-Mail-Adressen kamen bei 11 Adressen Fehlermeldungen zurück. Die Aufbereitung der Daten umfasst die Identifizierung fehlender oder mangelhafter Daten sowie die Strukturierung der subjektiven Antworten zu den offenen Fragen. Die Umfrage wurde letztendlich von 53 Expertinnen und Experten komplett beantwortet, sodass die Rücklaufquote 16,21 % beträgt. Fast 60 % der Informantinnen und Informanten entstammen der Branche von Online-Marketing-Agenturen (siehe Abb. 11.2).

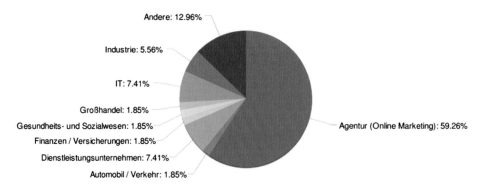

Abb. 11.2 Herkunft der Informanten nach Branche

Im Hinblick auf die Auswertung des erhobenen Materials werden zwei Hauptaspekte hervorgehoben. Betrachtung der Ratings/Häufigkeiten, mit denen die Erfolgsfaktorenrelevanz entlang einer vierstufigen Antwortskala von den Befragten eingestuft worden ist sowie explorative Zusammenfassung und Strukturierung der Aussagen zu weiteren Leitfragen, welche aus den frei formulierten Antworten hervorgingen.

11.5 Diskussion der Ergebnisse

In Kurzform berichten wir von den Antworten unserer Informanten bei den geschlossenen Fragen (siehe Abb. 11.3). Hier zeigt sich: die Identifikation von SMI über soziale Netzwerke wird als besonders wichtig erachtet. Ein weiteres anerkanntes Hilfs-

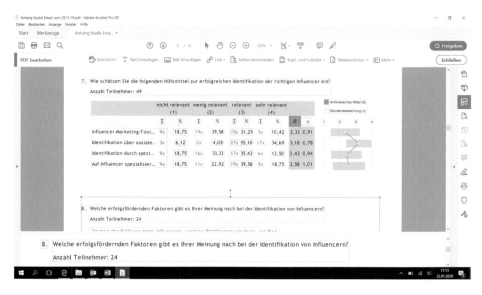

Abb. 11.3 Bedeutung von Hilfsmitteln zur Identifikation von SMI

Tab. 11.1 Antworten auf die Frage „Wie schätzen Sie die folgenden Hilfsmittel zur erfolgreichen Identifikation der richtigen SMI ein?". (Anzahl Teilnehmende: 49)

	Nicht relevant		Wenig relevant		Relevant		Sehr relevant			
	(1)		(2)		(3)		(4)			
	Σ	%	Σ	%	Σ	%	Σ	%	Ø	±
Influencer-Marketing-Tool	9x	18,75	19x	39,58	15x	31,25	5x	10,42	2,33	0,91
Identifikation über soziale Netzwerke	3x	6,12	2x	4,08	27x	55,10	17x	34,69	3,18	0,78
Identifikation durch spezielle Mailing-Listen	9x	18,75	16x	33,33	17x	35,42	6x	12,50	2,42	0,94
Auf SMI spezialisierte Agenturen	9x	18,75	11x	22,92	19x	39,58	9x	18,75	2,58	1,01

mittel sind auf Influencer spezialisierte Agenturen. Eine moderate Zustimmung fand weiterhin das Influencer-Marketing-Tool und die Identifikation durch spezielle Mailing-Listen (siehe Tab. 11.1).

Bei unserer Frage: „Wie relevant sind aus Ihrer Sicht die folgenden Faktoren für die Auswahl der richtigen Influencer?" (siehe Abb. 11.4) wurden die Faktoren Glaubwürdigkeit und die Zielgruppenrelevanz am häufigsten genannt (siehe Tab. 11.2.)

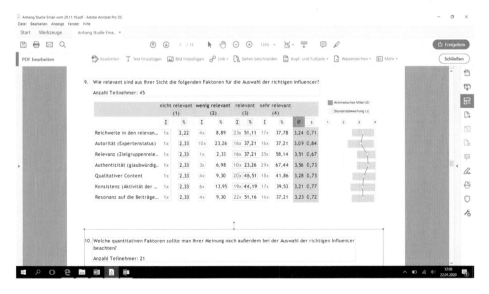

Abb. 11.4 Relevanz von Faktoren für die Auswahl von SMI

Tab. 11.2 Antworten auf die Frage „Wie relevant sind aus Ihrer Sicht die folgenden Faktoren für die Auswahl der richtigen Influencer?". (Anzahl Teilnehmende: 45)

	Nicht relevant (1)		Wenig relevant (2)		Relevant (3)		Sehr relevant (4)			
	Σ	%	Σ	%	Σ	%	Σ	%	Ø	±
Reichweite in den relevanten Kanälen	1x	2,22	4x	8,89	23x	51,11	17x	37,78	3,24	0,71
Autorität (Expertenstatus)	1x	2,33	10x	23,26	16x	37,21	16x	37,21	3,09	0,84
Relevanz (Zielgruppenrelevanz)	1x	2,33	1x	2,33	16x	37,21	25x	58,14	3,51	0,67
Authentizität (glaubwürdig)	1x	2,33	3x	6,98	10x	23,26	29x	67,44	3,56	0,73
Qualitativer Content	1x	2,33	4x	9,30	20x	46,51	18x	41,86	3,28	0,73
Konsistenz (Aktivität der Follower)	1x	2,33	6x	13,95	19x	44,19	17x	39,53	3,21	0,77
Resonanz auf die Beiträge	1x	2,33	4x	9,30	22x	51,16	16x	37,21	3,23	0,72

Durch die offenen Antworten auf die Fragen: „Welche qualitativen Faktoren sollte man Ihrer Meinung nach außerdem bei der Auswahl der richtigen Influencer beachten?" (22 Antworten), und „Was sind für Sie außerdem erfolgsfördernde Faktoren bei der Ansprache und dem Umgang mit Influencern?" (19 Antworten) können wir bislang weniger bekannte Gelingensbedingungen erkennen.

Die Antworten werden in Abb. 11.5 zu Leitfragen aggregiert.

Abb. 11.5 Weitere Leitfragen für die Arbeit mit SMI

Handlungsempfehlung 1: Zielgruppe definieren, Eignung der Arbeit mit SMI prüfen und mit den durch die SMI erreichbaren Gruppen abgleichen

Kommunikationskampagnen richten sich an eine möglichst homogene Zielgruppe. Dies gilt insbesondere für die Arbeit mit SMI. Daher muss definiert werden, an wen sich das Produkt richtet und wie diese Zielgruppe erreicht werden kann. Eignet sich das Produkt für die Arbeit mit SMI, muss die Zielgruppe mit den durch SMI erreichbaren Personen übereinstimmen.

Handlungsempfehlung 2: Ziele und Phasen für die Arbeit mit SMI definieren

Für die Arbeit mit SMI müssen alle Phasen mit konkreten Zielen der Zusammenarbeit mit dem SMI definiert werden. Dieser Schritt ist notwendig, damit sowohl das Unternehmen eine klare Linie gegenüber SMI verfolgt, als auch die SMI sich bewusst sind, was das Unternehmen erwartet. Hierzu sollte die Art der Kampagne definiert werden. Es muss eindeutig herausgestellt werden, ob es sich um Produkttests, -präsentationen oder eine reine Imagebildungskampagne handelt und wie die Ziele konkret aussehen. SMI werden für alle genannten Bereiche eingesetzt. Diese unterscheiden sich jedoch stark, sodass es umso wichtiger ist es, die Ziele und Phasen für jeden Zweck eigenständig zu definieren.

Handlungsempfehlung 3: Identifikation passender Influencer und Auswahl nach Kennzahlen

Die Auswahl der richtigen SMI erweist sich als eine der höchsten Hürden. Die Identifikation erfolgt hauptsächlich über die eigene Beobachtung der Social-Media-Kanäle. Agenturen und spezialisierte Plattformen werden systematisch unterschätzt. Allerdings bieten insbesondere Agenturen eine Chance, da viele SMI mit Agenturen zusammenarbeiten. Die Agentur kann bei der zielgerichteten Anbahnung der Kontakte behilflich sein.

Die konkrete Auswahl des SMI sollte nach einem systematischen Schema erfolgen. Im Vorhinein sollten relevante Kennzahlen aufgestellt werden, anhand derer mögliche Partner ausgewählt werden. Insbesondere die Reichweite, die Aktivitäten und die Reaktion der Community auf die SMI sind gute Indikatoren. Eine Beschränkung auf den Faktor Reichweite sollte unbedingt vermieden werden. Der Kontakt mit dem SMI sollte auf persönlicher und professionaler Basis stattfinden.

Handlungsempfehlung 4: Kompatibilität des SMI mit der eigenen Marke
Neben der Kennzahl Reichweite ist die Kompatibilität des SMI mit der eigenen Marke und dem beworbenen Produkt unabdingbar. Die Bewertung des SMI sollte die Kriterien Autorität, Relevanz, Authentizität, qualitativer Content, Konsistenz, Resonanz und Engagement umfassen. Nur wenn der SMI die Werte des Unternehmens vertritt und nach außen widerspiegelt, lässt sich digitales Vertrauen zwischen dem Unternehmen und den potenziellen Kundinnen und Kunden aufbauen.

Handlungsempfehlung 5: SMI-Kampagnen evaluieren und den Erfolg messen
Die Evaluation der Arbeit mit SMI kann mit klassischen Tools und Kennzahlen aus dem Marketing gemessen werden, sollte jedoch um spezifische Faktoren des Social Media Monitoring (Key-Performance-Indikatoren) ergänzt werden. Mithilfe von Analytics Tools lässt sich ermitteln, wie viele Besucherinnen und Besucher die Kanäle aufgrund der SMI-Kampagne besucht haben. Mithilfe dieser Methodik lassen sich jedoch nur die harten Faktoren, wie z. B. Anzahl der Klicks und Likes messen.

Die Handlungsempfehlungen sind deskriptiver und eher anwendungsorientierter Natur. Für eine umfassende Analyse und Handlungsempfehlungen, wie die Vertrauensbildung zwischen dem Unternehmen, dem Produkt, dem SMI und der Zielgruppe gelingt, ist ein tiefes Verständnis des Vertrauensbildungsprozesses notwendig. Daher braucht es umfangreiche, explorative Versuche. Denkbar ist, dass die Simulation von Käufen und die Interaktion der Probanden mit sozialen Medien in einer Laborumgebung unter Beobachtung tiefgreifende Erkenntnisse über den Prozess der digitalen Vertrauensbildung offenbart. Das Sales Enablement wird auf den Wandel des Kauf-Verkaufs-Zyklus nur vorbereitet sein, wenn erfolgreiche Vertriebsprofis auch innerhalb von Prozessen agieren, in denen die Kundenorientierung durch SMI professionell gemanagt wird. Weiterer Forschungsbedarf besteht in der Zusammenarbeit zwischen Sales Enablement und Marketing-Funktionen im Kontext von Social Media. Insbesondere die Linearität des Kauf-Verkaufs-Zyklus sollte in diesem Zusammenhang überprüft werden (vgl. Edelman, 2010).

Anhang

Welche erfolgsfördernden Faktoren gibt es Ihrer Meinung nach bei der Identifikation von Influencern?
Anzahl Teilnehmende: 24

- Analyse der Follower eines Influencers, weitere Plattformen wie bspw. ein Blog
- Die Community des Influencers muss genau analysiert werden; Der Stil des Influencers muss zum Unternehmen passen. Der Influencer muss authentisch sein. Der Influencer muss Begeisterung für das Unternehmen zeigen. Die Suche nach relevanten Hashtags geht am Thema vorbei.
- Glaubwürdigkeit
- Flexibilität und Fähigkeit die Werbebotschaft in die eigene Themenwelt zu übertragen
- vorhandene Best Cases
- Followeranzahl; Contentspezifität; Engagement rate
- Persönliches Kennenlernen der Influencer ist Pflicht, um die richtigen Influencer zu identifizieren, sie zu binden und eine langfristige geschäftliche Partnerschaft einzugehen. Man darf sich nicht nur auf Plattformen und Tools verlassen.
- Insgesamt ist der Blick auf das Engagement des Influencers und dessen Inhalte wichtig.

Frage 1: Passen die Inhalte zu meiner Marke?

Frage 2: Ist die Community des Influencers nicht nur groß, sondern auch aktiv?

- Letzteres beantwortet ein Blick auf das Verhältnis zwischen Followern und Kommentaren/Likes. Alles in der Nähe von 5 % Likes/Comments in Relation zu der Zahl der Follower ist extrem gut.
- Post Engagements, Kommentare unter dem Post (ob Echte oder Bots), wo wohnen Follower der Influencer, manuelle Suche oder z. B. mit Tools wie InfluencerDB oder Wizztracker
- passend zur Marke und zu den gesuchten Usern (Persönlichkeit des Influencers, Posts, Art und Weise der Interaktion mit anderen Usern)
- gezielte und passende Reichweite der Influencer (eventuell sogar Micro-Influencer, dafür aber nachhaltiger und gezielter)
- fachliche und soziale Kompetenz, Netzwerke, Tools
- Man sollte sich an Expertinnen und Experten wenden, die sich in der Branche auskennen. Es gibt ein Vielfaches an Faktoren, die berücksichtigt werden sollten. Ohne Kenntnisse des Themas wird eine Kampagne nicht erfolgreich sein.
- Influencer sollten persönlich und nicht durch sogenannte Influencer-Marktplätze ausgesucht werden. Die richtige Auswahl ist zu komplex, als sie einem Algorithmus zu unterwerfen.

- Persönliche Kenntnis der Key Player nach Branchen, semantische Kontextanalyse, individuelle Bewertung hinsichtlich qualitativer (Schreibstil, Umfeld, Interaktionsraten…) und quantitativer Faktoren (Reichweite, etc.)
- Reichweite, Follower, Keywords
- Hashtags, Keywords, Verknüpfungen (abonnierte Kanäle und Vorschläge)
- Engagement-Rate, Themengebiet, Demographien der Zielgruppen, Qualität des Contents
- Gute Kontakte, Marktüberblick, klassische Channel Recherche, mit Kollegen sprechen
- Thematisch passendes Portfolio des Influencers, Nischen-Influencer, maximal mittelgroße Reichweite (fünfstelliger Bereich)
- Auf das Engagement achten
- Recherche nach Hashtags, Nische und Location
- Es kommt darauf an, welche Ziele verfolgt werden seitens des Unternehmens
- Suche nach relevanten Hashtags und Themen
- Gezielte Suche nach #s, Match der Zielgruppe von Influencer zu Produkt/Marke, Match Tonality Influencer und Produkt Marke, Reichweite und Impact auf Zielgruppe, Bekanntheit/Relevanz des Produkts/der Marke (wenn man sich dem Influencer über soziale Kanäle nähert…)
- Wichtig ist nicht die Anzahl der Fans etc., sondern das Ausmaß der Interaktion (z. B. werden Beiträge auch kommentiert?)
- Qualität vor Quantität

Welche qualitativen Faktoren sollte man Ihrer Meinung nach außerdem bei der Auswahl der richtigen Influencer beachten?

Anzahl Teilnehmende: 22

- Persönlichkeit muss zum Unternehmen passen. Der Influencer muss zum Fan des Unternehmens werden.
- Passender Feed/Influencer als Person (Alter, Interessen etc.) zu meinem Produkt, meiner Marke, meinem Thema
- Inhalt
- Authentischer Content, Engagement gegenüber den „Fans"
- Engagement
- Die Tonalität z. B. auf einem Blog; Wie vernetzt ist der Influencer?
- Markenfit und Engagement-Rate
- Engagement, Persönlichkeit, Inhalt
- Starke, glaubwürdige Inhalte
- Qualitative Umsetzung und kreative Ideen. Ein Blick auf bisherige Kooperation ist ein schneller Weg, um zu sehen, ob der Influencer plumpes Product Placement macht oder kreative Inhalte schafft.

- Schreibstil, Bildästhetik, Video Formate
- Passung zur Markenbotschaft
- Persönlichkeit (respektive Markenbild), generalistisches oder spitzes Themenspektrum, Präferenz in der Umsetzung von Kooperationen (explizit – Hauls, Produktvorstellung, Gewinnspiel o.ä.; implizit – Product Placement)
- Markenwerte müssen passen und der Influencer muss qualititativ hochwertigen Content produzieren.
- Professionalität, Zuverlässigkeit, Brand Fit
- Glaubwürdigkeit (trotz Kenntnis, dass es sich um bezahlte Inhalte handelt), Transparenz zu Influencer-Auftraggeber-Beziehung, thematisch relevante Faktoren (Seriosität, Expertenwissen)
- Tonalität, Wertvorstellung, Lebensstil
- Es kommt auf die Zielsetzung des Kunden an.
- Sympathie in der Stimme
- Zielgruppenrelevanz, Themenrelevanz, Kooperationsbereitschaft,
- Siehe o.g.
- Expertise in dem Bereich
- Sympathie/Bindung an das Produkt/Unternehmen →; erzielen einer langfristigen Zusammenarbeit
- Der Influencer muss zu der Zielgruppe des beworbenen Produkts passen. Ein Influencer, der z. B. im Reisebereich stark ist und dann für Nivea etwas postet, wäre nicht unbedingt ideal.

Was sind für Sie außerdem erfolgsfördernde Faktoren bei der Ansprache und dem Umgang mit Influencern?
Anzahl Teilnehmende: 19

- Geld
- Fordern und fördern, Professionalität, Begeisterung für das Unternehmen wecken
- Übereinstimmung/Schnittmengen zwischen Influencer Content/Interessen und meinem Produkt/Unternehmen; Persönlicher Umgang, Influencern ihre kreative Freiheit in gewissem Maße lassen (sie wissen am besten, was bei ihren Lesern/Followern gut ankommt), kreativer Austausch
- Wichtig ist, den Influencern von Anfang an den Mehrwert der Kooperation mitzuteilen, welchen sie haben bzw. bekommen. Den Influencern sollte ein Rahmen geboten werden, die Hauptziele der Zusammenarbeit sollten mitgeteilt werden. Den Influencern sollte jedoch stets ein kreativer Freiraum gelassen werden, innerhalb dessen die Ziele umgesetzt werden können.
- Gute langfristige Beziehungen können immer wieder interessante Projekte generieren. Es sollte darauf gehört werden, welche Projekte die Influencer gerne machen würden.

- Persönliche Ansprache, Beziehung/in Kontakt bleiben, Influencer-Ziele verstehen und versuchen, dass der Kunde oder die Kundin (z. B. Vertriebsorganisationen) zufrieden mit dem Deal sind, den Influencern Freiheit geben, damit sie selbst entscheiden können, wie sie das Produkt am besten bewerben.
- Gemeinsame Definition der Zielsetzung, nachhaltige Zusammenarbeit, klare Bezeichnung der beworbenen Produkte, Art der Herangehensweise der Influencer an die gesetzten Ziele
- Man sollte sich Bewusst machen, dass es sich um Privatpersonen handeln, die gerne mal eine E-Mail überlesen, krank sind oder noch einen Vollzeitjob haben. Man kann Werbung nicht einfach „einbuchen".
- Begeisterung für ein Projekt, Relevanz für die Zielgruppe des Influencers, Freiheit in der Ausgestaltung der Beiträge; persönlicher Kontakt sehr förderlich, jedoch reicht ein Telefongespräch meist aus; Transparenz, Vertrauen in und Respekt für die Arbeit/Umsetzung; Bedürfnisse in der Projektbegleitung erkennen
- Offener Umgang, Transparenz in den Budgets
- Freiraum in der Umsetzung durch die Influencer
- Gute Kenntnisse des Blogs sind erforderlich
- Die Zusammenarbeit mit Influencern sollte immer auf Augenhöhe geschehen
- Als Motivatoren zusätzlich insights, specials etc. anbieten, d. h. Vorteile, in deren Genuss die Influencer so nicht kommt
- Influencer sollten möglichst authentisch sein und sich von der Masse abheben

Literatur

Ancillai, C., Terho, H., Cardinali, S., & Pascucci, F. (2019). Advancing social media driven sales research: Establishing conceptual foundations for B-to-B social selling. *Industrial Marketing Management, 82*, 293–308. https://doi.org/10.1016/j.indmarman.2019.01.002.

Araujo, T., Neijens, P., & Vliegenthart, R. (2017). Getting the word out on twitter: The role of influentials, information brokers and strong ties in building word-of-mouth for brands. *International Journal of Advertising, 36*(3), 496–513. https://doi.org/10.1080/02650487.2016.1173765.

Bakshy, E., Hofman, J. M., Mason, W. A., & Watts, D. J. (2011). Everyone's an influencer: Quantifying influence on twitter. In I. King, W. Nejdl, & H. Li (Hrsg), *Proceedings of the fourth ACM international conference on Web search and data mining – WSDM '11* (S. 65–74). ACM Press. https://doi.org/10.1145/1935826.1935845.

Bokunewicz, J. F., & Shulman, J. (2017). Influencer identification in twitter networks of destination marketing organizations. *Journal of Hospitality and Tourism Technology, 8*(2), 205–219. https://doi.org/10.1108/JHTT-09-2016-0057.

Carter, D. (2016). Hustle and Brand: The sociotechnical shaping of influence. *Social Media + Society, 2*(3), 1–12. https://doi.org/10.1177/2056305116666305.

Chatzigeorgiou, C. (2017). Modelling the impact of social media influencers on behavioural intentions of millennials: The case of tourism in rural areas in Greece. *Journal of Tourism, Heritage & Services Marketing, 3*(2), 25–29. https://doi.org/10.5281/ZENODO.1209125.

Edelman, D. C. (2010). Branding in the digital age. *Harvard Business Review, 88*(12), 62–69.

Firsching, J. (2015). „Mehr als Product Placement: Das Potenzial von Influencer Marketing" 2015. https://www.futurebiz.de/artikel/macht-der-influencer-potenzial-influencer-marketing/. Zugegriffen: 14. Febr. 2019.

Freberg, K., Graham, K., McGaughey, K., & Freberg, L. (2011). Who are the social media influencers? A study of public perceptions of personality. *Public Relations Review, 37*(1), 90–92. https://doi.org/10.1016/j.pubrev.2010.11.001.

futurebiz.de (2016). „Influencer Marketing Leitfaden", http://www.futurebiz.de/leitfaden-influencer-marketing/. Zugegriffen: 14. Dec. 2019.

Gerstenberg, F., & Gerstenberg, C. (2017). *Quick guide social relations. PR-Arbeit mit Bloggern und anderen Multiplikatoren im Social Web.* Springer Gabler.

Harrigan, P., Daly, T. M., Coussement, K., Lee, J. A., Soutar, G. N., & Evers, U. (2021). Identifying influencers on social media. *International Journal of Information Management, 56,* 102246. https://doi.org/10.1016/j.ijinfomgt.2020.102246.

Kumar, V., Aksoy, L., Donkers, B., Venkatesan, R., Wiesel, T., & Tillmans, S. (2010). Undervalued or overvalued customers: Capturing total customer engagement value. *Journal of Service Research, 13*(3), 297–310.

Launer, M. A., Rudnick, M., & Schneider, D. (2017). Influencer marketing – Eine empirische Untersuchung der Erfolgsfaktoren. *Suderburger Arbeitspapiere für Handel & Logistik Nr 3.* Ostfalia, Hochschule für Angewandte Wissenschaften. https://www.researchgate.net/publication/337415184_Suderburger_Arbeitspapiere_fur_Handel_Logistik_Nr_3_Influencer_Marketing_-_Eine_empirische_Untersuchung_der_Erfolgsfaktoren_Autoren.

Leinemann, R. (2011). *IT-Berater und soziale Medien. Wer beeinflusst Technologiekunden?* Springer.

Lemon, K. N., & Verhoef, P. C. (2016). Understanding customer experience throughout the customer journey. *Journal of Marketing, 80*(6), 69–96.

Lin, H.-C., Bruning, P. F., & Swarna, H. (2018). Using online opinion leaders to promote the hedonic and utilitarian value of products and services. *Business Horizons, 61*(3), 431–442. https://doi.org/10.1016/j.bushor.2018.01.010.

Litterio, A. M., Nantes, E. A., Larrosa, J. M., & Gómez, L. J. (2017). Marketing and social networks: A criterion for detecting opinion leaders. *European Journal of Management and Business Economics, 26*(3), 347–366. https://doi.org/10.1108/EJMBE-10-2017-020.

Marcial, D. E., & Launer, M. A. (2019). Towards the measurement of digital trust in the workplace: A proposed framework. *International Journal of Scientific Engineering and Science, 3*(12), 1–7.

Matthews, B., & Schenk, T. (2018). *Sales enablement: A master framework to engage, equip, and empower a world-class sales force.* Wiley.

Schmalen, C., Kundert, M., & Weindlmaier H. (2006). Erfolgsfaktorenforschung: Theoretische Grundlagen, methodische Vorgehensweise und Anwendungsverfahren in Projekten für die Ernährungsindustrie. Proceedings *Schriften der Gesellschaft für Wirtschafts-und Sozialwissenschaften des Landbaues e.V., 41*(874-2017-878), 351–362.

Steinke, L. (2015). *Die neue Öffentlichkeitsarbeit. Wie gute Kommunikation heute funktioniert: Strategien – Instrumente – Fallbeispiele.* Springer.

Sudha, M., & Sheena, K. (2017). Impact of influencers in consumer decision process: The fashion industry. *SCMS Journal of Indian Management, 14*(3), 14–30.

Sundararajan, A. (2019). Commentary: The twilight of brand and consumerism? Digital trust, cultural meaning, and the quest for connection in the sharing economy. *Journal of Marketing, 83*(5), 32–35.

Sundermann, G., & Raabe, T. (2019). Strategic communication through social media influencers: Current state of research and desiderata. *International Journal of Strategic Communication, 13*(4), 278–300. https://doi.org/10.1080/1553118X.2019.1618306.

Svenson, F. (2018). Smartphone crises and adjustments in a virtual P3 community – doing sustainability oriented smartphone consumption. *Journal of Marketing Management, 34*(7–8), 664–693. https://doi.org/10.1080/0267257X.2018.1464495.

Svenson, F. (2019). Repair practices in a virtual smartphone community: Fostering more sustainable usage through branding. *ephemera. theory & politics in organization, 19*(2), 325–344. http://hdl.handle.net/10419/204671.

Svenson, F., Ballová Mikušková, E., & Launer, M. A. (2022). "Credibility and Trust of Information Privacy at the Workplace in Slovakia. The use of Intuition" Journal of Information, Communication & Ethics in Society. https://doi.org/10.1108/JICES-02-2022-0011 (in production)

Svenson, F., Roy Chaudhuri, H., Das, A., & Launer, M. A. (2020). Decision-making style and trusting stance at the workplace: A socio-cultural approach, GeNeMe Symposium (Gemeinschaften in Neuen Medien), Dresden, Germany, 7–9 October 2020. https://www.researchgate.net/publication/342638084_Decision-making_style_and_trusting_stance_at_the_workplace_a_socio-cultural_approach.

Assoc. Prof. Dr. Frithiof Svenson ist Associate Professor for Marine Business Development, Organization and Leadership an der UiT The Arctic University of Norway, The Norwegian College of Fishery Science (NCFS) am Campus Tromsø. Er lehrt seit 2016 Betriebswirtschaftslehre, insbesondere Entrepreneurship, Unternehmensführung und Marketing an der Carl von Ossietzky Universität Oldenburg sowie an der Hochschule Osnabrück. Schwerpunkte seiner Arbeit liegen in den Bereichen Management und Organisation, ökologische Ökonomie sowie Förderung von Intuition in KMU.

Prof. Dr. Markus A. Launer ist Professor für ABWL und Dienstleistungsmanagement an der Ostfalia Hochschule für angewandte Wissenschaften am Campus Suderburg. Dort sind seine Schwerpunktgebiete zudem e-Business, International Management, Controlling, Finanzierung, ABWL und wissenschaftliches Arbeiten. Zuvor war er an der Hamburg School of Business Administration (HSBA) und der Fresenius Hochschule tätig. Er hat über 20 Jahre Erfahrung aus der Industrie im In- und Ausland sowie in Groß-, Mittel- und Kleinunternehmen, davon 9 Jahre in den USA.

Teil IV

Kooperation zwischen Sales & Marketing/ Cooperation of Sales & Marketing

Aligning marketing and sales functions 12

Klaus Mühlbäck und Enrico Rosenow

Inhaltsverzeichnis

12.1	Objectives	164
12.2	Methodology	164
12.3	Theoretical framework	165
12.4	Major research findings and interpretation in relation to the literature review	167
12.5	Management implications	170
12.6	Outlook	171
References		172

Abstract

Marketing and sales are two functions in B2B businesses that are clearly customer-orientated. Along the buying process, there are various touchpoints where these departments are interacting with each other as well as with the customer. Therefore, even though both departments have individual purposes, their tasks and activities overlap at many stages. In order to guarantee an accurate perception of the company in the market, it is crucial that the two functions work closely and effectively together.

K. Mühlbäck (✉)
International School of Management, München, Deutschland
E-Mail: klaus.muehlbaeck@ism.de

E. Rosenow
Vodafone Group Services GmbH, München, Deutschland
E-Mail: enrico.rosenow1@vodafone.com

© Der/die Autor(en), exklusiv lizenziert an Springer Fachmedien Wiesbaden GmbH, ein Teil von Springer Nature 2022
J. Westphal et al. (Hrsg.), *Sales Enablement als Fundament des Vertriebserfolgs*, FOM-Edition, https://doi.org/10.1007/978-3-658-37614-7_12

However, while their responsibilities are different in theory, in practice the overlaps between the departments often lead to frictions.

Palombo stated once that "marketing is nothing without sales, and sales are nothing without marketing. Together they are forced to succeed" (2004, p. 114). This quote underlines the fact that in today's business environment, marketing and sales have to cooperate in order to ensure the company's success. Studies found that revenues could be increased by up to 42% when sales and marketing activities were aligned (cp. Aberdeen Group, 2002). The different understanding of the positioning of marketing and sales both in science and practice leads to the question of how both functions cooperate in reality. Companies have realized that these functions play an important role in direct interaction with the customer: "33 percent of transactions made by new customers are influenced by more than one touchpoint, and multiple touchpoints influence 48 percent of repeat customers" (Zener, 2013, p. 1). Therefore, the interface between marketing and sales functions becomes increasingly crucial.

12.1 Objectives

The aim of this article is to

- identify some of the factors that may influence the collaboration between the marketing and sales department,
- identify key points at which the perspectives and goals of both functions do not harmonize well and the departments follow different goals,
- name possible frictions in the collaboration between both functions,
- provide approaches for how firms can overcome these problems,
- and hence give recommendations on how the alignment between marketing and sales functions in B2B businesses can be improved.

12.2 Methodology

This research paper is based on a literature review and, to gain insights and explanations, also on altogether twenty semi-structured expert interviews, ten pairs of marketing respectively sales department managers of B2B companies active in five different sectors: pharmaceutical industry, chemical industry, automotive sector, paper industry, and special-purpose machine engineering, while each pair of interview partners came from the same company holding positions of an equivalent hierarchical level in the company's middle management, having at least eight years of working experience in the marketing and/or sales field, being at least three years employed by their current firm. All represented companies are registered and have their headquarters in Germany, are considered to be of medium size and operate to a significant extent internationally.

The structure of the interviews enabled a deep dive into various aspects of perceived frictions in the collaboration between marketing and sales functions within companies. Participants from both functions were asked similar questions, which covered a range of topics derived from literature about the interfaces between sales and marketing in general and regarding the buying process in particular. The study followed a deductive approach, as frictions found in literature were investigated as to their implications for the marketing and sales alignment along the buying process. Afterward, all interview data was analyzed with the help of a qualitative cluster analysis methodology. Finally, management implications based on the interpretation of the findings were outlined.

12.3 Theoretical framework

In the past, significant research has been devoted to the cooperation between different functions in a company, based on the premise that interdepartmental collaboration positively influences the overall performance of an organization. However, relatively little attention has been paid to the relationship between marketing and sales (cp. Homburg et al., 2008). For a long time, sales has been seen not as an independent function, but rather as a part of marketing. In German-speaking countries, academic approaches to marketing were driven by Meffert's understanding of marketing as the market-orientated guiding force of a company (cp. e.g. Meffert, 2000) as well as Bruhn stating that marketing is an entrepreneurial state of mind (cp. Bruhn, 2004).

However, this perspective has significantly changed in recent years. In a B2B medium-sized business context, marketing is often seen as a communicative and promotional role. Regarding the organizational structure, companies have introduced a sales department, which is organizationally largely independent from marketing, both reporting directly to top management. Such differentiation between marketing and sales was confirmed by managerial reports saying that "as a rule, [...] they're separate functions within an organization" (Kotler et al., 2006, p. 68).

The sales function has gained particular importance in B2B businesses as it accounts for building up personal relationships with customers (cp. Baines et al., 2011). It can be concluded that both functions are customer facing and have the goal to attract customers (cp. Le Meunier-Fitzhugh, 2015). This leads to the thesis that nowadays these two departments have a great impact on the customer's experience throughout the entire purchasing process. Guenzi and Trolio (2007) have proven that the alignment of sales and marketing functions significantly impacts the customer value and influences market-based outcomes, which shows that even if marketing and sales are two separate functions, their alignment is highly important. Strengthening their collaboration in order to optimize the buying process will support their common goal: successful performance of the company in the market.

Hofbauer and Hellwig developed an approach in order to explain the buying process for B2B businesses. The process is not seen as a one-time action but rather as a repeating flow; it is defined as a cycle which contains several steps: Organization, recognition of a need, market analysis, qualification, quotation processing, primary clarification, negotiation, order processing management, usage, development of supplier and procurement controlling (cp. Hofbauer & Hellwig 2016). Analogous to this process within the purchasing company, a selling cycle can be defined within the selling company. In order to optimize the alignment between different functions within the selling company, it is important to understand the procedure (and objectives) of the counterparty. Figure 12.1 regards the buying cycle as the counterpart of the selling cycle.

Customers interact with both the marketing and the sales department at various stages along with their buying experience, with the content, intensity, and length of contact at each step differing depending on the product. The face of the selling company to the purchaser changes between the beginning and the end of the process. Le Meunier-FitzHugh and Douglas (2016) concluded a shift of the responsibility from the marketing to the sales function along the process. The responsibilities of the marketing and the sales functions were also analyzed by Kotler et al. (2006 16) in their investigation of the buying funnel. Their approach reflects the ways that marketing and sales influence the purchase decisions of the customers. It also describes a continuous hand-over of responsibilities from the marketing to the sales function.

However, it is not only interesting to regard from whom, where, and when information is communicated. It is furthermore relevant that information is consistent and coherent.

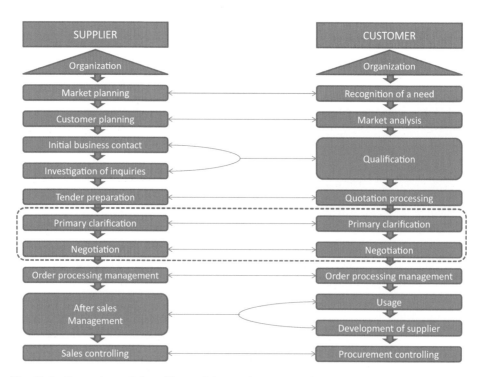

Fig. 12.1 Comparison of the selling and the purchase cycle. (Source: Own illustration based on Hofbauer and Hellwig 2016)

Fig. 12.2 Potential areas of friction between marketing and sales

This information indicates that there are connections between sales and marketing functions which have to be synchronized and coordinated. One common goal for both departments is to deliver a unique experience for the customers at each touchpoint so that they receive high-quality information standards along the overall line of visibility (cp. Winkelmann, 2008). There are many tasks and goals of the sales and marketing functions that overlap. Homburg et al. (2008) created a conceptual model of marketing and sales interfaces that incorporates most elements of the juxtapositions developed by Rouzies et al. (2005). According to this model, five conceptual domains can be identified: Information sharing, structural linkages, power/decision-making processes, strategic orientations, and market knowledge. The same fields can be identified as potential areas of friction between both departments. Meunier-Fitzhugh and Piercy (2010) identified further barriers to cooperation when analyzing B2B businesses. These can be divided into two sets of factors. First of all, there are those outside the control of sales and marketing, such as management attitudes to coordination, interdepartmental culture as well as structure and orientation. Secondly, there are four aspects that are internal to the organization: inter-functional conflicts, inter-departmental communication, market intelligence, and learning processes. Figure 12.2 summarizes the major findings from literature to potential areas of friction between marketing and sales departments.

12.4 Major research findings and interpretation in relation to the literature review

The analysis of the results of the qualitative empirical research revealed a number of consistent themes across all evaluated organizations. The statements about inter-departmental communication enforced the fact that information sharing is a major barrier between marketing and sales, as already mentioned by Homburg et al. in their conceptual model of marketing and sales interfaces. The crucial point seems to be the frequency of communication. Interview partners from both functions mentioned that information exchange primarily occurs during a few inter-departmental meetings, but besides those there is oftentimes hardly any regular direct communication. Though Le Meunier-Fitzhugh and Piercy (2010) warn that an increasing volume of communication does not necessarily improve joint co-operation, this proposition was not confirmed in this study; interview partners rather seek for more exchange and seem to be far from overloaded. Le Meunier-Fitzhugh (2015) explains that such a lack of communication is impeded with increasing geographical separation of marketing and sales, often across different cities, countries, and world regions.

Another barrier for the integration of marketing and sales happens right at the beginning of the buying process: Friction during the planning phase. Homburg et al. (2008) noticed several touchpoints between both functions during this phase: Joint planning, the co-development of objectives and goals, the planning of budgets, and, finally, general activities. These points of interaction reflected also in the responses of the interview participants. The interviewees criticized the fact that cooperation in the planning phase is very one-sided. Even though the data for planning is provided by both functions, the sales department rather sets up the planning. Marketing is often just seen as a supplier of information, but hardly considered during the planning process. Moreover, sales employees primarily base their plans on their own data, which they gather directly from customers, while information in the marketing department is often disregarded. Salespeople criticized that external data, purchased and evaluated by marketing, is barely reliable. These findings align with Dawes' and Massey's study (2006), stating that high levels of trust lead to effectiveness and that interpersonal trust is a strong predictor of effectiveness between marketing and sales.

The empirical study showed that there are also different understandings of the purpose of the marketing function. Such a difference can also be found in literature, e.g. Meffert (2000), McCarthy (1960), Kotler et al. (2006). In the interviews, the marketing division presented itself as an individual function, which primarily accounts for internal and external communication, but also takes responsibility for the market orientation of related functions. However, salespeople viewed the marketing department as a support function for themselves. These different perspectives concerning the fields of responsibility collide at various stages along the process of selling, in particular with respect to strategic planning.

According to Homburg et al. (2008), inequality of power distribution between marketing and sales has an impact on the harmonization of both functions. The responses of this study also indicated the existence of an imbalance. It seems that in reality, the sales department is often leading the marketing function. This inequality of power distribution is sometimes even visible in the hierarchical structure of companies. Marketing and sales are reporting to a 'director of sales and marketing', who often has a clear sales background. Referring to Le Meunier-Fitzhugh (2015), this inequality of power distribution between marketing and sales may result in opposition, mutual distrust, and dysfunctional conflicts.

Regarding sales planning, interview responses showed that it is usually only analyzed internally within the sales function, and marketing activities are hardly incorporated. The marketing department is informed afterward about the results. The interviewees mentioned that the efficiency of the marketing activities is barely measurable and barely measured, which represents a problem in a sales-dominated environment. Interviewees confirmed a certain lack of transparency. Referring to Rouzies et al. (2005), salespeople are strongly result-driven, they mainly count on measurable facts and figures, which is also reflected in the responses of this study. This finding represents a problem for the marketing department since their performance cannot be easily proven with measurable results, such as turnover. This lack of consistency can be assessed as a hurdle for the integration of the marketing and sales department. The difference between the result-oriented nature of sales and the process-driven nature of marketing impacts the alignment of both functions.

This situation leads to different descriptions of the perception of the interdepartmental culture of marketing and sales employees. According to Le Meunier-Fitzhugh and Piercy (2010), this different perception of the marketing and sales interface may result from different philosophies and different backgrounds in education and experience. This study particularly confirmed that employees of both functions indeed have rather limited experience in the opposite function and that they have rather been working in their current department for years. This may lead to friction between both departments due to different norms and expectations. When social unit members share values, these values may form the basis for social expectations or norms (cp. O'Reilly et al., 1991). However, in the organizations studied, culture and values between sales and marketing had different configurations, which may create friction between the two groups. Concluding it can be stated that interdepartmental culture appears to have an important influence on the level of collaboration between sales and marketing. In particular, the long-term, respectively short-term, mindset of employees leads to discrepancies (cp. Homburg et al., 2008, Rouzies et al., 2005). Even though the B2B environment generally has a rather long-term way of thinking, according to the results of this study discrepancies can still be seen concerning the time orientation of people working in marketing and in sales.

Finally, the participants of this study responded that salespeople are usually rewarded according to sales revenues or other sales-related success measures. However, marketing employees are often rewarded based on pure communication figures, such as click rates or the number of fairs attended. Sometimes their salary is even fixed and thus their compensation is not directly linked to the sales success. According to Guenzi and Geiger (2011), rewards and target setting are some of the major factors that impact the motivation and the performance of employees. The common target setting, as well as the rewarding of common goals, may have an impact on the harmonization of both functions. Differences in rewards for marketing and sales can be seen as a barrier to the cooperation between both functions.

12.5 Management implications

The review of the literature and the responses to this study identified a number of factors that may influence the alignment of marketing and sales. Based on the identified possible areas of friction, recommendations for the alignment of marketing and sales can be concluded. First of all, the marketing function shall become more integrated into the planning of the sales function. Joint planning will form the basis for an increase in reciprocal understanding concerning goals. A common understanding of the database for the plan will reduce distrust in each other's planning criteria. Differences in the database become visible for both parties and necessary changes in the data acquisition can be conducted. This shall result in stronger reciprocal trust and understanding.

Furthermore, differences in the process versus result orientation of marketing and salespeople were identified as areas of possible frictions for the cooperation between both departments. The lack of consistency in marketing activities, especially in a sales-dominated environment, was seen as a crucial point. This issue may be limited with more intensive utilization and evaluation of online marketing tools. However, considering the relevance of the web site for the business strongly depends on the industry and products. The most helpful approach to increase the cooperation of marketing and sales during the phase of strategic analysis is a common assessment of results. Analyzing together what was previously planned might even strengthen a common vision of marketing and sales.

The study showed that generally, the participants desired more frequent communication with the other function. The issue is not a lack of communication channels – people seek direct, person-to-person, communication. It is recommended to modify processes in order to increase communication, such as joint face-to-face meetings of the marketing and salespeople. These changes have to be made from a reasonable management perspective so that potential impacts, such as slower processes and an overload of information, occur at an appropriate rate with the benefits of closer communication.

The different understanding of the tasks of marketing is another hurdle in the cooperation between marketing and sales. For this reason, responsibilities have to be clearly defined. The operational duties of marketing, such as supporting the sales function, are largely agreed upon by both functions and do not represent an issue. However, marketing people often miss the strategic aspects of their function. For this reason, it can be recommended to involve marketing more in strategic aspects, such as the set-up of the annual planning. Furthermore, advice from the marketing department shall be considered and valued by the sales function, especially in sales-dominated company structures.

Another area of friction between marketing and sales is the communication with the customer. Salespeople often do not welcome marketing directly communicating with 'their' customers. For this reason, it is important to give them an understanding of the influence of marketing on customers. The basis of this cooperation is to create a well-established feedback culture. The sales department has to be proactively involved in the development of marketing strategies, communication tools, and the configuration of marketing messages to the customer. Both functions finally follow the same overall goals and shall support each other to make both become more efficient. Integrators facilitating communication from salespeople to marketers and vice versa could help to improve a common culture in both departments, e.g. by cross-functional pieces of training or marketing people joining salespeople on their road trips.

12.6   Outlook

This research provides an initial basis for future research into the importance of the collaboration between sales and marketing in B2B organizations. Due to certain limitations of this study, additional research should be carried out with a larger number of participants in order to specify the qualitative findings. A quantitative study may be utilized to confirm the validity of the findings. Furthermore, this study covered a selection of companies in several industries. Further research could investigate the characteristics of individual sectors and provide recommendations on how to align marketing and sales under more specific circumstances. The study identified crucial pain points in the interface between marketing and sales. Nevertheless, quantifiable differences in the relevance of the various aspects were not identified. Moreover, further research could be done from an outside-in-perspective. The study demonstrated hurdles in the collaboration between marketing and sales. But how do the customers perceive this process? It is likely that some frictions remain inside the company and do not have any direct impact on the customer's satisfaction. However, there might be other aspects not mentioned here, which customers could perceive as poor interaction with the selling company.

Summary
This contribution investigates the marketing-sales interface in B2B businesses and provides recommendations on how to improve the alignment of both functions. Major factors which influence the cooperation between both functions are identified. Some of these aspects are directly linked to the buying process, such as joint planning and the analysis of achievements, whereas other aspects impact the process indirectly. Addressing these factors shows market-driven companies nowadays how to continuously improve their business success in close relation to the customer's purchasing organization, both regarding the sales and the marketing department.

Core theses

- Interdepartmental communication is a major hurdle for marketing and sales integration.
- A different understanding of marketing tasks exists in the collaboration between marketing and salespeople.
- Differences in long-term and short-term orientation of both functions limit the effectiveness of marketing-sales interactions and thus foster inter-functional conflicts.
- Differences in the result orientation of salespeople versus the process orientation of the marketing department cause friction in the cooperation between both departments.

Recommendations

1. People seek direct person-to-person communication. For this reason, processes need to be modified in order to increase communication. These changes have to be made from a reasonable management perspective so that potential impacts, such as slower processes and an overload of information, occur at an appropriate rate with the benefits of closer communication.
2. The marketing function shall become increasingly integrated into the strategic planning of the sales function. Joint planning will build the basis for an increase in reciprocal understanding concerning goals, reduce distrust in each other's planning criteria, and differences in the database will become visible for both parties, which altogether will result in stronger reciprocal trust and understanding.
3. The marketing department needs to understand the short-term perspective of salespeople, and the sales department must be mindful of strategic concerns of the marketing department. Furthermore, the vision, goals, short-term and long-term plans and activities have to be developed together in order to respond immediately to changing market conditions. This is also important with regard to the reward system for both groups.
4. A more intensive common utilization and evaluation of online marketing tools will limit the lack of consistency in marketing activities, especially in a sales-dominated environment.

References

Aberdeen Group. (2002). Bridging the divide: Process, technology, and the marketing/sales interface. *Marketing View Point*, 15(10), 1–12.
Baines, P., Fill, C., & Page, K. (2011). *Marketing*. Oxford University Press.
Bruhn, M. (2004). Marketing. Grundlagen für Studium und Praxis (2 Aufl.). Gabler.
Dawes, G.R., & Massey, P. L. (2006). The effects of influence tactics, manifest influence and interpersonal trust on working relationships between marketing managers and sales managers, Wolverhampton, University of Wolverhampton Business School, Working Paper Series 2006, nr.

WP003/06. https://www.wlv.ac.uk/media/wlv/pdf/uwbs-wp003-06-massey-dawes.pdf. Zugegriffen: 05. Juli 2017.

Guenzi, P., & Geiger, S. (2011). *Sales management: A multinational perspective*. Palgrave Macmillan.

Guenzi, P., & Troilo, G. (2007). The joint contribution of marketing and sales to the creation of superior customer value. *Journal of Business Research, 60*(2), 98–107.

Hermes, V. (2004). *Marketing versus Vertrieb – Grabenkämpfe an der Kundenfront* (Nr. 6), ASW, Nr.6, Juni 2004, p. 112–114.

Hofbauer, G., & Hellwig, C. (2016). *Professionelles Vertriebsmanagement*. Publicis Publishing.

Homburg, C., Jensen, O., & Krohmer, H. (2008). Configurations of marketing and sales: A taxonomy. *Journal of Marketing, 72*, 133–154.

Kotler, P., Rackham, N., & Krishnaswamy, S. (2006). Ending the war between sales & marketing. *Harvard Business Review, 84*(7/8), 68–78.

Le Meunier-Fitzhugh, K. (2015). *Creating effective sales and marketing relationships*. Business Expert Press.

Le Meunier-Fitzhugh, K., & Douglas, T. (2016). *Achieving a strategic sales focus: Contemporary issues and future challenges*. Oxford University Press.

Le Meunier-Fitzhugh, K., & Piercy, N. F. (2010). Improving the relationship between sales and marketing. *European Business Review*, 22(3). https://dx.doi.org.ezproxy.napier.ac.uk/10.1108/09555341011040985. Zugegriffen: 05. Juli 2017.

McCarthy, E. J. (1960). Basic marketing: A managerial approach. R. D. Irwin.

Meffert, H. (2000). *Marketing. Grundlagen marktorientierter Unternehmensführung – Konzepte – Instrumente – Praxisbeispiele* (9 Aufl.). Gabler.

O'Reilly, C. A., Chatman, J., & Caldwell, D. F. (1991). People and organizational culture a profile comparison approach to assessing person-organization fit. *Academy of Management Journal, 34*(3), 487–516.

Palombo, cited in Hermes. (2004). ASW 6/2004, p. 114.

Rouzies, D., Anderson, E., Kohli, A. K., Michaels, R.E., Weitz, B. A., & Zoltners, A. A. (2005). Sales and marketing integration: A proposed framework. *Journal of Personal Selling and Sales Management, 25*(2), 113–122.

Winkelmann, P. (2008). *Vertriebskonzeption und Vertriebssteuerung. Die Instrumente des integrierten Kundenmanagements (CRM)* (4 Aufl.). Vahlen.

Zener, A. (2013). Managing the buyer's journey through multiple touchpoints. Chief Marketer. https://login.ezproxy.napier.ac.uk/login?url=http://search.proquest.com.ezproxy.napier.ac.uk/docview/1286933856?accountid=16607. Zugegriffen: 4. Juli. 2017.

Prof. Dr. Klaus Mühlbäck is the program Director of the M.A. study program in Strategic Marketing Management (English Trail) at the International School of Management (ISM) in Munich. With more than 20 years of working experience in a highly intercultural environment, his major fields of teaching are strategic marketing management and intercultural marketing.

Enrico Rosenow is an Associate Business Account Manager at Vodafone Global Enterprise, Munich. After having completed his master studies, he took on the responsibilities in sales for internationally operating enterprises on the German market. While at the university, he did internships in the automotive branch and food manufacturing business, where he gained experience in sales as well as in marketing.

13
Anforderungen an die Einführung von Sales Enablement in ausgewählten Industriesektoren ausgehend von den Aufgaben von Marketing und Vertrieb

Jobst Görne und Maximilian Bäurle

Inhaltsverzeichnis

13.1	Definition und Ziele des Sales Enablements	176
13.2	Neue Sichtweisen der Zusammenarbeit von Vertrieb und Marketing	177
13.3	Die Aufgaben des Marketings hängen vom Marktsegment ab	178
13.4	Kriterien zur Definition von Marktsegmenten	178
	13.4.1 Märkte mit anonymen Kunden und standardisierten Produkten, Kategorie 1	182
	13.4.2 Märkte mit anonymen Kunden, herstellerdefinierten Produkten und singulären Transaktionen, Kategorie 2	182
	13.4.3 Märkte mit anonymen Kunden, herstellerdefinierten Systemprodukten und singulären Transaktionen mit Folgeaufträgen, Kategorie 3	183
	13.4.4 Märkte mit identifizierbaren Kunden, kundendefinierten Produkten und singulären Transaktionen, Kategorie 4	184
	13.4.5 Märkte mit identifizierbaren Kunden, kundendefinierten Produkten und Transaktionsreihen (Zuliefergeschäft), Kategorie 5	185
13.5	Zusammenfassung	187
Literatur		187

J. Görne (✉) · M. Bäurle
Hochschule Aalen, Aalen, Deutschland
E-Mail: jobst.goerne@hs-aalen.de

M. Bäurle
E-Mail: maximilian.baeurle@outlook.de

© Der/die Autor(en), exklusiv lizenziert an Springer Fachmedien Wiesbaden GmbH, ein Teil von Springer Nature 2022
J. Westphal et al. (Hrsg.), *Sales Enablement als Fundament des Vertriebserfolgs*, FOM-Edition, https://doi.org/10.1007/978-3-658-37614-7_13

> **Zusammenfassung**
>
> Die Einführung von Sales Enablement (SE) steigert die Performance des Vertriebs, wie eine Studie der Firma Highspot (Sales Enablement Report 2020. https://p.highspot.com/dach-aw-state-se-report-2020.html?utm_campaign=resource&utm_source=google&utm_medium=cpc&utm_source=google&utm_medium=cpc&utm_campaign=na-ppc-adwords-se-kw&utm_term=salesenablement&gclid=Cj0KCQiAy579BRCPARIsAB6QoIbkbazhTzTJQIQLSECXSYiyPEIQ54Bq8dHkdLIh1F71zw6IZVp9BZQaAvJAEALw_wcB. Zugegriffen: 30. Okt. 2020.) quer durch verschiedene Märkte festgestellt hat. Die Einführung von SE ist von einem starken Umdenkprozess begleitet und muss die Aufgaben der bislang mit Markt- und Kundenverantwortung betrauten Personengruppen in Betracht ziehen. Aus diesem Grund ist es notwendig, sich bei der Einführung von SE über die Aufgabenverteilung zwischen Marketing und Vertrieb Gedanken zu machen. Sie hängt sehr stark von dem betrachteten Industriesektor ab. Es wird gezeigt, dass eine Einteilung der Industriesektoren anhand von Kunden- Produkt- und Transaktionskriterien vorteilhaft ist, da hierbei die jeweils vorliegenden Aufgaben der beiden Abteilungen abgebildet werden und als Grundlage der SE-Einführung zu berücksichtigen sind.

13.1 Definition und Ziele des Sales Enablements

Sales Enablement bietet für viele Firmen große Potenziale bei der Professionalisierung des Vertriebs. Eine Studie der Firma Highspot (2020) berichtet von einer durchschnittlichen Steigerung der Erfolgsquoten um 7 % bei Einsatz von Sales Enablement. 63 % der Außendienstmitarbeiter berichten, dass die Einführung von SE ihre Erwartungen trifft oder übersteigt. Gleichzeitig wächst die Anwendung von SE stark, die gleiche Studie berichtet von einem Anstieg der Nutzung von Sales Enablement um 14 % im Vergleich zum Vorjahr.

Matthews und Schenk (2018) erläutern die Vorteile des Sales-Enablement-Ansatzes und beschreiben die Abläufe bei seiner Einführung. Sie definieren das Sales (Force) Enablement wie folgt:

> … eine strategische Disziplin, die eine verlässliche Umsatzsteigerung erzielt, indem alle Personen mit Kundenkontakt durch Bereitstellung von Services (Informationen) in die Lage versetzt werden, bei jedem Kontakt mit dem Kunden den Kundennutzen zu erhöhen … (vgl. 28, eigene Übersetzung)

Diese Definition ist allgemein angelegt, sodass sie sich für eine große Bandbreite des Vertriebs, von Konsum- bis hin zu Industriegütern, eignet. Üblicherweise haben die beiden Abteilungen Marketing und Vertrieb Kontakt zu Kunden. Diese zwei Abteilungen existieren in jeder Firma in einer mehr oder weniger ausgeprägten Form (vgl. Kotler et al., 2006; Wengler, 2020).

13.2 Neue Sichtweisen der Zusammenarbeit von Vertrieb und Marketing

Die klassische Teilung der Aufgaben beschreibt Wengler (2020). Er sieht die folgenden Aufgaben als zentral für das Marketing:

- Marktforschung
- Festlegung der Produkte und Produktstrategien
- Festlegung der Preise und Preisstrategien
- Kommunikation und Werbung
- Festlegung der Distribution und Logistik

Winkelmann (2012) sieht die Hauptaufgaben der Vertriebs-Außendienstmitarbeiterinnen und -mitarbeiter in den folgenden Punkten (Auszüge):

- Schaffung und Pflege der Kundenkontakte
- Neukundengewinnung
- Beratung, Vorbereitung, Durchführung und Nachbereitung der Transaktion
- Unterstützung der Verkaufsförderung
- Mitarbeit bei Planung

Beide Abteilungen müssen ihre Vorgehensweise aufeinander abstimmen, damit ein produktives Miteinander entstehen kann (vgl. Kotler et al., 2006). Während in vielen Marketingabhandlungen dem Vertrieb wenig Beachtung geschenkt wir, weist Sales Enablement dem Vertrieb eine zentrale Rolle zu. Der Vertrieb als Prozess und als Abteilung ist keine bloße ausführende Tätigkeit mehr, sondern wird als zentrale Funktion der Kundenzentriertheit hervorgehoben und ist von den angrenzenden Abteilungen zu unterstützen (Matthews & Schenk, 2018). Die damit einhergehende andere Sichtweise der Geschäftsabläufe und Verschiebung der Wertigkeiten bedingt, dass alle Hierarchieebenen einzubinden sind. Ist eine Firma von den Vorzügen des Sales Enablement überzeugt und möchte es einführen, wird oft ein SE-Team eingesetzt, welches auf vorhandene Abteilungen mit gewachsenen Zuständigkeiten und dem entsprechenden Selbstverständnis trifft. Die vorliegenden Abläufe und Strukturen sind zu analysieren und in das neue Konzept zu integrieren. Um hier wirkungsvoll arbeiten zu können, müssen passgenaue Ansätze entwickelt werden. In diesem Kapitel wird untersucht, inwieweit sich die Grundzüge dieser Ansätze auf unterschiedliche Industriesektoren anwenden lassen, wobei insbesondere die Aufgabenverteilung zwischen Marketing und Vertrieb im Vordergrund steht.

13.3 Die Aufgaben des Marketings hängen vom Marktsegment ab

Backhaus und Voeth (2014) zeigen, dass die Vermarktungsprozesse im Industriegütermarkt anders gehandhabt und umgesetzt werden müssen als im Konsumgütermarkt, da diese nicht deckungsgleich sind. Weiterhin unterscheiden sie verschiedene Ausprägungen der industriellen Vermarktungsprozesse, z. B. das Produktgeschäft (vorgefertigte Produkte für einen speziellen Industriemarkt, z. B. Federn oder Schrauben), das Anlagengeschäft (Investitionsgüter mit oft sehr großen Werten, wie Ölbohrplattformen oder Raffinerien), das Systemgeschäft (Vermarktung von Produkten, die komplexe Bedürfnisse von Kunden decken) und das Zuliefergeschäft (Serienprodukte nach der Spezifikation der Kunden). Sie zeigen auf, dass sich die Transaktionsprozesse und das Marketingverhalten in verschiedenen Industriesparten deutlich unterscheiden. Kleinaltenkamp (1997) kommt zu einer ähnlichen Einteilung. Weitere Unterschiede werden auf die Art der Nachfrage, die Art des Kunden (Organisation bzw. Person), den Formalisierungsgrad des Angebots und die Art des Marktes (anonyme bzw. identifizierte Kunden), sowie den Zeitpunkt der Leistungserstellung (vor oder nach Vermarktung) zurückgeführt. Auf die jeweiligen Rollen von Marketing und Vertrieb und ihre Arbeitsteilung gehen beide Autoren nicht ein; ein direkter Zusammenhang zwischen dieser Einteilung der Geschäftstypen sowie den Erfordernissen des Sales Enablement ist schwierig zu bilden.

Wenn, wie bei Backhaus und Voeth (2015) geschildert, die Definition der Produkte im B2B-Sektor bei großen und teuren Anlagen (z. B. Raffinerien) oft in Zusammenarbeit mit den Kunden, bzw. direkt durch ihn, durchgeführt wird, stellt das eine wesentliche Veränderung der Aufgaben des Marketing dar; gleiches wird im Seriengeschäft (Kunde definiert das Produkt) beschrieben (vgl. Backhaus, 2003). Damit gehört die Definition der Produkte kaum oder nicht mehr zu den Aufgaben des Marketings, weil sie entweder eine technische Fragestellung ist oder vom Kunden vorgegeben wird. Diese Beispiele legen nahe, dass die Aufgaben des Marketings nicht in jedem Industriesektor gleich sind und zu definieren ist, welche Funktionen Vertrieb und Marketing in den jeweiligen Industriegütermärkten haben, um das Sales Enablement zielgerichtet auf- und auszubauen.

13.4 Kriterien zur Definition von Marktsegmenten

Um dies zu tun, sollten zunächst die Industriesektoren (=Marktsegmente) definiert werden. Backhaus (2003) geht detailliert auf die Markttypologien im Industriegütermarketing ein. Er beschreibt verschiedene Ansätze, diesen Markt zu kategorisieren. Er stellt die Leistungstypologie von Engelhardt et al. (1993) denen von Plinke (1992) gegenüber, wobei die bei Plinke genannten vier Kategorien, „Projektmanagement", „Transaction Management", „Key Account Management" und „Relationship Management", breit ein- und umsetzbar sind. Kleinaltenkamp definiert mit den Transaktionstypen „Commodity-Geschäft", „Customer-Integration-Geschäft", „Spot-Geschäft" und „Anlagengeschäft" vier Kategorien, die denen von Plinke ähneln, jedoch stärker am Beziehungsmanagement ausgerichtet ist.

Die genannten Einteilungen bieten relativ wenige Informationen über die jeweiligen Aufgaben von Marketing und Vertrieb in unterschiedlichen Industriesektoren. Aus diesem Grund wird hier eine Einteilung von Industriemärkten entlang der folgenden Kriterien vorgeschlagen:

- Beschreibung der Märkte – identifizierbare oder anonyme Kunden
- Definitionsverantwortung der Produkte – Marketing, Organisation, Kunde
- Art der Transaktion – singulär oder regelmäßige Wiederholung

Sie bildet direkt das Marketing- und Vertriebsgeschehen ab und ist die Grundlage für die Zusammenarbeit beider Abteilungen.

Als „identifizierbar" werden Kunden dann bezeichnet, wenn ihre Anzahl weltweit gering (oft im niedrigen zweistelligen Bereich) ist und sie auf einfache Art identifiziert werden können (durch Messekataloge, Industrieführer oder einfache Internetsuche). Beispiele hierfür sind: Automobilhersteller, Maschinenhersteller für Verzahnungsmaschinen, Hersteller von weißer Ware etc. Nicht identifizierbare Kunden liegen vor, wenn deren Zahl sehr groß ist und sie sich einer einfachen Suche entziehen.

Die Definitionsverantwortung der Produkte trägt üblicherweise die Marketingabteilung des Produktherstellers. Andererseits kann dies aber auch im Bereich technischer Normteile durch eine unabhängige Organisation (DIN, EN, ISO) erfolgen und letztendlich kann dies, wie oben ausgeführt, auch der Kunde bewerkstelligen, wenn das zu liefernde Produkt sich nahtlos in sein Produkt einfügen muss (Beispiel Automobil-Zulieferindustrie).

Weiterhin wirkt sich die Art der Transaktion entscheidend auf die Beziehung zwischen Hersteller und Kunden aus und berührt damit zentral die Aufgaben von Vertrieb und Marketing. Es gibt die Antipoden „singuläre Transaktion" (oft Projektgeschäft) und „fortlaufende Transaktion" (Serienlieferung) mit Zwischenstufen. Beispielsweise kann eine Einzelbestellung wiederholt werden, ohne dass die Wiederholungen zur Serienlieferung werden (z. B. Werkzeugmaschinen). Weiterhin kann eine fortlaufende Transaktion größere zeitliche Abstände haben, was bei der Nachbestellung dann zu einer Abstimmung zwischen Lieferant und Kunde führt. Die Einteilung der Industriesektoren in diese Kategorien erschließt einen Zugang zu den jeweiligen Aufgaben des Marketings und des Vertriebs. Tab. 13.1 zeigt die Definition und Beschreibung der Industriesektoren. Die Reihenfolge der Industriesektoren ist so gewählt, dass die Unterschiede in den Aufgaben von oben nach unten steigen. Tab. 13.2 gibt die Aufgabenverteilung von Marketing und Vertrieb wieder, wobei in den oberen Feldern das Marketing die klassische Bedeutung hat und in den unteren der Vertrieb viele Marketingaufgaben übernimmt.

Tab. 13.1 Verhältnis Markt – Hersteller

Kategorie	Kundentypus	Art des Produkts	Produktdefinition durch	Art der Transaktion	Transaktionswert	Menge pot. Kunden	Beispiele
Kat. 1	Anonyme Kunden	Standard-Produkte	Organisation (EN, ISO)	Singulär oder wiederholt singulär	Gering bis mittel	Groß	Schrauben, Widerstände, Halbzeug
Kat. 2	Anonyme Kunden	Technische Produkte, Dienstleistungen	Hersteller	Singulär oder wiederholt singulär	Gering bis mittel	Groß	Ventilatoren, Elektromotoren, Pumpen
Kat. 3	Anonyme Kunden	Systemprodukte	Hersteller	Singulär in Grundprodukt, Wiederholkauf	Gering bis mittel	Mittel	Werkzeughalter, Software, Werkstattausrüstung
Kat. 4	Identifizierbare Kunden	Große Investitionsgüter	Kunde und Hersteller	Singuläre Transaktion	Groß	Gering	Werkzeugmaschine, Gebäude, Ölbohr-Plattformen
Kat. 5	Identifizierbare Kunden	Serienprodukte Zulieferer	Kunde	Transaktionsreihen	Gering bis groß	Gering bis mittel	Automobilzulief., Herstellung von Serienprodukten

Tab. 13.2 Aufgabenverteilung Marketing-Mix herstellerintern

Kategorie	Marktforschung	Produktdefinition	Preisfestlegung	Distribution	Promotion	Transaktionsabschluss	Aufbau Sales Enablement
Kat. 1	Marketing	Ext. Organisation	Marketing	Marketing/Vertrieb	Marketing	Vertrieb oder automatisiert	Analog B2C
Kat. 2	Marketing	Marketing	Marketing	Marketing/Vertrieb	Ggf. Marketing	Vertrieb oder automatisiert	Analog B2C, Produktdef. und Distrib. sind firmenspezifisch
Kat. 3	Marketing	Marketing und Entwicklung	Marketing	Marketing/Vertrieb	Ggf. Marketing	Vertrieb oder automatisiert	Analog zu Kat. 2, hohe Ansprüche an Argumentation
Kat. 4	Vertrieb	Vertrieb	Vertrieb	Vertrieb	Ggf. Marketing	Vertrieb	Integration von techn. und kaufm. Infos im Vordergrund
Kat. 5	Vertrieb	Vertrieb	Vertrieb	Vertrieb	Ggf. Marketing	Vertrieb	Integration von techn. und kaufm. Infos im Vordergrund

13.4.1 Märkte mit anonymen Kunden und standardisierten Produkten, Kategorie 1

Wie geschildert, sind die einfachsten Produktarten im B2B-Bereich Normteile, wie Schrauben, Unterlegscheiben, Stahlprofile (Halbzeuge), Widerstände und andere Produkte, die in großen Mengen verbraucht werden (technische Verbrauchsgüter). Ihre Eigenschaften werden durch Normen festgelegt und vollständig beschrieben. Die Instanzen, die die Normen festlegen, sind unabhängige Organisationen, wie das Europäische Komitee für Normung (CEN) oder die Internationale Organisation für Normung (ISO). Sie setzen sich aus Vertretern der Industrie, der Verbände (u. a. VDI, GDCh) und der im Sektor tätigen Firmen zusammen. Beschließt eine Firma, ein bestimmtes Normteil herzustellen und zu vermarkten, kauft sie die Dokumente der betreffenden Norm und kann ihre Produktion nach den darin festgelegten Spezifikationen ausrichten. Grundsätzlich werden Normen für Produkte aufgestellt, die von einem großen Käuferkreis benötigt werden. Das Ziel der Normung ist es, die Variantenanzahl zu reduzieren und dadurch unnötige Kosten zu vermeiden.

Da die Zahl der (Industrie-) Kunden, die standardisierte Produkte benötigen, groß und anonym ist, greift die Vermarktung auf die klassischen Mittel des Marketings zurück; mit den Funktionen Marktforschung, Produkt-, Preis-, Distributions- und Werbemaßnahmendefinition. Dem Vertrieb obliegt die Ausführung des vom Marketing konzipierten Vermarktungsansatzes. Da hier die Rollen von Marketing und Vertrieb klassisch ausgebildet sind, kann die Einführung des Sales Enablement analog zu den im B2C üblichen Ansätzen und den von Matthews und Schenk (2018) beschriebenen Schritten erfolgen.

13.4.2 Märkte mit anonymen Kunden, herstellerdefinierten Produkten und singulären Transaktionen, Kategorie 2

Es gibt eine Vielzahl von Produkten im industriellen Kontext, die eine breite Anwendung haben und vom Hersteller definiert werden. Beispiele sind Klopfer für Siloanlagen, damit das Schüttgut besser nachrutschen kann, Werkstückhalter zum Einspannen von Werkstücken bei der spannenden Bearbeitung, Ventilatoren und allgemeiner Werkstattbedarf. Backhaus (2003), Kleinaltenkamp (1997) und Plinke (1992) nennen diesen Markt „Produktgeschäft". Die Kundenkreise sind vielfältig, ihre Anzahl groß und damit anonym. Die Produktdefinition erfolgt üblicherweise im technischen Bereich des Anbieters; hier erarbeiten Ingenieure mit Marktkenntnissen mögliche Lösungen. Für das Marketing besteht die Aufgabe, Bedarfe zu eruieren, Kundenwünsche aufzuzeigen und dann bei der Definition der meistversprechenden Produkte mitzuwirken. Weiterhin muss das Marketing bei der Preisdefinition mitwirken, da festgelegt werden muss, inwieweit die in technischen Märkten übliche kostenbasierte Preisbildung durch nutzenbasierte Überlegungen flankiert werden kann. Die Produktdefinition vollzieht sich damit unter Berücksichtigung von technischen und betriebswirtschaftlichen Gesichtspunkten. Je nach Wert des Gegenstandes erfolgt der Absatz entweder über den persönlichen Verkauf, den Onlinehandel oder es wird versucht, sich in bestehende Wertschöpfungsketten einzuklinken, indem die Produkte dem Hersteller der übergeordneten Produktlinie (z. B. den Silo- bzw. den Werkzeugmaschinenherstellern) angeboten werden.

In diesen (technischen) Märkten ist eine Distribution, wie sie der Konsumgütermarkt kennt, unüblich. Die verkauften Güter werden per Spedition an die Kunden verschickt, ohne dass die Art des Versands eine Auswirkung auf den Geschäftsverlauf hat. Obwohl generell Werbung für technische Produkte aufgrund der geringeren Kundenzahlen weitaus weniger üblich als im Konsumgütermarkt ist, dürfte eine preislich niedrig angesiedelte Onlinewerbung oder das Schalten von Anzeigen in zielgruppengenauen Medien sinnvoll sein.

Die Einführung des Sales Enablement sollte in diesen Märkten in groben Zügen ähnlich ablaufen wie im B2C, allerdings muss die geänderte Produktdefinition beachtet werden. Somit verbleibt für das SE die schwierige Integration von technischer Produktentwicklung, Marktforschung und Preisgestaltung durch das Marketing einerseits, sowie die Kundenansprache durch den Vertrieb andererseits, zufriedenstellend zu lösen.

13.4.3 Märkte mit anonymen Kunden, herstellerdefinierten Systemprodukten und singulären Transaktionen mit Folgeaufträgen, Kategorie 3

Diese Geschäfte unterscheiden sich von den bislang beschriebenen Geschäftsarten dadurch, dass der Anbieter eine Lösung offeriert, deren Einsatz es jedoch den Kunden unumgänglich macht, Zusatz- oder Folgeprodukte sowie Zubehör beim Lieferanten der Grundlösung zu kaufen. Ein bekanntes Beispiel aus dem Konsumgüterbereich sind Rasierklingenhalter und Ersatzklingen. Im industriellen Bereich zählen hierzu Werkzeughalter, die nur spezielle Werkzeuge aufnehmen, Werkstattausrüstungssysteme und Software, die nur von einem Hersteller gewartet und erweitert werden können. Durch das System wird der Wettbewerb der Folgegeschäfte eingeschränkt beziehungsweise unterbunden und die Kunden an den Lieferanten gebunden (vgl. Backhaus, 2003). Diese aus Anbietersicht positive Situation ist aber mit hohen Eintrittsbarrieren versehen und es ist von daher nicht einfach, solche Systeme zu verkaufen.

Die Produktdefinition läuft ähnlich wie bei den Märkten ohne Systemprodukte (Kat. 2), nur muss viel sensibler auf die Wünsche der Kunden eingegangen werden, da ihrerseits eine Scheu besteht, eine Abhängigkeit von einem Lieferanten einzugehen und somit hohe Einstiegshürden auftreten. Deshalb muss – nach dem Erstellen einer Produktdefinition – vom Marketing eine umfassende Marktrecherche durchgeführt werden, um die Akzeptanz der Systemprodukte im Markt sicher zu stellen.

Bezogen auf die Einführung von Sales Enablement bleibt zu vermerken, dass dies dem Vorgehen bei den Nicht-Systemen (Kat. 1) ähnelt, da in beiden Fällen anonyme

Kunden und herstellerdefinierte Produkte vorliegen. Allerdings sind die Ansprüche an die Argumentation und das Einfühlungsvermögen der Verkäuferinnen und Verkäufer wesentlich höher als bei den Nicht-Systemen, um die kundenseitigen Einstiegshürden zu überwinden. Diesem Aspekt muss das SE herausragende Aufmerksamkeit schenken.

13.4.4 Märkte mit identifizierbaren Kunden, kundendefinierten Produkten und singulären Transaktionen, Kategorie 4

Die in dieser Kategorie betrachteten Industriegüter haben einen beträchtlichen Wert, sodass selbst bei geringen Kundenzahlen das Geschäftsvolumen in diesen Märkten groß sein kann und es sich lohnt, von einem Markt zu sprechen. Beispiele sind Investitionsgüter, wie ein Elektrizitätswerk, eine Ölbohrplattform oder eine Produktionslinie. Diese Geschäfte sind oft so groß, dass sie sich als langjähriges Projekt darstellen, welches in identischer Form nicht wiederholt wird. Die Anbieter in dieser Branche sind spezialisiert, um den hohen technischen Anforderungen der Kunden gerecht werden zu können. Die Zahl der Kunden ist gering und können einfach lokalisiert werden, stellen aber komplexe Gebilde mit schwierigem Zugang zu Entscheidungsträgern und Informationen dar. Die Güter werden oft im Detail vom Kunden spezifiziert, auf jeden Fall legt er die erwarteten Leistungswerte fest.

In Anbetracht der beträchtlichen Transaktionswerte besteht auf Kundenseite ein hoher Bedarf an Sicherheit hinsichtlich des Geschäfts. Kauft er ein nicht geeignetes Produkt (was sich oft erst nach einer längeren Zeit herausstellt) oder bei einem nicht geeigneten Lieferanten, so erleidet er Nachteile und finanzielle Verluste. Diese Geschäfte laufen wesentlich anders ab als die bislang beschriebenen, erstens aufgrund des großen Transaktionsumfangs und zweitens aufgrund des großen Sicherheitsbedürfnisses. Das Vorweisen von Referenzen ist wichtig, um überhaupt in den Kreis der Anbieter aufgenommen werden zu können. Technisch ähnliche Produkte bzw. Projekte müssen zur Zufriedenheit der früheren Kunden erstellt und die finanzielle, kapazitative und technische Belastbarkeit des Lieferanten dargelegt werden. Hier kann das Marketing nicht an der Produktdefinition teilnehmen, es hat völlig andere Aufgaben: Es kann Marktforschung bezüglich allgemeiner Trends durchführen (z. B. Substitution des Erdöls durch regenerative Energien und die daraus notwendige Neuausrichtung des Ölbohr-Plattformbauers) und sollte den Vertrieb bei der Erarbeitung der Transparenz der Entscheidungsprozesse beim Zielkunden unterstützen. Die Preisgestaltung basiert üblicherweise auf den Herstellungskosten plus Zuschlägen; Werbung im herkömmlichen Sinn (bei einer sehr überschaubaren Kundenzahl weltweit) erscheint in der Regel nicht sinnvoll. Die Aufgaben der kundenbezogenen Marktforschung, der Kundenidentifizierung, der Auftragsakquise, der Preisverhandlung und der Distribution obliegen überwiegend dem Vertrieb. Die Mitarbeiterinnen und Mitarbeiter im Vertrieb müssen sehr hohen Anforderungen genügen und über technische, organisatorische, kaufmännische und psychologische Detailkenntnisse verfügen, die weit über das allgemein übliche Maß hinausgehen.

Aufgrund der geschilderten Besonderheiten steht die Einführung von Sales Enablement vor völlig anderen Anforderungen als im B2C oder in B2C-nahen Industriesektoren. Das SE in dieser Kategorie muss sicherstellen, dass alle für die Produktdefinition erforderlichen Informationen von den verschiedenen Abteilungen (Vertrieb, Konstruktion, Einkauf) rechtzeitig und in geeigneter Qualität geliefert wird oder muss entscheiden, ob hier ein Empowerment-Prozess notwendig und sinnvoll ist. Bei der Preisfestlegung sind technischen und wirtschaftlichen Gegebenheiten Rechnung zu tragen und es müssen politische und firmenpolitische Ziele ihren Niederschlag finden. In Anbetracht der oft großen zu bewegenden Materialmengen spielen die Logistikkosten bzw. das Logistikkonzept eine bedeutende Rolle – ob sich SE diesem Teil der Marketingaufgaben detailliert stellen muss, ist jedoch nicht zu erwarten, da dies eine sehr technische Aufgabe ist. Auch ist nicht zu erwarten, dass aufgrund der geringen Kundenzahl weltweit Werbemaßnahmen eine Rolle spielen werden. Es ist zu vermuten, dass der Mehrwert von SE im Bereich der Produktdefinition und Preisgestaltung liegt.

13.4.5 Märkte mit identifizierbaren Kunden, kundendefinierten Produkten und Transaktionsreihen (Zuliefergeschäft), Kategorie 5

Das Zuliefergeschäft in der Serienfertigung weist die Besonderheit auf, dass nach der Akquise eines Serienauftrags der Umsatz für die gesamte Laufzeit relativ sicher ist und der Verkäufer sich anderen Akquiseprojekten widmen kann. Dennoch oder gerade deswegen herrscht ein sehr starker Konkurrenz- und Preiskampf in der Akquise-Phase. Die Definition der Produkte übernimmt zu nahezu 100 % der Kunde, da er die zugekauften Komponenten in die eigenen Produkte integrieren muss und nur er genau weiß, welche technischen Eigenschaften die Zukaufteile haben müssen. Eine unterstützende Beratung bei der Produktgestaltung durch den Lieferanten ist willkommen und wird als Kompetenz betrachtet. Diese bezieht sich oft aber nur auf die Gestaltung von Details bezüglich des verwendeten Materials oder der Form und findet dann Anklang, wenn dadurch die Funktion sichergestellt und Kosten gesenkt werden können. Die Zahl der Kunden ist deutlich größer als in der vorigen Gruppe (oft zwei, drei oder mehrstellige Kundenzahlen weltweit), allerdings lassen sich auch hier die potenziellen Kunden einfach und schnell ermitteln, indem Fachausstellungen besucht oder Internetrecherchen durchgeführt werden.

Diese Gruppe lässt sich im Bereich der Automobilindustrie, die laut Statistischem Bundesamt ca. 5 % Anteil am BIP in Deutschland hat (2019), in die Gruppen der Tier 1 (direkter Automobilzulieferer) und Tier 2 (Unterlieferant der Tier 1) aufteilen. Formal sind die Abläufe ähnlich, die Gruppen unterscheidet jedoch, dass die Tier 1-Lieferanten eine sehr niedrige Zahl an Kunden (die Automobilhersteller, niedriger zweistelliger Bereich weltweit) hat, die die teilweise hochpreisigen Produkte (Getriebe, Achsen, Sitzgarnituren) in großen Mengen abnehmen. Entsprechend fordernd ist es, in diesem umkämpften Markt profitable Geschäfte abzuschließen. Als Tier 2 fungieren meistens mittelständische, technologiegetriebene Unternehmen (Stanzereien, Gießereien etc.), die ihre Produkte an die Tier 1 verkaufen. Die Tier 2 haben eine wesentlich größere Kundenzahl und sind meistens nicht auf die automobile Kundschaft angewiesen, sondern können ihre Produkte auch in andere Sparten liefern (Weiße Ware, Landmaschinen, Sportgeräte). Die Anforderungen an die Vertriebsmitarbeiterinnen und -mitarbeiter ist in beiden Fällen durch die Kombination technischer und betriebswirtschaftlicher Argumentation geprägt, oft sogar mit Schwerpunkt auf den technischen Kenntnissen, sodass das Anforderungsprofil sehr breit und tief ist. Um den Bedarf an qualifizierten Vertriebsmitarbeiterinnen und -mitarbeitern zu decken, ist in den letzten Jahren in Deutschland das Berufsbild des akademisch ausgebildeten Vertriebsingenieurs entstanden (vgl. AASE, 2020). Eine umfassendere Darstellung des Automobilzuliefermarktes findet sich bei Gelowicz (2020), Blöcker (2015) und Wells (2013).

In der Kategorie 5 umfassen die Aufgaben des Marketings nicht die Preisgestaltung. Der Preis der Produkte wird vom Vertrieb (oft von Vertriebsingenieurinnen bzw. -ingenieuren) in Anbetracht der Herstellungskosten und notwendigen Gewinnmargen in einer dem Geschäftsumfang entsprechenden harten Verhandlungen festgelegt. Die Distribution (Logistik) wird über Speditionen abgewickelt oder läuft über kundenspezifizierte Systeme. Sie benötigt nicht die Dienste einer Marketing-Abteilung. Werbung wird im Zuliefergeschäft nur marginal eingesetzt und erschöpft sich in den meisten Fällen in der Teilnahme an Fachmessen. Im Zulieferbereich nehmen Marketingabteilungen oft lediglich die zwei Aufgaben a) Erstellung der Firmenprospekte und b) Organisation der Messeauftritte wahr. Ihre Bedeutung ist, gemessen an der starken Stellung ihrer Kollegen im B2C Markt, gering. In Kat.-5-Märkten muss das Sales Enablement, um erfolgreich eingeführt werden zu können, sich u. a. mit den besonderen Anforderungen an die Verkäuferpersönlichkeiten der Vertriebsingenieure befassen. Die Integration von technischem, Marketing- und Vertriebs-Sachverstand in einer Person sowie das Fehlen von ausgeprägten Vertriebsunterstützungsaktionen und speziellen logistischen Konzepten verwehrt Standard-SE-Ansätzen den Zugang zu den Vertriebsakteuren und der Vertriebsorganisation in der Kategorie 5. SE-Ansätze müssen die oft schon recht starke Vertriebsstellung absichern und ausbauen. Die SE-Einführungs-Teams werden auf wenige bis keine Marketingabteilungen treffen. Das notwendige Marketingverständnis ist zu definieren und entweder in den Aufgabenbereich der Vertriebsakteure zu implementieren, oder es sind, bei erhöhtem Bedarf, entsprechende Funktionen zu schaffen. Aufgrund der technischen Produktdefinition müssen die Nachbarabteilungen, wie Konstruktion, Fertigungsplanung und Qualitätsmanagement, mit in das Vertriebsgeschehen eingebunden werden (was bei erfolgreichen Firmen durchaus die Regel ist). Promotions- oder Distributionsaufgaben fallen in geringem Maß an.

13.5 Zusammenfassung

Es wurde gezeigt, dass der Vermarktungsprozess in den einzelnen Industriesektoren entscheidende Unterschiede aufweist. Die Abläufe und Aufgaben der Marketing- und Vertriebsabteilungen und die Anforderungen an die ausführenden Personen unterscheiden sich stark von Industriesektor zu Industriesektor. Insofern muss das Sales Enablement in unterschiedlichen Industrien anderen Anforderungen genügen und anders strukturiert werden. Es wird eine Einteilung der Industriesektoren anhand der Zahl der Kunden, der Definition der Produkte und anhand der Dauer der Geschäftsbeziehung vorgeschlagen, da diese Kriterien die Arbeit der beiden Abteilungen mit Kundenkontakt (Vertrieb und Marketing) charakterisieren. Es zeigt sich, dass beim Sales Enablement im industriellen Bereich teilweise eine Verknüpfung von technischen und betriebswirtschaftlichen Informationen notwendig ist und oftmals die technischen Abteilungen mit in die Arbeit am Kunden einbezogen werden müssen, was eine wesentlich andere Vorgehensweise als beim Sales Enablement in Konsumgütermärkten fordert.

Es verbleibt, die vorgeschlagene Kategorisierung weiter auszuarbeiten, weitere Industrie-Kategorien zu ergänzen und ggf. andere Gesichtspunkte mit in Betracht zu ziehen. Nur wenn verstanden ist, wie die Anforderungen an das Sales Enablement in den verschiedenen Industriesparten ausfallen, kann das Sales Enablement erfolgreich im industriellen Bereich flächendeckend zum Nutzen der anwendenden Firmen eingeführt werden.

Literatur

AASE. (2020). Academic Association of Sales Engineers. http://aase-eu.org/home/aase/. Zugegriffen: 21. Okt. 2020.

Backhaus, K. (2003) *Industriegütermarketing* (7. Aufl.). Vahlen. ISBN 3-8006-2886-4.

Backhaus, K., & Voeth, M. (2014). *Industriegütermarketing. Grundlagen des B-to-B-Marketing* (10. Aufl.). Vahlen.

Backhaus, K., & Voeth, M. (2015). *Handbuch Business-to-Business-Marketing*. Springer Gabler, Springer Fachmedien. ISBN 978-3-8349-4680-5e, ISBN 978-3-8349-4681-2.

Blöcker, A. (2015). Industrielle Wertschöpfungsketten: Herausforderungen für das deutsche Industriemodell am Beispiel der Automobilindustrie WSI Mitteilungen. https://www.boeckler.de/data/wsimit_2015_07_bloecker.pdf. Zugegriffen: 28. Okt. 2020.

Engelhardt, W. H., Kleinaltenkamp, M., & Recktenfelderbäumer, M. (1993). Leistungsbündel als Absatzobjekte: Ein Ansatz zur Überwindung der Dichotomie von Sach- und Dienstleistungen. *Zeitschrift für betriebswirtschaftliche Forschung, 45*(5), 395–426.

Gelowicz, S. (2020). Was sind Automobilzulieferer? Grundlagen, Ranking und Beispiele. https://www.automobil-industrie.vogel.de/was-sind-automobilzulieferer-grundlagen-ranking-und-beispiele-a-724889/. Zugegriffen: 3. Okt. 2020.

Highspot. (2020). Sales Enablement Report 2020. https://p.highspot.com/dach-aw-state-se-report-2020.html?utm_campaign=resource&utm_source=google&utm_medium=cpc&utm_source=google&utm_medium=cpc&utm_campaign=na-ppc-adwords-se-kw&utm_term=salesenablement&gclid=Cj0KCQiAy579BRCPARIsAB6QoIbkbazhTzTJQIQLSECXSYiyPEIQ54Bq8dHkdLIh1F71zw6IZVpBZQaAvJAEALw_wcB. Zugegriffen: 30. Okt. 2020.

Kleinaltenkamp, M. (1997). Kundenintegration. *WiSt., 26*(7), 395–426.

Kotler, P., Rackham, N., & Krishnaswamy, S. (2006). Ending the war between Sales and Marketing. *Harvard Business Review* (Special Edition, July–August 2006).

Matthews, B., & Schenk, T. (2018). *Sales enablement: A master framework to engage, equip, and empower. A world class sales force.* Wiley. ISBN: 9781119440277.

Plinke, W. (1992). Ausprägungen der Marktorientierung im Investitionsgüter-Marketing. *Zeitschrift für betriebswirtschaftliche Forschung, 44*(9), 830–846.

Statistisches Bundesamt. (2019). https://www.destatis.de/DE/Presse/Pressemitteilungen/2019/04/PD19_139_811.html. Zugegriffen: 29. Okt. 2020.

Wells, P. (2013). Sustainable business models and the automotive industry: A commentary. Centre for Automotive Industry Research, Cardiff Business School, *IIMB Management Review, 25*, 228–239.

Wengler, S. (2020). *Grundlagen des Marketing im digitalen Zeitalter.* Access Marketing Management. ISBN 978-3-945456-20-0.

Winkelmann, P. (2012). Vertriebskonzeption und Vertriebssteuerung. Die Instrumente des integrierten Kundenmanagements – CRM (5. Aufl.). Vahlen. ISBN 978-3-8006-4264-9.

Prof. Dr.-Ing. Jobst Görne studierte Maschinenbau an der RWTH Aachen und promovierte dort im Bereich Fertigungstechnik. Im Zuge seiner Industrielaufbahn wechselte er in den Technischen Vertrieb im Werkzeug- und Maschinenbau sowie in der Automobilindustrie, wo er für die weltweite Vermarktung der Produkte verantwortlich war. Im Jahr 2001 folgte er einem Ruf an die Hochschule Aalen in den Studiengang „Internationaler Technischer Vertrieb", wo er technische und kaufmännische Fächer lehrt, u.a. den Technischen Vertrieb im Bachelor und das Vertriebsmanagement im Master. Professor Görne bekleidete in der Fakultät das Amt des Studiendekans und Dekans für mehrere Jahre. Er war für die Kontakte zu ausländischen Universitäten zuständig und schloss sich im Jahr 2010 dem Global Sales Science Institute, GSSI, an, in dem er zwei Jahre die Funktion des Chairs innehielt. Weiterhin zählt er zu den Gründungsmitgliedern der Academic Association of Sales Engineering, AASE, einem europäischen Zusammenschluss der Professoren, die Technischen Vertrieb lehren. Er ist seit zwei Jahren emeritiert.

 **Maximilian Bäurle** studierte an der Hochschule Aalen International Sales Management and Technology im Bachelor und absolviert aktuell das Masterstudium Leadership Industrial Sales and Technology. Durch diverse Praktika und ein absolviertes Auslandssemester in Stockholm sowie unterschiedliche Seminare und Workshops hat er praktische und theoretische Erfahrungen im Einkauf und Vertrieb gesammelt. Er ist Mitglied des Instituts für Internationalen Technischen Vertrieb Aalen und organisiert verschiedene Events.

Teil V
Kundenperspektiven auf Sales Enablement/ Customers' Perspectives on Sales Enablement

Answering the Buying Center

How Selling Centers Deal with Current Challenges in the Sales Process

14

Heike Papenhoff, Carsten D. Schultz und Carsten Welle

Inhaltsverzeichnis

14.1	Introduction	194
14.2	Conceptual Background	195
	14.2.1 The Buying Center Concept	195
	14.2.2 The Selling Center Concept	196
	14.2.3 Interaction between the Selling Center and the Buying Center	198
	14.2.4 Theoretical Framework	200
14.3	Research Method	201
14.4	Results	203
	14.4.1 Overview	203
	14.4.2 The Changing Sales Environment	203
	14.4.3 Influence of Procurement within the Buying Center	205
	14.4.4 Composition of Selling Centers and Matching to Buying Centers	207
	14.4.5 The Effect of Matching the Buying Center	209
14.5	Implications	210
	14.5.1 Theoretical Implications	210
	14.5.2 Managerial Implications	211
References		212

H. Papenhoff
FOM Hochschule für Oekonomie & Management, Dortmund, Deutschland
E-Mail: heike.papenhoff@fom.de

C. D. Schultz (✉)
FernUniversität Hagen, Hagen, Deutschland
E-Mail: carsten.schultz@fernuni-hagen.de

C. Welle
FOM Hochschule für Oekonomie & Management, Essen, Deutschland
E-Mail: Carsten.Welle@de.bp.com

© Der/die Autor(en), exklusiv lizenziert an Springer Fachmedien Wiesbaden GmbH, ein Teil von Springer Nature 2022
J. Westphal et al. (Hrsg.), *Sales Enablement als Fundament des Vertriebserfolgs*, FOM-Edition, https://doi.org/10.1007/978-3-658-37614-7_14

Abstract

Selling centers – informal teams of internal specialists – are formed to address the diverse needs of individuals within the customer company and to rely on cross-functional expertise. Digitalization, standardization, externalization, and professionalism characterize today's selling situations. From the perspective of the buying organization, procurement takes on an increasingly important role. The functions involved on the side of the selling organization can comprise a variety of units that are reactively formed to match the function, hierarchy, and number of the corresponding buying center. Overall, the changed conditions in selling centers require the participating members to acquire necessary skill sets and to adapt to the challenges of the process and the relationship between selling and buying organizations. Matching the composition and needs of buying centers as well as increasing the selling centers' expertise and knowledge raises the probability of a successful sales process.

14.1 Introduction

The purchasing function has become more professional over the last years, taking on a strategic direction (Wagner & Eggert, 2016) by using standardized and often digitized processes (Schoenherr & Marbert, 2011). Members of the buying organization adapt to the trends and upcoming changes through more in-depth knowledge and professionalism, which is often reflected by better trained and highly experienced people from, for example, the procurement function. Purchasing companies use these procurement specialists (in-house or consultants) to follow a systematic and assertive approach to securing the best deals. A considerable amount of literature discusses these buying situations in industrial companies (e.g. Howard & Doyle, 2006; Töllner et al., 2011; Webster & Wind, 1972). One consensus is that in 'complex' or 'new buy' situations, more than one member of the purchasing company is involved in the buying process. This team is generally referred to as a buying center (e.g. Forman, 2014; Robinson et al., 1967; Webster & Wind, 1972).

High customer expectations and professional purchasing processes also significantly increase the urge to react on the selling side, to enhance the knowledge, speed of response, as well as breadth and depth of communication of sales people (Anaza & Nowlin, 2017; Jones et al., 2005). The sales role is changing from selling products to building relationships, providing solutions, and value selling (Artto et al., 2015; Davies et al., 2010). Hence, a frequent reaction of the selling company is to establish a team which is supposed to handle the sales process, the so-called selling center (Deeter-Schmelz & Ramsey, 2001; Yang et al., 2011).

Conceptual literature assumes that setting up a selling center addresses the described challenges successfully. Further, composing the selling center in order to match the buying center should facilitate interaction (Frenzen, 2009; Puri & Korgaonkar, 1991; Moon & Armstrong, 1994) and the formation of common goals (Deeter-Schmelz & Ramsey, 1995) to leverage the success of the sales process. While the buying center has seen considerable research attention, the selling center is surprisingly under-researched (Yang et al., 2011) and empirical research is scarce (Frenzen, 2009).

The present paper aims to address this research gap and to provide one of the first empirical explorations of selling centers. In particular, the present study answers the question of how to encounter the customers' buying center to close a sales deal. A first question is which members are involved in a selling center. Building on the work of Hutt et al. (1985), Moon and Armstrong (1994) as well as Deeter-Schmelz and Ramsey (1995), we identify organizational functions as well as roles within the selling center. We examined how the selling organization composes its selling team when confronted with a customer's buying center, whether there is a tendency of the selling organization to match the organizational functions and hierarchical levels of the buying center. Additionally, we also incorporated the reaction to the growing importance of the purchasing/procurement function in buying companies (Wagner & Eggert, 2016) and what this means in terms of developing the skills of the selling organization.

We consider our work to be a pilot study in this field and therefore chose an exploratory research approach. We conducted 23 in-depth expert interviews about sales situations in which a selling center was involved. Our findings indicate that selling centers are confronted with increasingly complex sales situations that are characterized by digitalization, standardization, and externalization. These developments lead to the formation of buying centers steered by procurement and using sophisticated methods that determine the purchasing process. To address these challenges, the selling center is composed of members that match the buying center in terms of number, function, and hierarchical level. Beyond that, the sales force needs to be better trained and to develop new skills to address the mentioned challenges. By matching the composition of the buying center and increasing the selling center's expertise, industrial companies can leverage their probability of a successful sales process.

14.2 Conceptual Background

14.2.1 The Buying Center Concept

Due to the complexity of industrial purchasing situations industrial buying processes are often operated by a group rather than an individual within the purchasing department (Robinson et al., 1967; Töllner et al., 2011). This complexity is caused by the increased need to gather and process information as well as the importance to manage the entire supply chain (Forman, 2014; Webster & Wind, 1972). The individuals directly involved in the buying process with the specific purpose of accomplishing the buying task are part of the so-called buying center (Forman, 2014; Robinson et al., 1967; Webster & Wind,

1972). The members involved generally take on one or more of the following five roles: users, buyers, influencers, deciders, and gatekeepers (Webster & Wind, 1972). "The buying center notion has been one of the most important (...) contributions made in the study of industrial buying behavior" (Johnston & Banoma, 1981, p. 143) to understand the complex process of industrial purchasing decisions.

In the last decades, the 'buyers' within the buying center, i.e. industrial procurement, have taken on a professional function within firms (Binckebanck & Pompe, 2016), which is currently recognized as an important "source of competitive advantage" (Wagner & Eggert, 2016, p. 27). It connects the focal company to its upstream partners and is supposed to initiate business relationships (Edvardsson et al., 2008; Wagner & Eggert, 2016). Thus, the purchasing agents represent one of the key roles within the organizational buying center as they take on the boundary-spanning role (Hutt et al., 1985; Puri & Korgaonkar, 1991). They are the ones who determine the composition of the buying center by inviting different functions to participate (Puri & Korgaonkar, 1991).

From a supplier's point of view, being confronted with a buying center results in the necessity to communicate with a team of specialists instead of communicating with a single purchasing agent. A supplier selling to a buying center does not only have to meet the needs of an individual, but the interests and goals of all people involved as well as the organization as a whole (Rese & Maiwald, 2011; Webster & Wind, 1972). Customers want sales managers who can "act like a bridge between the various departments at both companies" (Puri & Korgaonkar, 1991, p. 312). Supplier firms must focus on the different needs of the parties involved in the buying center to build profitable relationships in this situation. The aim is to provide high value to the customer and subsequently realize correspondingly high value from the customer (Belz & Dannenberg, 2015).

14.2.2 The Selling Center Concept

14.2.2.1 Defining the Selling Center

To adequately address the different needs of buying center members, suppliers rely on a team of specialists, the so-called selling center – the counterpart of the buying center. Moon and Armstrong (1994) describe the selling center as the logical extension of the organizational buying center. Hutt, Johnston, and Ronchetto define it as an "informal, interfunctional decision unit", which is built to initiate and maintain an exchange relationship with a customer's buying center (1985, p. 34) as well as to react to the number of people on the other side of the dyad (Moon & Armstrong, 1994). For this purpose, the selling center is composed of people from different functional areas as well as different hierarchical levels of the selling organization who are able to contribute to the closing of the deal (Jones et al., 2005; Puri & Korgaonkar, 1991; Yang et al., 2011). This enables the selling organization to fulfill different knowledge requirements of the customer (Johnson et al., 2017; Yang et al., 2011), to facilitate interaction with different members of the involved buying center (Puri & Korgaonkar, 1991), and to provide the best possible customized solution (Jones et al., 2005). Thus, the selling center will become a trusted partner for the customer. Its boundary-spanning roles aim at a profound and profitable relationship with the customer's buying center (Jones et al., 2005; Judson et al., 2009).

Smith and Barclay state that a selling center is set up "with respect to a specific buying situation" (1990, p. 6). Hence, selling centers are transaction-focused, involving members that are expected to advance the respective sales situation. Members join or leave the selling center depending on their contribution to the selling process (Moon & Gupta, 1997). Thus, membership in a selling center is volatile and fluctuating (Moon & Gupta, 1997).

Selling centers are temporary groups established to take care of the needs of certain customers and to achieve the primary goal of optimizing the fit between the suppliers' value offer and the customers' needs (Johnson et al., 2017; Judson et al., 2009; Moon & Gupta, 1997).

14.2.2.2 Composition of the Selling Center

Moon and Gupta (1997) differentiate between the selling center's *extensivity*, i.e. the number of temporary members, and the selling center's lateral and vertical involvement. The lateral involvement encompasses the different functional departments the members stem from. The vertical involvement is described by the various levels of the "organization's authority hierarchy" (Moon & Gupta, 1997, p. 34).

Regarding the lateral involvement, different functional areas from which members of an organization join selling centers are discussed in literature. Although slightly different wordings and different resolutions are used, the key areas "of support systems within their own organisation" (Kothandaraman et al., 2014, p. 141) mentioned are the same. Firstly, sales is part of the team, generally being the first point of contact for the customer (Puri & Korgaonkar, 1991; Hutt et al., 1985). Secondly, somebody with deep product knowledge who can provide technical details about product attributes may be needed, for example, in product management or in a technical support group (Puri & Korgaonkar, 1991; Moon & Armstrong, 1994). If new product specifications are required, engineering or research and development (R&D) are involved in the selling center (Moon & Armstrong, 1994). The value for the customer might not only come from a product but also from special volumes or delivery specifications (e.g. just-in-time supply). Thus, business functions that implement the sold value within the company might also be part of the selling center, e.g. manufacturing, logistics, or finance (Hutt et al., 1985; Puri & Korgaonkar, 1991; Smith & Barclay, 1990).

Besides products, services also become increasingly important in delivering value to an industrial customer (Eggert et al., 2015). In cases in which services are an integral part of the offering, the service department is also involved in the selling center (Hutt et al., 1985; Smith & Barclay, 1990). In order to offer sustainable customer value, the selling center receives support from the marketing department (Johnson et al., 2017;

Jones et al., 2005). Apart from the members of the selling company, external members, such as agents, associates, and alliance partners, may be introduced to the team as complementary vendors (Smith & Barclay, 1990; Puri & Korgaonkar, 1991).

The extensivity and the lateral and vertical involvement of members in the selling center depend on the selling situation. This situation is characterized by the intensity of the relationship with the customer (lead or existing customer), the buy class, the complexity of the product or service to be sold, and the importance of the sales situation (Hutt et al., 1985; Moon & Armstrong, 1994). The buying class approach (Robinson et al., 1967) determines the size of the selling center and the membership of different departments. A new task situation may, for example, require a high level of information or a complex customized solution, which, in turn, requires participation of various areas of the selling firm (Hutt et al., 1985; Moon & Armstrong, 1994). Furthermore, uncertain environmental situations affect the composition of the selling center. In such cases, the respective participants in the buying center expect a well-informed selling center with in-depth knowledge (Anaza & Nowlin, 2017; Jones et al., 2005). The sales person depends on the support of other departments and areas of the focal firm (Moon & Gupta, 1997). With growing importance of the sales or respective purchasing situation for the companies, more people tend to be involved in the process (Moon & Armstrong, 1994). Johnston and McQuinston (1984) additionally mention environmental factors such as legal or political influences which affect selling situations.

14.2.2.3 Literature Overview on Selling Center Research

Despite its strategic importance for selling firms, research on the concept of selling centers is relatively scarce (Yang et al., 2011). There are only few contributions focusing on this important topic for industrial companies; these are summarized in Table 14.1.

Researchers mainly focus on defining the functions and roles of the members involved in the selling center, defining the situations in which selling centers are to be established, or analyze internal boundaries that undermine the success of selling centers. Meanwhile, except for the work of Moon and Armstrong (1994) as well as Frenzen (2009), all works rely on a conceptual approach. Empirical evidence is still lacking.

14.2.3 Interaction between the Selling Center and the Buying Center

Uplifting the transactions in the relationships between selling and buying centers, the interaction between the selling and the buying center is necessary, as they are the boundary spanners between the two companies. Current conceptual literature offers different maps of such interaction (Arli et al., 2018; Deeter-Schmelz & Ramsey, 2001; Hutt et al., 1985; Jones et al., 2005; Moon & Armstrong, 1994; Puri & Korgaonkar, 1991).

Table 14.1 Literature overview on selling center research

Author	Type of study	Key results
Hutt et al., 1985	Conceptual	Define the functions and roles within a selling center as well as a classification of selling situations in which selling centers are most likely to appear
Spekman & Johnston, 1986	Conceptual	Provide a managerial approach of structuring relationship management for the selling center
Smith & Barclay, 1990	Conceptual	Suggest theoretical perspectives that are appropriate for selling center research
Puri & Korgaonkar, 1991	Conceptual	Suggest interfunctional communication as well as sales training as key success factors in forming a selling center to facilitate buyer–seller information exchange
Moon & Armstrong, 1994	Interview approach	Define roles within a selling center and identify purchase/sales situations in which a selling center is most likely to be built
Moon & Gupta, 1997	Conceptual	Define conditions under which selling centers can be effectively organized
Weitz & Bradford, 1999	Conceptual	Describe the new role of sales people within a selling team that is formed to engage in long-term buyer-seller relationships
Deeter-Schmelz & Ramsey, 2001	Conceptual	Define different roles that members of the selling and buying center take on as well as their interactions
Jones et al., 2005	Conceptual	Identify interrelationships among members of the selling firm and between the selling and buying firms as well as key drivers for the success of team selling
Frenzen, 2009	Interview approach	Describes the composition of sales teams and identifies factors that influence sales team performance
Yang et al., 2011	Conceptual	Suggest an influence of internal and external social capital on the performance of a selling center
Kothandaraman et al., 2014	Conceptual	Identify sales people's power within a selling center as a driver of success in service recovery

Taking on a superordinate perspective, Jones et al. (2005) identify key relationships between members of the buying and selling organizations, which exhibit inter- and intra-links between the selling and buying firms. Jones et al. (2005) identify interrelationships between the participants of the selling and buying centers on an individual level.

Secondly, interaction occurs between the two teams in their entirety, between individual team members as well as between the teams. Members of the selling team also build relationships with members of other divisions within the supplying firm to fulfill customer needs or to conform to global company strategies (Johnson et al., 2017). Finally, all interactions between the two firms take place within the context of the market environment.

Deeter-Schmelz and Ramsey (1995), Hutt et al. (1985) as well as Moon and Armstrong (1994) point out that the interactions between the selling and buying center members are also determined by the different roles the members take on. Hutt, Johnston, and Ronchetto introduce the roles "responsible, approve, consult, inform, and implement" on which the interaction between the organizational selling and buying center is based (1985, p. 34). Deeter-Schmelz and Ramsey (1997) describe teams as groups of people sharing common performance goals and actions focused on a common working approach (Deeter-Schmelz & Ramsey, 1997), which lead to collective work results (Katzenbach & Smith, 1993). In a selling/purchasing situation, the selling and buying center teams pursue the common goal of team performance in terms of mutual value so that both teams evolve into a superordinate team (Deeter-Schmelz & Ramsey, 1995). In order to do so, internal and external information is required to coordinate the different relationships within the focal firm and the relationship counterparts (Deeter-Schmelz & Ramsey, 1997). Therefore, the coordinating and negotiating roles are the basis for the extension of the participating roles. Consistently, Hutt et al. (1985) emphasize the importance of interdependence management to maintain customer value as the shared goal for all participants.

14.2.4 Theoretical Framework

Selling centers are groups of people that work in different functions of the selling company and thus build a fluent subunit within the company, working toward the overall aims of the company (Jones et al., 2005; Moon & Gupta, 1997; Puri & Korgaonkar, 1991; Yang et al., 2011). Hence, we draw on the concept of the system-structural perspective (Moon & Gupta, 1997; Smith & Barclay, 1990). Smith and Barclay (1990) integrate this perspective into the deterministic approach of organizational subunits. Generally, the system-structural perspective "interprets activities of organizational subunits in terms of how they serve and support the larger system" (Smith & Barclay, 1990, p. 8). Interdependence is one central aspect here; institutions, organizations, and individuals all interdepend. The interconnected, functional subunits of organizations also depend on one another and are interrelated, working toward a common goal under the organizational constraints (Smith & Barclay, 1990; Jones et al., 2005).

By addressing the interactions that drive team selling effectiveness, the present study also relates to social network analysis, as different types of social connections are formed in the selling center as well as between the buying and selling centers.

A constitutional element of social networks is the formation of interconnected networks – the inter- and intra-connectedness of the organizational units. As such, social network analysis can present strong and weak ties (Granovetter, 1973) that may be used to interpret the social behavior of people involved (Mitchell, 1969). Strong ties are more permanent and often active links, whereas weak ties bond individuals, units, and organizations in temporary, potentially single situations (Granovetter, 1973). Weak ties thus create bridges between individuals or groups that are regularly not linked. Thus, weak ties refer to the composition of the selling center as well as the interactions between the buying and selling center in this study.

14.3 Research Method

To learn more about selling centers in industrial selling processes, we chose a qualitative interview approach. This approach is suited to gain deeper insights into a phenomenon on which research is still scarce (Eisenhardt, 1989; Miles et al., 2019) and which enables us to gain insights into a real-world phenomenon (Eisenhardt & Graebner, 2007; Miles et al., 2019).

We conducted interviews with 23 sales experts from different companies about sales situations in which a selling center was involved. These sales experts gained their expertise in industrial services as well as machinery and equipment industries. The sampling approach was a purposive one choosing interview partners because they are particularly suitable (Eisenhardt & Graebner, 2007) in that they are highly experienced in selling situations in which selling centers were involved. The interview partners were key sales people accompanying the sales processes in their companies, ranging from technical sales to senior management level. Table 14.2 provides an overview of the interview partners.

The interviews were based on a set of structured questions, followed by requests for clarification, more details, or examples. The focus was on obtaining recent examples from every interview partner to illustrate the sales situations. Each interview was conducted between September 2016 and February 2017 and lasted between 45 and 60 min. Interviews were done in English and German both from face to face as well as over the phone.

Each interview was analyzed by two researchers. Following the proposition of Miles et al. (2019), each interview was first analyzed individually. Afterwards, the results were compared in order to discover similarities as well as the particular features of individual sales situations. Key arguments named in the interviews were identified. Both researchers began by independently analyzing interviews and then comparing and discussing results to jointly develop a common understanding. Non-English quotes are translated and cross-checked by both researchers.

The sales situations reflect different characteristics within the dimensions of product complexity, process complexity, and process sophistication. The first dimension in which

Table 14.2 Overview of interview partners

No	Position	Years of Selling Experience
01	Account Manager	6
02	Division Manager	8
03	Head of Marketing	11
04	Head of Sales	18
05	Head of Sales	35
06	International Key Account Manager	14
07	International Key Account Manager	14
08	International Key Account Manager	25
09	International Key Account Manager	16
10	Key Account Director	13
11	Key Account Manager	20
12	Key Account Manager	9
13	Key Account Manager	12
14	Key Account Manager	15
15	Key Account Manager	7
16	Sales Director	29
17	Sales Engineer	16
18	Sales Manager	20
19	Sales Manager	15
20	Sales Manager	18
21	Senior Sales Engineer	22
22	Technical Sales	7
23	Technical Sales	-

the sales situations differ is product complexity. Industrial companies in today's mature markets focus more and more on offering complex bundles consisting of interdependent products and services (Eggert et al., 2015; Ulaga & Reinartz, 2011). In our sample, we also find product offerings ranging from standard stand-alone products or services to complex product-service bundles. Product complexity also relates to the life cycle of a product or the time between two sales situations (Box, 1983). Some products have a long life cycle and are used for a long period within the purchasing organization. Thus, the time between two sales/purchasing situations is long. On the other hand, products sold by our interview partners are bought for a period of 2-3 years, resulting in more frequent and new sales negotiations.

The life cycle of a product also relates to process complexity as the second dimension. Longer product life cycles generally involve a higher financial commitment and corresponding sales negotiations happen less often in comparison to shorter product life cycles. In consequence, process complexity is comparatively higher for longer product life times. Similarly, the number of conducted purchases affects product complexity. The effect of purchase experience is evident in reducing process complexity as, for example, described by the well-known classification of buying situations in new buy, modified rebuy, and straight rebuy (Robinson et al., 1967).

The third dimension identified is process sophistication on the buying side. In recent years, purchasing departments have tended to adopt a more strategic function. This results in processes becoming more standardized and buying centers using more standardized procurement methods (Naoum & Egbu, 2015; Wagner & Eggert, 2016). Thus, the buying side created increasingly sophisticated processes.

14.4 Results

14.4.1 Overview

The next sections report the findings from our interviews with the selling center members. Consequently, all insights regarding the composition of buying centers are based on the selling center perception. This perspective is especially relevant for the purpose of the present study but can only reflect some aspects of the corresponding buying centers. The interview results represent four aggregated areas of interest: the changing sales environment, the influence of procurement, the composition of selling centers to potentially match buying centers, and the success of selling centers.

14.4.2 The Changing Sales Environment

In most of the sales situations, the selling centers found themselves confronted with a respective buying center. Our interview partners stated that the buying centers comprised various functional and hierarchical organizational units, such as general management, procurement, engineering, finance, legal, marketing, IT, and human resources. These involved functions are in line with previous findings (e.g. Hutt et al., 1985; Puri & Korgaonkar, 1991; Howard & Doyle, 2006). However, our interview partners perceived that the composition of buying centers has changed in recent years. *"There is a clear trend that more people are involved on the customer side"* (IP07), *"including several decision makers with different agendas"* (IP08). Thus, the intra- and inter-connectedness of the participating organizational units have become more important. Especially the commitment within the buying center toward a common goal increased (Smith & Barclay, 1990). Our interview partners confirmed that the tendency toward larger buying centers is especially noticeable when product complexity increases (Rese & Maiwald, 2011). Product complexity may in part also relate to the strategic importance of and financial commitment to the deal from the buyers' perspective. However, the company size does not determine the number of members of a buying center. Interviewees indicate that even smaller companies employ a buying center approach (e.g., IP03; IP04), which might be caused by a parent company embedding certain standardized processes.

Apart from the growing importance of buying centers, ongoing developments in selling situations reported by our interview partners are increasing standardization, externalization, and digitalization. Interviewees compared previous experiences with more recent situations and concluded that sales processes, especially in the initial stages, are increasingly characterized by standardization, employed by buying centers – from initiating the contact to structuring the entire process. The proposal solicitation at the beginning of a sales process is one stage where interview partners reported a strong tendency toward a high level of standardization and less individualization. *"My customer used an internet-based tender without personal contact; we had to make our offer through a standardized process."* (IP11)

The increased integration of external parties into buying center situations, such as consulting companies to coordinate and standardize processes, is closely related to this observation. This leads to a high degree of uncertainty on the seller's side, as decision criteria and further procedure may be unknown. One interview partner stated that *"the externalization hinders the selling process and results in a lack of transparency"* (IP08). According to our interviewees, buying centers use this externalization of the buying process in part to increase the negotiating power.

> "A trend is that more third parties are involved in coordinating the whole buying process. A consulting company manages the process from start to finish. This makes the process more complex, but there are chances in case we have already worked positively with a consultant. Value communication is, however, difficult as the customer takes a back seat." (IP12).

The digital transformation further supports standardization and facilitates the process as there is a distinct rise of IT usage in industrial firms for all kinds of business activities (Ekman et al., 2014). It enables a data-driven, front-loaded process. Thus, selling centers often have to provide a considerable amount of information in the initial stage of a sales process, so that they face high preparation times, taking up up to 70% of the entire sales process time (IP07). *"The initial phase of a selling process may be done through a website with predefined templates, so you may 'sell' to a machine in a first phase of the procurement cycle (IP08)."* Consequently, buying centers start negotiations well informed and are able to include experts from the respective industry and various organizational functions, such as engineering and IT. Selling centers potentially face buyers from different industries and functions that may even include technical experts from third parties who further extend the buying center. Web-based initial stages limit the direct, personal contact of sellers to the buying organization and, thus, purposefully create uncertainty, for example about the information needed at this stage of the purchasing process.

To sum up, buying and selling situations are increasingly characterized by standardization, externalization, and digitalization, which lead to less personal contact between the selling center and their counterparts in the buying center at the beginning of the sales process. This finding contradicts the approach of relationship management in sales processes (Drollinger & Lucette, 2013) and challenges traditional sales approaches. In the later stages of the sales process, selling center members encounter more well-trained and experienced buying center members than in the past. As one interview partner states, *"Dealing with diverse buying center members means navigating with extreme precision through the most ambiguous circumstances for the selling team."* (IP19)

▶ **Research Proposition 1:** Selling centers increasingly face buying situations characterized by large professional buying centers that employ standardization, externalization, and digitalization.

14.4.3 Influence of Procurement within the Buying Center

Besides the general tendency of professionalizing the buying process, our interview partners report a growing influence of procurement on the purchasing process. One interviewee states, for example, that *"depending on the authority, power of procurement (…) is strong."* (IP08). This is in line with Meschnig (2016) who also points out the increasing importance of procurement within the buying process. Another interviewee phrased accordingly

> "Traditionally, our relationships were with other areas such as Finance, Technology. Selling through Procurement is a challenging area that even my most experienced key account managers find difficult." (IP19)

Procurement is identified as a key driver of increased professionalism in the purchasing process. It follows a systematic approach consisting of the following main components: it starts with a criticality analysis to determine how important the products are for the buying company. In a next step, the product requirements are defined. This step also includes a profiling process of the entire buying process to understand the room for maneuver procurement concerning the decision. *"Usually at this stage, a tender process starts."* (IP11). A portfolio analysis is done to inform procurement. Procurement then uses the information strategically for the corresponding product categories. *"During the negotiations, procurement prepared a portfolio analysis to support the decision making."* (IP09). In a last step, a power analysis is conducted to determine the ability to apply favorable negotiating leverage to the relationship.

Therefore, selling companies experience more impact from procurement as they negotiate deals to win, keep, and grow account revenues. With the help of increased digitalization, such as web-based tenders, procurement utilizes information from the initial stage of the process, potentially complemented by additional sources, in order to initiate tough negotiations.

Still, the involvement of procurement depends on the purchasing situation. If the complexity of the product and process sophistication is low, the interviewees attribute high relevance to procurement in the buying center. *"(…) if the product or service is tendered, then it is standardized anyhow and procurement is the first contact. Numbers are important, facts and figures are key."* (IP12). Notably, when the purchasing situation is characterized by standardized products, procurement takes on a lead and coordinating function, starting and accompanying the entire buying process. In this way, procurement creates structured processes by coordinating all involved parties. Procurement makes quotations comparable, pre-selects potential quotes, and thus prepares the decision process. Procurement manages dates and documents and is price sensitive in comparison to other members within the buying center. Thus, procurement dominates further negotiations between members of the buying and selling centers. In accordance with this setting, some interviewees (e.g. IP08) indicate that procurement tends to be finance-driven, seeking low prices. One interviewee additionally points out that even though procurement may sometimes not be *"closely familiar with market conditions"*, it still exerts high price pressure (IP07).

In case of high product complexity and high process sophistication, procurement primarily takes on a coordinating role during the buying process. With increasing product complexity and process sophistication, the participation of procurement decreases. Procurement is involved in a later stage of the process, after the required specifications have been identified and potential solutions have been discussed by the members of the selling and buying center. *"The details of the contract concerning the service bundles will be jointly elaborated by the other members of the selling and buying center as partners. Procurement has the ownership of pricing but in these complex situations, procurement is involved in the final stage of the contract negotiations."* (IP10).

To sum up, there is a tendency toward a procurement dominated process driving high standardization and digitalization in the case of low customized products. On the other hand, complex purchasing situations cause intensive negotiations on a partnership basis between the participating members of the buying and selling center.

In the perception of the selling center members, procurement generally acts with a high level of confidence. It tactically uses information from the selling company and its competitors to make the best deals by creating uncertainty during the initial process stage, in line with Binckebanck and Pompe (2016). Procurement then uses partial or full information transparency during negotiations of the later stages of the sales processes.

▶ **Research Proposition 2:** The influence of procurement within the buying center is increasing and affects the relationship with the selling center. In case of less customized products and highly standardized, digitally based processes, procurement dominates the buying process. The role of procurement is lower in highly sophisticated purchasing processes, if complex solutions are developed.

14.4.4 Composition of Selling Centers and Matching to Buying Centers

The composition of a selling center is first and foremost driven by the specifications of a buying-selling situation, including product requirements and complexity (Arli et al., 2018). Especially in the case of *"local specifics"* (IP21) and *"technical complexities"* (IP05), functional experts are included in the selling center (e.g. IP16, IP20). The sales process may be initiated by the buying organization, the selling organization or a third party, e.g. consulting companies calling for tenders. More and more consulting companies, for example, specialize in procurement and offer a wide range of methods and technology to coordinate the entire sourcing process (e.g. IP12). Our interview partners indicate that, reacting toward these requirements, sales initiates the selling center. Sales also integrates the specific organizational functions in the selling center to address the first specifications and to start the tender or the negotiations. One interviewee formulated that *"sales leads the process and involves other functions of the selling organization accordingly"* (IP16). The temporary composition of the selling center relates to the specific buying situation; thus, membership in the selling process is brief and volatile. Furthermore, members join or leave the selling center depending on their contribution to the selling process (Moon & Gupta, 1997). Individuals and groups who are not normally connected are able to create bridges in terms of 'weak ties' between the different participants (Granovetter, 1973). Overall, *"there is a clear trend that more people are involved on the customer side and teamwork is needed to respond."* (IP07)

This formation is prevalent particularly in the case of longer product life cycles (e.g. IP02, IP16, IP17). For these cases, selling centers are predominantly formed at earlier stages of the process to discuss and identify the needs of the buying organization. If the product complexity is comparatively small (e.g., more standardized products (IP20) or spare parts for an already purchased product (IP23)), selling centers are also smaller and formed ad hoc as needed.

After an initial stage, selling centers include functional units, such as engineering, finance, IT, legal, and R&D, to specifically match certain needs (e.g. IP02, IP08, IP09). The integration of these functions occurs on demand and is specified by the phase of the negotiation and purchasing process (Moon & Gupta, 1997). For example, as *"products and services get more complex and the involvement of third parties, for example service providers, becomes necessary, the participation of representatives of the legal departments on both ends is more and more important"* (IP09; see also Sec. 4.1). Additionally, interviewees pointed out that it creates value if, for example, data can be delivered into the IT systems of the buying organization (IP08, IP14). Consequently, it is beneficial if functional experts on both the purchasing and the selling side discuss with each other directly (IP15).

In this way, selling centers functionally match the composition of buying centers. A primary reason mentioned by the interviewees is to enable efficient and focused discussions without having to check back internally on technical details (e.g. IP11,

IP12). These results are in line with Puri and Korgaonkar (1991), who conceptually derived that a match between participants facilitates interaction between the involved parties.

Concerning the roles of the involved functions, the interviewees state that sales and account managers coordinate the process and involve other units in the selling center. In case of an international deal, an international sales or account manager takes on this coordinating role. If no additional executives are involved in the selling center, these managers take on the role of the decision-maker as well. As process sophistication and product complexity increase, general management becomes more and more involved and generally assumes the decision-maker role. Other functional units, such as engineering, finance, IT, legal, and marketing (Johnson et al., 2017) support the negotiation and purchasing process; this follows a conceptual proposition of Jones et al. (2005). These roles are similarly distributed across the shorter and longer product life cycles in our interviews.

Apart from the functional match between the members of the selling center and their buying center counterparts, selling centers also try to match the involved members on a hierarchical level (IP08, IP10, IP12, and IP16).

> "It's extremely important to match the buying center also on hierarchical levels. For some companies, senior leadership members of the buying center like to participate in more strategic negotiations and leave the operational negotiations with sales. We need to match this!" (IP08)

One reason named for this hierarchical matching is to signal respect and to acknowledge the importance of the transaction partner. An interviewee phrased this *"as showing commitment and technology leadership"* (IP05). Thus, involving an equally important member on the selling side demonstrates that the selling organization values the buyer and the interactions take place between equals. Another reason for hierarchical matching is seen in leveling negotiating skills and, as such, the negotiating position.

> "In the purchasing process, individuals may take over different roles. The general manager is involved to close the contract, the head of sales to provide detailed knowledge of calculated costs and profits, and the head of engineering or research to clarify technical issues." (IP04)

Regarding the negotiations, our interviewees pointed out that assigning roles and responsibilities across selling center members is an important step before negotiations start. Unclarified roles and responsibilities as well as goals and limits have led to negative negotiation experiences, whereas clear arrangements have reached good results. Appropriate preparation not only demonstrates respect and professionalism toward the buying organization but also allows for goal-driven negotiations.

"Before entering negotiations, the roles of all selling center members were internally assigned. Correspondingly, negotiation limits were discussed beforehand. For example, executive management focus lay on the strategic partnership and uncovering the price limit of the buying organization." (IP10)

Apart from the functional and hierarchical matching, the selling party also equals the buying center in terms of the number of people present in a meeting. Thereby, selling centers level the negotiating power between members of the buying and selling center (Deeter-Schmelz & Ramsey, 1995; Jones et al., 2005; Puri & Korgaonkar, 1991). An interviewee summarized the process as always trying to *"match the amount of people and the hierarchical levels"* (IP07). However, selling center members do not outnumber the members of the buying center. One interviewee stated that one aim was *"to mirror the buyer"* (IP08). Another said that it is *"better to have one less"* (IP01). As the size of buying centers generally increases due to increased product complexity and process sophistication, the size of the selling center also increases in the matching endeavor.

Overall, we can conclude from the analyzed sales situations that functional and hierarchical matching is applied in the buying-selling-center relationship. The matching occurs as a reaction of selling centers to the composition of the buying centers. Rarely do selling centers utilize their composition to proactively engage with the buying organization. By strategically selecting their members, selling centers could actively target specific meetings or transactions. An increasing challenge, however, is the tendency to involve third parties to manage the process and to invite mostly anonymized and non-interactive tenders.

▶ **Research Proposition 3:** Selling centers are composed of members from various functions and hierarchical levels according to their expertise and roles in the selling process. Selling centers are formed reactively with regard to the functional, hierarchical, and numerical composition of the buying centers.

14.4.5 The Effect of Matching the Buying Center

The interviewees mentioned positive and negative outcomes for the different selling situations that were analyzed. The result of a specific selling situation is not clearly attributable to one aspect of the selling situation. Thus, closing a deal may not be directly attributable to the specifics of the selling center. However, the interviewees stated in general that being able to engage in efficient, productive, and harmonic talks with buying centers increased the likelihood of signing a contract. These aspects were positively affected by matching the selling and buying centers. *"Involving different roles and levels of knowledge will bring all the necessary information on the table, it will speed up the process"* (IP13). *"Matching the selling center was important to facilitate an efficient meeting"* (IP11). Even in case of longer product life cycles, in which selling centers were less often formed than in case of shorter product life cycles, interviewees referred to the positive effect of the matching of members of the buying and selling centers. For increased product complexity and process sophistication, we noted an increase in reactive matching.

In one of the interviews, a complex selling situation was mentioned that demonstrated the effect of matching the selling center to the buying center. This selling case was described as a blue print because the selling center was set up from a very early stage and also involved senior management on both sides, at the very end resulting in a successful selling process. The interviewee pointed out that a picture was taken at the end to make this a memorable day for both parties. *"This felt like a big achievement and it became obvious that the involvement of senior management was much appreciated by our customer"* (IP07).

▶   **Research Proposition 4:** Matching the composition and needs of buying centers increases the probability of successful selling and buying situations.

14.5 Implications

14.5.1 Theoretical Implications

This study responds to the call of Jones et al. (2005) to devote empirical research to the important field of selling centers and to develop this subfield of sales management. Surprisingly, since this call in 2005, empirical studies on the topic of how to organize a selling center have still been scarce. Thus, our study is one of the first empirical analyses of the selling center and offers implications for research.

First, although previous literature highlighted the growing importance of the purchasing and procurement function (Binckebanck & Pompe, 2016; Wagner & Eggert, 2016), its role within the buying center has not been focused on up to now. The present study identifies procurement as one of the key drivers of current purchasing processes. Even though our analysis is conducted from a sales perspective, the influence of procurement was highlighted by our interview partners as initiating great changes in the buying and selling process.

Second, we show that, in reaction to the trends identified within the buying center, members of the selling center need new skills to cope with the increasing complexity in selling center situations. Selling skills and techniques are a large area of research in current literature (Franke & Park, 2006; Verbeke et al., 2011), which, nevertheless, should advance to the important field of acting within a selling center and reacting to a buying center.

Third, the pivotal role of matching the selling center members to those of the buying center in terms of number, function, and hierarchy has not been documented so far.

Puri and Korgaonkar (1991) already assumed that a functional match facilitates interaction and Deeter-Schmelz and Ramsey (1995) stated that different roles generate common team goals. Based on these assumptions, our interviews show that matching the composition of the buying center creates a productive sales environment and increases the probability of closing sales deals.

14.5.2 Managerial Implications

The results of our study offer several meaningful insights for decision-makers. First, selling centers are primarily formed in response to the composition of a buying center. This formation process is currently reactive. Our findings suggest that selling centers may employ a proactive strategy to address the specific requirements of the buying situation and to enable an early alignment between buyer and seller. From the seller's perspective, a proactive approach may enable an early involvement of all functional units and foster discussions not only about prices but also about quality and value aspects. Selling centers could also 'challenge' the buying organization by analyzing current practices and providing new insights and, thus, challenging existing processes. Furthermore, employing proactive matching may enable a productive working environment and increase the likelihood of successful negotiations.

Second, selling organizations need to understand the emergence of procurement as a major player in business transactions. Understanding the core procurement process is one central task of the sales force. In order to succeed, there is a need to equip the selling center with a mentality that enables them to understand professional buyers, their strategies and tactics, and the underlying processes. The selling center needs to develop strategies and approaches that will help them build improved relationships. Another aspect is to comprehend the operations of a buying organization and the importance of the discussed products and services from the customer's point of view. The sales force needs to understand the role and influence of procurement in the selling situation and consequently needs to identify additional key influencers in their own organization and potential external parties. Selling centers may apply forensic analysis and goal-setting techniques to better understand the contribution of different functions and roles involved in a transaction from both the selling and buying perspective. Furthermore, they have to identify and thus anticipate consequences on the commercial outcome.

Third, the conditions which selling centers face, such as professionalization, digitalization, standardization, and externalization, require additional knowledge and skills. The study indicates that members of the sales force need an understanding of additional areas, such as IT, investment, finance, and controlling. Unlocking new growth options also within digital transformation requires adopting thought processes and new collaborations as well as targeted investments in education and training. Training needs to enhance knowledge of markets, industries, and relationships with external partners and customers. Furthermore, the sales force needs to act with internal discipline, adapt to the selling situation, and jointly work toward the goal of the selling center. Beyond these specific knowledge areas, team and relationship building is increasingly important in order to encounter and embrace the new challenges related to the changing selling center environment and the influence of procurement in the buying-selling process. Overall, enabling a successful selling center concept within a company is a challenge. The wide range of new methodologies and technologies makes it necessary to critically assess the company's capability and its readiness to sell in this environment. Furthermore, these conditions may warrant different approaches and decisions. One objective of selling organizations should be to integrate functional topics into discussions as early as possible in order to address the specific and latent needs of the selling situation. Another objective is to decide what kind and how much information to include in the initial stages of the process. Simultaneously, the selling center must evaluate and determine the approach beyond the initial phase and consider the degree of uncertainty and potential competitor transparency.

In consequence, the described developments also require the consideration of overarching organizational changes. A company may establish a strategic account function that leads and coordinates selling centers across hierarchical leadership levels. The company may also implement an incentive and rewards system to enable the buying situation specific formation of selling centers.

References

Anaza, N. A., & Nowlin, E. L. (2017). What's mine is mine: A study of salesperson knowledge withholding & hoarding behavior. *Industrial Marketing Management, 64*(7), 14–24.

Arli, D., Bauer, C., & Palmatier, R. W. (2018). Relational selling: Past, present and future. *Industrial Marketing Management, 69*(2), 169–184.

Artto, K., Valtakoski, A., & Kärki, H. (2015). Organizing for solutions: How project-based firms integrate project and service businesses. *Industrial Marketing Management, 45*(3), 70–83.

Belz, C., & Dannenberg, H. (2015). Professionalität im Vertrieb. *Marketing Review St. Gallen, 32*(6), 20–33.

Binckebanck, L., & Pompe, R. (2016). Warum der Vertrieb die Trends im Einkauf kennen muss. *Sales Management Review, 25*(6), 10–21.

Box, J. M. F. (1983). Extending product lifetime: Prospects and opportunities. *European Journal of Marketing, 17*(4), 34–49.

Davies, I. A., Ryals, L. J., & Holt, S. (2010). Relationship management: A sales role, or a state of mind?: An investigation of functions and attitudes across a business-to-business sales force. *Industrial Marketing Management, 39*(7), 1049–1062.

Deeter-Schmelz, D. R., & Ramsey, R. (1995). A conceptualization of the functions and roles of formalized selling and buying teams. *Journal of Personal Selling & Sales Management, 15*(2), 47–60.

Deeter-Schmelz, D. R., & Ramsey, R. P. (1997). Considering sources and types of social support: A psychometric evaluation of the House and Wells (1978) instrument. *Journal of Personal Selling & Sales Management, 17*(1), 49–61.

Deeter-Schmelz, D. R., & Ramsey, R. P. (2001). Fear of success in salespeople: What is it: How do we measure it? American Marketing Association. In *Proceedings of the AMA Winter Educators' Conference* (Bd. 12, S. 248–255.)

Drollinger, T., & Lucette, B. C. (2013). Salesperson's listening ability as an antecedent to relationship selling. *Journal of Business & Industrial Marketing, 28*(1), 50–59.

Edvardsson, B., Holmlund, M., & Strandvik, T. (2008). Initiation of business relationships in service-dominant settings. *Industrial Marketing Management, 37*(3), 339–350.

Eggert, A., Thiesbrummel, C., & Deutscher, C. (2015). Heading for new shores: Do service and hybrid innovations outperform product innovations in industrial companies? *Industrial Marketing Management, 45*(2), 173–183.

Eisenhardt, K. M. (1989). Making fast strategic decisions in high-velocity environments. *Academy of Management Journal, 32*(3), 543–576.

Eisenhardt, K. M., & Graebner, M. E. (2007). Theory building from cases: Opportunities and challenges. *Academy of Management Journal, 50*(1), 25–32.

Ekman, P., Ericson, C., & Dahlin, P. (2014). A case study of IT-based and human interaction in industrial business relationships. In *The 30th IMP Conference*, KEDGE Business School, Bordeaux.

Forman, H. (2014). Buying centers and the role of supply chain orientation on new information technology satisfaction in the automotive industry. *Journal of Marketing Theory and Practice, 22*(1), 41–52.

Franke, G. R., & Park, J.-E. (2006). Salesperson adaptive selling behavior and customer orientation: A meta-analysis. *Journal of Marketing Research, 43*(4), 693–702.

Frenzen, H. (2009). *Teams im Vertrieb - Gestaltung und Erfolgswirkungen*. Gabler.

Granovetter, M. (1973). The strength of weak ties. *American Journal of Sociology, 78*(6), 1360–1380.

Howard, P., & Doyle, D. (2006). An examination of buying centres in Irish biotechnology companies and its marketing implications. *Journal of Business & Industrial Marketing, 21*(5), 266–280.

Hutt, M. D., Johnston, W. J., & Ronchetto, J. R. (1985). Selling centers and buying centers: Formulating strategic exchange patterns. *Journal of Personal Selling & Sales Management, 5*(1), 32–40.

Johnson, J. S., Matthes, J. M., & Friend, S. B. (2017). Interfacing and customer-facing: Sales and marketing selling centers. *Industrial Marketing Management, 77*(2), 41–56.

Johnston, W. J., & Bonoma, T. V. (1981). The buying center: Structure and interaction patterns. *Journal of Marketing, 45*(3), 143–156.

Johnston, W. J., & McQuiston, D. H. (1984). The buying center concept: Fact or fiction? In M. J. Ryan & P. F. Anderson (Eds.), *Proceedings of the 1984 AMA Winter Educators' Conference on Marketing Theory* (S. 141–144). American Marketing Association.

Jones, E., Dixon, A. L., Chonko, L. B., & Cannon, J. P. (2005). Key accounts and team selling: A review, framework, and research agenda. *The Journal of Personal Selling and Sales Management, 25*(2), 181–198.

Judson, K. M., Gordon, G. L., Ridnour, R. E., & Weilbaker, D. C. (2009). Key Account vs. Other sales management systems: Is there a difference in providing customer input during the new product development process? *Marketing Management Journal, 19*(2), 1–17.

Katzenbach, J. R., & Smith, D. K. (1993). *The wisdon of teams: Creating the high perfomance organization*. Harvard Business School Press.

Kothandaraman, P., Agnihotri, R., & Dingus, R. (2014). Pursuing success in service recovery: The role of salesperson's power in selling center. *Journal of Services Research, 14*(1), 141–159.

Meschnig, G. (2016). Die Evolution der Einkaufsfunktion. *Sales Management Review, 6*, 34–42.

Miles, M. B., Huberman, A. M., & Saldana, J. (2019). *Qualitative data analysis: A Methods sourcebook* (4th edition). Sage.

Mitchell, J. C. (1969). The Concepts and Use of Social networks. In J. C. Mitchell (Eds.), *Social Networks in Urban Situations* (pp. 1–50). Manchester University Press.

Moon, M., & Armstrong, G. M. (1994). Selling teams: A conceptual framework and research agenda. *Journal of Personal Selling and Sales Management, 14*(1), 17–30.

Moon, M. A., & Gupta, S. F. (1997). Examining the formation of selling centers: A conceptual framework. *The Journal of Personal Selling and Sales Management, 17*(2), 31–41.

Naoum, S., & Egbu, C. (2015). Critical review of procurement method research in construction journals. *Procedia Economics and Finance, 21*, 6–13.

Puri, S. J., & Korgaonkar, P. (1991). Couple the buying and selling teams. *Industrial Marketing Management, 20*(4), 311–317.

Rese, M. R., & Maiwald, K. (2011). Organizational buying behavior in case of IPS^2. In *Proceedings of the 3rd CIRP international conference on industrial product service systems* (S. 338–343), Braunschweig, Germany.

Robinson, P. J., Faris, C. W., & Wind, Y. (1967). *Industrial Marketing Management*. Allyn & Bacon.

Schoenherr, T., & Mabert, V. A. (2011). A comparison of online and offline procurement in B2B markets: Results from a large-scale survey. *International Journal of Production Research, 49*(3), 827–846.

Smith, J. B., & Barclay, D. W. (1990). Theoretical perspectives on selling center research. In D. Lichtenthal, R. E. Spekman, & D. T. Wilson (Eds.), *Proceedings of the 1990 AMA Winter Educators' Conference: Marketing Theory and Applications*. American Marketing Association.

Spekman, R. E., & Johnston, W. J. (1986). Relationship management: Managing the selling and the buying interface. *Journal of Business Research, 14*(6), 519–531.

Töllner, A., Blut, M., & Holzmüller, H. H. (2011). Customer solutions in the capital goods industry: Examining the impact of the buying center. *Industrial Marketing Management, 40*(5), 712–722.

Ulaga, W., & Reinartz, W. J. (2011). Hybrid offerings: How manufacturing firms combine goods and services successfully. *Journal of Marketing, 75*(6), 5–23.

Verbeke, W., Dietz, B., & Verwaal, E. (2011). Drivers of sales performance: A contemporary meta-analysis. Have salespeople become knowledge brokers? *Journal of the Academy of Marketing Science, 39*(3), 407–428.

Wagner, S. M., & Eggert, A. (2016). Co-management of purchasing and marketing: Why, when and how? *Industrial Marketing Management, 52*(1), 27–36.

Webster, F. E., & Wind, Y. (1972). A general model for understanding organizational buying behavior. *Journal of Marketing, 36*(2), 12–19.

Weitz, B. A., & Bradford, K. D. (1999). Personal selling and sales management: A relationship marketing perspective. *Journal of the Academy of Marketing Science, 27*(2), 241–254.

Yang, J., Brashear Alejandro, T. G., & Boles, J. S. (2011). The role of social capital and knowledge transfer in selling center performance. *Journal of Business & Industrial Marketing, 26*(3), 152–161.

Prof. Dr. Heike Papenhoff has held a professorship for Business Administration at the FOM University of Applied Science in Dortmund and Essen since 2008, where she had been a lecturer since 2002. In 2008, she received her doctorate from the University of Bochum. Her research revolves around CRM and sales management. She previously held managerial positions in marketing and sales departments in medium and large companies. With her expertise, she has been actively advising companies in these areas through her own consulting company.

PD Dr. Carsten D. Schultz is a post-doc researcher at the Chair of Marketing in the Faculty of Business Administration and Economics, University of Hagen, Germany, where he completed his doctoral thesis in 2012 and habilitation in 2021. His research interests focus on digital business models, digital marketing, and digital innovation. He has also advised companies on strategies and activities in these areas.

Carsten Welle is a lecturer at the FOM University of Applied Sciences in Essen and Düsseldorf. His major focus lies on international marketing, sales management, and negotiation management. He has acquired more than 20 years of practical experience in international marketing and sales management while working in managerial roles at a global Energy Company.

Customer Centricity im Einkauf

Eine theoretische und explorative Betrachtung anhand der Finanzdienstleisterbranche

15

Svenja Köster und Inga Schmidt-Ross

Inhaltsverzeichnis

15.1	Einleitung	218
15.2	Definition und Abgrenzung relevanter Begriffe	219
	15.2.1 Supply Chain Management	219
	15.2.2 Customer Centricity	220
15.3	Empirie	221
	15.3.1 Vorgehen	221
	15.3.2 Ergebnisse und Analyse	222
15.4	Ausblick	224
Literatur		226

Zusammenfassung

Nach der Philosophie der customer centricity wird der Kundennutzen bei allen Unternehmensentscheidungen in den Vordergrund gestellt und konsequent verfolgt. Damit gilt customer centricity als mögliche Herangehensweise für Unternehmen, den gegenwärtigen Herausforderungen zu begegnen, ist wesentlich für den zukünftigen Erfolg von Finanzdienstleistern und aktueller denn je. Der vorliegende Beitrag setzt hier

---

S. Köster (✉) · I. Schmidt-Ross
Hamburg School of Business Administration, Hamburg, Deutschland
E-Mail: svenja_koester@gmx.de

I. Schmidt-Ross
E-Mail: Inga.SchmidtRoss@hsba.de

© Der/die Autor(en), exklusiv lizenziert an Springer Fachmedien Wiesbaden GmbH, ein Teil von Springer Nature 2022
J. Westphal et al. (Hrsg.), *Sales Enablement als Fundament des Vertriebserfolgs*, FOM-Edition, https://doi.org/10.1007/978-3-658-37614-7_15

an und untersucht die These, dass customer centricity kaum Relevanz im Einkauf hat und an dieser Stelle Potenzial für Finanzdienstleister liegt. In einer explorativen Betrachtung liefern Interviews mit Experten aus Finanzdienstleistungsunternehmen und Unternehmensberatungen erste wertvolle Hinweise auf dieses Forschungsfeld. Abschließend zeigen die Autorinnen Potenzial für zukünftige Forschungsfelder auf.

15.1 Einleitung

Die Digitalisierung gilt als Treiber der vierten großen industriellen Revolution, beeinflusst disruptiv die Welt und verändert damit besonders das Verhalten der Konsumenten in rasanter Geschwindigkeit (vgl. Doleski, 2020; Heinrich, 2020). Unternehmen stehen damit vor großen Herausforderungen, da ihr Bestehen existentielle Voraussetzung für ihren Unternehmenserfolg ist. Besonders die Finanzdienstleisterbranche scheint enorme Herausforderungen zu spüren. Neben den bekannten Megatrends leidet die Branche unter finanzdienstleistungsspezifischen Rahmenbedingungen, wie der historischen Niedrigzinsphase, stagnierenden Ertragspotenzialen, neuen Wettbewerbern und enormem regulatorischen Druck (vgl. Jonietz et al., 2018).

In diesem Kontext kommt dem **Einkauf** als Funktion der Steuerung der gesamten Wertschöpfungskette eine wesentlich wichtigere Bedeutung im Rahmen des Unternehmenserfolgs zu als bisher (vgl. Kleemann & Glas, 2020). Klassicherweise versteht der Einkauf die Fachbereiche innerhalb des eigenen Unternehmens als seine Kunden, mit denen die Bedarfe und damit einzukaufende Leistungen erarbeitet werden (vgl. Kleemann, 2020; Wenski, 2020). Im Umkehrschluss scheint der Einkauf nicht oder nur indirekt die Endkunden im Fokus zu haben, denn vermeintlich haben Endkundinnen und Endkunden nichts mit dem Lieferanten zu tun (vgl. Heß et al., 2020).

Der Begriff der **customer centricity** (Kundenzentrierung) prägt alle Prozesse und Handlungen innerhalb der Organisation von Unternehmen und stellt die Kundinnen und Kunden konsequent in den Mittelpunkt des unternehmerischen Handelns und Denkens (vgl. Burmann et al., 2010; Shah et al., 2006). Damit scheint customer centricty eine mögliche Herangehensweise zu sein, um den aktuellen Herausforderungen von Unternehmen zu begegnen und gleichzeitig zukunftsweisend für Finanzdienstleister zu sein (vgl. Schögel & Herhausen, 2016). Die entsprechende Erfolgswirkung von customer centricity in Unternehmen konnte in vielen empirischen Studien (u. a. Bain & Company Global Edition 2016,) bereits bestätigt werden (vgl. Schögel & Herhausen, 2016).

Der vorliegende Beitrag setzt hier an und untersucht die Frage nach dem Beitrag des Einkaufs für customer centricity innerhalb der Unternehmensorganisation von Finanzdienstleistern. Ziel der Forschungsarbeit ist es, dieses Potenzial aufzudecken und einen Beitrag zur Realisierung dieses Potenzials zu leisten. Um dieses Ziel zu unterteilen, soll in diesem Beitrag die These, dass customer centricity bisher kaum Relevanz im Einkauf hat, als erstes Etappenziel untersucht werden:

1. Es soll die Tendenz untersucht werden, dass customer centricity Finanzdienstleistern helfen kann, ihre aktuellen Herausforderungen zu bewältigen.
2. Es soll aufgezeigt werden, dass customer centricity im Einkauf bisher kaum relevant ist und damit der Fokus auf den Endkundinnen und Endkunden eher unwichtig zu sein scheint.

Hierdurch lässt sich die These ableiten, dass an dieser Stelle für Finanzdienstleister Potenzial liegt. Dabei sollen Experteninterviews erste Hinweise auf das beschriebene Potenzial liefern.

15.2 Definition und Abgrenzung relevanter Begriffe

Im folgenden Kapitel werden relevante Bereiche als Grundlage für diesen Beitrag vorgestellt. Dabei erfolgt ein theoretischer Überblick zum Supply Chain Management mit Teilbereichen wie Supplier Relationship Management und Einkauf sowie eine nähere Betrachtung des Begriffs der customer centricity.

15.2.1 Supply Chain Management

Das **Supply Chain Management** bildet die übergeordnete Klammer der theoretischen Grundlagen und definiert sich klassischerweise als Lieferkettenmanagement mit Prozessen sowohl innerhalb eines Unternehmens (unternehmensinterne Supply Chain) als auch als eine Verzahnung des Unternehmens mit seiner Umwelt (netzwerkgerichtete Supply Chain) (vgl. Werner, 2008).

Das **Supplier Relationship Management** oder Lieferantenmanagement bildet einen Teilbereich des Supply Chain Managements und wird durch sämtliche Aktivitäten wie der Auswahl, Entwicklung und Integration der Lieferanten definiert. Ziel ist es, die Beziehung zu den jeweiligen Lieferanten zu optimieren, Prozesskosten zu reduzieren, Preise zu senken, die Qualität der Leistung oder des Produktes kontinuierlich zu verbessern und die eigenen Einkaufstätigkeiten zu überprüfen. Dabei werden externe Kundinnen und Kunden, also der Endkundenbereich – genauso wie Lieferanten im Customer Relationship Management – kaum berücksichtigt (vgl. Werner, 2008).

Innerhalb des Konstrukts des Supply Chain Managements finden sich die unterstützenden Funktionen des **operativen und strategischen Einkaufs** wieder. Das Ziel des operativen (bspw. Abwicklung, Tagesgeschäft) und strategischen Einkaufs (bspw. Entscheidungen basierend auf aktuellen Marktdaten, Verantwortung des Lieferantenportfolios) ist die optimale Erfüllung des Unternehmensbedarfs nach dem besten Preis-Leistungsverhältnis (vgl. Kleemann & Glas, 2020). Damit stellt der Einkauf eine wesentliche Funktion innerhalb des Unternehmens dar, die in den anschließenden Unternehmensbereichen zur Wertschöpfung und damit zum Vertriebserfolg beitragen kann (vgl. Fröhlich & Karlshaus, 2017). Grundsätzlich zeigen Unternehmen die Tendenz ihre Wertschöpfungstiefe zu reduzieren, was zu einem höheren Zukauf von Bedarfen durch den Einkauf und damit einer höheren Relevanz führt. Dieses Phänomen zeigt sich insbesondere beim direkten Einkauf, also dem Einkauf von Produktkomponenten und Dienstleistungen, die direkt in das Produkt des Unternehmens einfließen (vgl. Weigel & Rücker, 2015). Davon grenzt sich der indirekte Einkauf ab, der wesentlich ist für die Branche der Finanzdienstleister, denn es werden klassischerweise Produkte und Dienstleistungen beschafft, die nicht in das Produkt einfließen, wie beispielsweise Facility Management, Marketing und IT-Dienstleistungen (vgl. Weis, 2019).

15.2.2 Customer Centricity

Der Begriff der customer centricity gilt vielfach als Schlüssel für den Erfolg von Unternehmen (vgl. Lamberti, 2013). Wachsendes Interesse zeigt sich u. a. an der Zahl der Google-Suchen nach dem Begriff „customer centricity", die sich innerhalb von zehn Jahren (2010 bis 2020) mehr als verdoppelt hat (vgl. Google Trends, o. J.). Mittlerweile hat die Bedeutung des Begriffs unterschiedliche Ausprägungen angenommen (vgl. Habel et al., 2020).

In der Literatur wird customer centricity häufig mit product centricity verglichen, wobei product centricity eine inside-out Perspektive einnimmt und customer centricity – also die kundenzentrierte Unternehmenssicht – eine outside-in Perspektive vertritt (vgl. Day & Moorman, 2010). Dabei erstreckt sich der Begriff auf relevante Bereiche wie customer intelligence (Sammeln und Verarbeiten von Daten zwischen Unternehmen und Kundinnen und Kunden), co-creation (Einbeziehung von Kundinnen und Kunden in Marketingaktivitäten und Innovationsprozesse) und experience marketing (von Produkterlebnissen hin zu ganzheitlichen Kundenerlebnissen) (vgl. Lamberti, 2013). Nach der Grundphilosophie steht der Kundennutzen im Vordergrund aller Unternehmensentscheidungen und wirkt auf die Bereiche Kultur, Prozesse, Struktur und Finanzkennzahlen ein (vgl. Palmatier et al., 2019; Shah et al., 2006).

Die unternehmenspraktische und konsequent an der Bedarfsstruktur der Kundinnen und Kunden ausgerichtete Sichtweise richtet ihren Fokus im Vergleich zur akademischen Definition stärker auf Handlungen wie interne Transformation in Bezug auf die Organisation (z. B. Abbau von Produktsilos innerhalb eines Unternehmens), Verbesserung der Beziehung zu Kundinnen und Kunden und deren Erlebnisse und stringente Umsetzung von technologischem Fortschritt (vgl. Ranjay Gulati, 2009). Im unternehmerischen Kontext wird customer centricity dabei als wesentliche Überlebens- und Erfolgsstrategie gesehen (vgl. Bovensiepen, 2016).

Beide Sichtweisen vereint, dass kundenzentrierte Unternehmen ihre Unternehmensaktivtäten auf ihre Kundinnen und Kunden fokussieren. Sie liefern ihnen einen deutlichen Mehrwert mit exzellentem Kundenerlebnis, verstehen und lernen so stetig über ihre Kundinnen und Kunden und unterstützen diese beim Erreichen ihrer Ziele. Während der explorativen Forschungsphase soll diese vereinfachte Sicht auf customer centricity als Grundlage dienen, um das Modell zu einem späteren Zeitpunkt zu erweitern.

15.3 Empirie

Im Folgenden wird das Vorgehen der explorativen empirischen Untersuchung vorgestellt und die Ergebnisse der qualitativen Forschung systematisch dokumentiert und analysiert, um eine erste Indikation zum Potenzial von customer centricity im Einkauf der Finanzdienstleister zu erhalten.

15.3.1 Vorgehen

Als Grundlage des Forschungsdesigns wurden qualitative Daten mittels Experteninterviews erhoben und mit der qualitativen Inhaltsanalyse nach Mayring ausgewertet. Der Fokus der Befragung lag auf der Untersuchung der These, dass customer centricity aktuell kaum relevant ist und damit meist im Einkauf nicht berücksichtigt wird. Damit sollte das Potenzial aufgezeigt werden. Die Experten wurden sorgsam nach Auswahlkriterien, wie einer angenommenen Expertise im vorliegenden Forschungsthema sowie einer Beschäftigung in Positionen verschiedener Unternehmen zum Generieren unterschiedlicher Standpunkte, ausgewählt. Insgesamt wurden mit fünf leitenden Managern unterschiedlicher führender Finanzdienstleistungsunternehmen und Unternehmensberatungen teilstrukturierte Interviews durchgeführt (Interview 1: Unternehmensberater Schwerpunkt Einkauf bei Finanzdienstleistern, Interview 2: Unternehmensberater Schwerpunkt Einkauf bei Finanzdienstleistern, Interview 3: Leiter Einkauf Versicherung, Interview 4: Leiter Einkauf Bank, Interview 5: Leiter Einkauf Bank). Die Befragung erfolgte sowohl telefonisch als auch persönlich. Insgesamt wurden den Interviewten bis zu 18 offene Fragen zu customer centricity, Einkauf und Lieferantenmanagement gestellt. Im Durchschnitt dauerten die Interviews 44 min. Alle wurden elektroakustisch aufgezeichnet und sorgfältig transkribiert, um eine nachvollziehbare Analyse zu gewährleisten (vgl. Baur & Blasius, 2014). Die Auswertung der Daten erfolgte in einer manuellen und einer systemgestützten, strukturierten Auswertung, mit dessen Hilfe die These dieses vorliegenden Beitrags zur geringen Berücksichtigung von customer centricity im Einkauf untersucht werden sollte.

1. Manuelle Auswertung: Um einen ersten Überblick zu wesentlichen Aussagen der Experten zu erhalten, wurden alle Antworten der Experten gesichtet, analysiert und zu Gruppierungen zusammengefasst. Hierdurch konnten Kernaussagen des verdichteten Materials für einen ersten Eindruck manuell gegenübergestellt werden.

2. Strukturierte Auswertung: Das qualitative Datenmaterial wurde mit der Analysesoftware MAXQDA als „Qualitative Data Analysis Software" (QDAS) für qualitative Daten strukturiert ausgewertet (vgl. Rädiker & Kuckartz, 2019). Bei dieser Inhaltsanalyse nach Mayring erfolgte eine deduktive Kategorienanwendung, bei der das Kategoriensystem bereits vor der Codierphase durch die Erstellung des strukturierten Fragebogens inhaltlich systematisiert wurde (vgl. Baur & Blasius, 2014; Rädiker & Kuckartz, 2019). Um das Material weiter zu verdichten, wurden bestimmten Kategorien mehrfach Textpassagen zugeordnet sowie Hauptkategorien gebildet (vgl. Baur & Blasius, 2014). Insgesamt wurden die fünf Interviews an 194 Stellen codiert, 31 Subcodes mit neun Obercodes induktiv gebildet und den bereits aus dem Fragebogen deduktiv vorgegebenen Hauptkategorien „customer centricity", „Einkauf" und „Lieferantenmanagement" zugeordnet (siehe Abb. 15.1), in der die Häufigkeit der Nennungen mit der Größe der Quadrate korreliert.

15.3.2 Ergebnisse und Analyse

Nach Meinung der Experten existiert enormer Nachholbedarf in der Finanzdienstleisterbranche, da die Branche aktuell vor existentiellen Herausforderungen und unter massivem Veränderungsdruck steht. Damit teilen die Experten die theoretische Sicht und Einschätzungen der Wissenschaft (siehe Abb. 15.2).

Der Begriff der customer centricity hat – wie in der Theorie – für die Experten unterschiedliche Ausprägungen und Übersetzungen, von Kundenorientierung über Kundenfokussierung bis hin zur vollständigen Ausrichtung der Denkweisen und Geschäftsmodelle auf Kundinnen und Kunden. Trotz der leicht unterschiedlichen Interpretation des Begriffs waren sich die Experten darüber einig, dass customer centricity essentiell ist und damit eine Notwendigkeit für Unternehmen und deren Bestehen im Markt darstellt (siehe Abb. 15.3).

Codesystem	Interview 1	Interview 2	Interview 3	Interview 4	Interview 5	SUMME
∨ Customer Centricity						0
› Definition Customer Centricity	■	■	·	■	·	16
› Customer Centricity im Einkauf	·	■	■	■	■	52
› Beispiele Customer Centricity	■	·	·	■	■	12
› SWOT Customer Centricity	■	·	·	■	■	30
∨ Einkauf						0
› Kunde	■	■	■	■		19
› Rolle und Funktion Einkauf	■	■	■			10
› Einkauf Finanzdienstleister	■	■	■	■	■	21
∨ Lieferantenmanagement						0
› Allgemein	■	■	■	■	■	22
› Customer Centricity und Lieferanten	■	·	·	■	■	12
∑ SUMME	34	36	39	57	28	194

Abb. 15.1 Darstellung Kategoriensystem im Code-Matrix-Browser

Interview	Einschätzung der Experten zu Chancen und Risiken speziell für Finanzdienstleister in Bezug auf customer centricity
01.	„Und durch die Möglichkeit der Digitalisierung verändert sich ja die gesamte Branche grundlegend, und damit eröffnet sich auch im Finanzdienstleister auf der einen Seite ein sehr großes Risiko. Gerade Sparkassen und Volksbanken erleben es ja, dass das Thema Filialnetz zunehmend an Bedeutung verliert und auf der anderen Seite eben die Digitalisierung, die Fintechs mehr und mehr auch in den Vordergrund spült mit smarten, sehr kreativen und in dem Sinne auch kundenorientierten Lösungen (...)."
02.	(...) die Finanzdienstleister jetzt erst den Kunden entdecken. Er war halt immer da und den hat man vor 30 Jahren mit der letzten Innovation eines Bankautomaten beglückt."
03.	„Finanzdienstleister an sich können ja an sich nur über den Service punkten, weil die Produkte wahrscheinlich bei Banken ja noch stärker als bei Versicherungen ja einfach vergleichbar sind. Und um aus dieser Vergleichbarkeit raus zu kommen, kann ich ja eigentlich nur punkten, wenn ich das mache, was mein Kunde von mir verlangt."
04.	„Also ich glaube, da haben es Finanzdienstleister erst einmal ein bisschen schwerer wäre meine These."
05.	„Die Finanzdienstleister haben sich in den letzten Jahren, Jahrzehnten nicht hervorgetan mit Kundenzentrierung, Kundenfokussierung. Es ist ja eigentlich schon absurd, dass man mit dem eigentlichen Geschäftsmodell, sich gar nicht an dem Kunden orientiert hat. Dabei dürfte es keinen Unterschied zwischen dem Finanzdienstleistern und anderen Branchen geben."

Abb. 15.2 Chancen und Risiken für Finanzdienstleister

Interview-partner	Einschätzung der Experten zur Bedeutung von customer centricity
01.	„Sehr stark in Richtung essentieller Überlebensstrategie, nur wenn ich wirklich kundenorientiert handle, wenn ich den Kunden in den Vordergrund stelle, hab ich am Ende auch eine Chance mit meinem Geschäftsmodell und mit meinen Produkten und Serviceleistungen, die ich im Markt platzieren möchte, auch erfolgreich zu sein."
02.	„Das heißt, die Unternehmen, die nicht kundenzentrisch sind, würden sich nicht langfristig halten können (...)."
03.	„(...) der Fokus auf den Kunden ist etwas, was nicht mehr wegzudenken ist und kein Trend."
04.	„(...) die originäre Kundenperspektive, die elementar und zwar für das Überleben von Unternehmen ist (...)."
05.	„Überlebensnotwendig, Kundenfokussierung, weil der Kunde ist derjenige, der das Produkt bezahlt."

Abb. 15.3 Einschätzungen der Experten zur Bedeutung von customer centricity

Die Expertenmeinung bezüglich der Kundenzentrierung in Unternehmen schwankt beträchtlich mit Einschätzungen von 20 % bis 85 %. Als Vorreiter und Best-Case für customer centricity werden Technologie-Unternehmen wie Apple, Google und Amazon genannt, die sich durch auf Kundinnen und Kunden ausgerichtete Prozesse auszeichnen. Für die Experten hat customer centricty im Einkauf tatsächlich aktuell keine oder nur eine geringe Relevanz. Dabei kann dies in der allgemeinen Definition und im Verständnis der Kundinnen und Kunden für den Einkauf begründet sein, bei dem die Expertenmeinungen ein breites Spektrum mit leichter Tendenz zum klassischen Standpunkt aufzeigen (siehe Abb. 15.4). Denn insbesondere im bei Finanzdienstleistern dominierenden Einkauf von Dienstleistungen hat der Endkunde bzw. die Endkundin „mit dem Lieferanten nichts zu tun" (Interview 3, persönliche Kommunikation, 19. Februar 2020).

Neben Vorteilen wie einer Zukunftssicherung von Unternehmen sehen die Experten eine Vielzahl von möglichen Risiken und Herausforderungen für customer centricity, darunter erhöhte Kosten, Arbeits- und Prozessaufwand, erhöhte Komplexität (durch stärker erforderliche Fachlichkeit, weniger Standard) sowie einen notwendigen kulturellen Bewusstseinswandel der Mitarbeiterinnen und Mitarbeiter. Darüber hinaus gilt vereinzelt die Meinung „(…) je schlechter es einem Unternehmen geht, desto stärker wird der Einkauf. Und je stärker der Einkauf ist, desto weniger kundenorientiert arbeitet man." (Interview 3, persönliche Kommunikation, 19. Februar 2020)

15.4 Ausblick

Der vorliegende Beitrag zeigt die einheitliche Wahrnehmung disruptiver Veränderungen durch technologischen Fortschritt, Digitalisierung und neue Arbeitsformen wie ‚agile Procurement' für die Finanzdienstleisterbranche. Die Branche steht vor enormen Herausforderungen und unter massivem Druck. Unternehmen kennen diese Entwicklungen und wissen um die Notwendigkeit der eigenen Veränderung und Anpassung an die Bedarfsstruktur der Kundinnen und Kunden. Sowohl theoretisch als auch praktisch wird customer centricity als essentieller Schritt für den Unternehmenserfolg und damit für die Zukunftssicherung des Unternehmens angesehen. Somit kommt customer centricity eine wichtige Bedeutung zu und wird als hochrelevanter Erfolgsfaktor bewertet. In einem ersten Schritt unterstreicht dieser Beitrag die Tendenz, dass customer centricity Finanzdienstleistern helfen kann ihre aktuellen Herausforderungen zu bewältigen.

Dennoch zeigen die Ergebnisse der Expertenbefragung, dass customer centricity bisher kaum im Einkauf der Finanzdienstleister gelebt wird und eine untergeordnete Rolle einnimmt. Damit liefert dieser explorative Start Indikationen für die vorangestellte These, dass customer centricity im Einkauf bisher kaum Anwendung findet. Nach Einschätzung der Experten wird das Potenzial kundenzentrischer Unternehmen aktuell nicht ausgeschöpft. Best Cases sind die bekannten Wettbewerber, die als Vorreiter für

Klassischer Standpunkt	Progressiver Standpunkt
„Aber intern ist der Kunde immer nur der Kunde und ich glaube nicht an diese Diskussion, welchen Einfluss hat der Einkauf auf den Endkunden." (Interview 2 2020, Teil 9)	„Meine Definition wäre immer, der Kunde ist einmal klar definiert, es bleibt nämlich immer der Endkunde. Es gibt ja häufig auch in größeren Organisationen die Diskussion, wir unterscheiden zwischen dem Endkunden, dem eigentlichen externen Kunden und dem sogenannten internen Kunden, ein Fachbereich, dem der Einkauf irgendwie hilft bei der Beschaffung von Waren und Dienstleistungen. Das ist aber nicht wirklich zielführend. (…) es ist immer eine Person außerhalb des eigenen Unternehmens." (Interview 4 2020, Teil 9)

Abb. 15.4 Standpunkte der Definition des Kunden des Einkaufs

customer centricity auch nach Meinung der Experten angesehen werden. Dies impliziert weiterhin großes Potenzial für die Finanzdienstleisterbranche.

Eine weitere Implikation dieses Beitrags für die Finanzdienstleisterbranche liegt in Verständnis und Fachkompetenz. Hier zeigen die Experten ein uneinheitliches Bild in der Definition von customer centricity und somit Handlungsbedarf in deren Fachkompetenz. Genauso scheint ein gemeinsames Verständnis hinsichtlich der Definition des Kunden bzw. der Kundin des Einkaufs bei Finanzdienstleistern zu fehlen. In einem ersten Schritt können diese Handlungsfelder durch Kommunikation innerhalb der eigenen Organisation entlang der kompletten Supply Chain optimiert werden. Startpunkt bildet dabei der Vertrieb, der den originären Kundenbezug darstellt und damit eine Schlüsselrolle einnimmt. Darüber hinaus zeigt dieser Beitrag eine Korrelation zwischen customer centricity und der Unternehmenskultur. Durch eine feste Verankerung von customer centricity in die strategischen Eckpfeiler des Unternehmens (Vision, Strategie, Mission Statement) genauso wie in den operativen Tagesalltag des Unternehmens entsteht ein kultureller Wandel zu einer kundenzentrierten Organisation. Dadurch können Mut und Wille für neue Themen entstehen und auf Kundenbedürfnisse abgestimmte Innovationen die Branche weiterentwickeln.

Zur Konkretisierung und Realisierung dieser Handlungsoptionen leiten sich aus diesem Beitrag folglich weitere Fragestellungen ab, die in nächsten Forschungsprojekten untersucht werden sollten:

- Woran liegt es, dass Unternehmen der Finanzdienstleisterbranche customer centricity bisher nicht im Einkauf umsetzen? Was fehlt ihnen und was bräuchten sie?
- Wie sieht der Ansatz von customer centricity in erfolgreichen Unternehmen aus?
- Wie kann das Potenzial für Finanzdienstleister genutzt werden und welchen Beitrag kann der Einkauf von Finanzdienstleistern leisten?
- Welche Rolle spielen Themen wie Innovation und Nachhaltigkeit im Rahmen der customer centricity?
- Welche weiteren Möglichkeiten ergeben sich für Finanzdienstleister durch die Digitalisierung?
- Wie beeinflusst der Wandel zu Offenheit und Agilität in der Kultur den Einkauf und dessen Rolle innerhalb des Unternehmens und zu Kunde oder Kundin?
- Wie kann die Schnittstelle zwischen dem Unternehmen und den Lieferanten für den Kundennutzen optimiert werden?

Dieser Ausschnitt an weiteren Fragen, genauso wie die Ergebnisse dieses Beitrags, liefern Indizien und sind ein explorativer Start dieses Forschungsthemas. Um potenzielle Ungenauigkeiten durch Scheingenauigkeit, Interviewffekte und Subjektivität dieses Beitrags zu minimieren, sollten die Ergebnisse dieses Beitrags in einem nächsten Schritt konkretisiert, quantifiziert und validiert werden. Dieser Beitrag zeigt, dass weitere Forschung notwendig ist, um Unternehmen bei ihrem Wertbeitrag für den Kundennutzen zu unterstützen.

Literatur

Baur, N., & Blasius, J. (Hrsg.). (2014). *Handbuch Methoden der empirischen Sozialforschung.* Springer.

Bovensiepen, G. (2016). Customer Centricity „den Kunden im Visier". https://www.pwc.de/de/handel-und-konsumguter/assets/customer-centricity-den-kunden-im-visier.pdf. Zugegriffen: 31. Jan. 2020.

Burmann, C., Meurer, J., & Kanitz, C. (2010). Customer centricity as a key to success for pharma. *Journal of Medical Marketing.* https://doi.org/10.1057/jmm.2010.30.

Day, G. S., & Moorman, C. (2010). *Strategy from the outside in: Profiting from customer value.* McGraw-Hill.

Doleski, O. D. (2020). *Praxis der digitalen Energiewirtschaft von den Grundlagen bis zur Verteilung im Smart Grid.* Springer.

Fröhlich, E., & Karlshaus, A. (Hrsg.). (2017). *Personalentwicklung in der Beschaffung: Best Practices aus Theorie und Praxis.* Springer.

Gulati, R. (2009). *Reorganize for Resilience: Putting Customers at the Center of Your Business.* Harvard Business Press.

Habel, J., Kassemeier, R., Alavi, S., Haaf, P., Schmitz, C., & Wieseke, J. (2020). When do customers perceive customer centricity? The role of a firm's and salespeople's customer orientation. *Journal of Personal Selling & Sales Management, 40*(1), 25–42. https://doi.org/10.1080/08853134.2019.1631174.

Heinrich, S. (2020). *Akquise@B2B Neukundengewinnung im digitalen Zeitalter.* Springer.

Heß, G., Holschbach, E., & Kleemann, F. C. (2020). *Strategischer Dienstleistungseinkauf—Leitfaden zur systematischen Umsetzung im Supply Management.* Springer Gabler.

Interview 1. (2020, Februar 17). *Customer Centricity in der Finanzdienstleisterbranche* [Persönliche Kommunikation].

Interview 2. (2020, Februar 18). *Customer Centricity in der Finanzdienstleisterbranche* [Persönliche Kommunikation].

Interview 3. (2020, Februar 19). *Customer Centricity in der Finanzdienstleisterbranche* [Persönliche Kommunikation].

Interview 4. (2020, Februar 21). *Customer Centricity in der Finanzdienstleisterbranche* [Persönliche Kommunikation].

Interview 5. (2020, Februar 25). *Customer Centricity in der Finanzdienstleisterbranche* [Persönliche Kommunikation].

Jonietz, C., Mesch, S., & Peters, A. (2018). Chancen und Herausforderungen der Digitalisierung in Banken und Sparkassen. In L. Fend & J. Hofmann (Hrsg.), *Digitalisierung in Industrie-, Handels- und Dienstleistungsunternehmen* (S. 367–382). Springer.

Kleemann, F. C. (2020). *Agiler Einkauf mit Scum, Design Thinking & Co die Beschaffung verändern.* Springer.

Kleemann, F. C., & Glas, A. H. (2020). *Einkauf 4.0 Digitale Transformation der Beschaffung.* Springer.

Lamberti, L. (2013). Customer centricity: The construct and the operational antecedents. *Journal of Strategic Marketing, 21*(7), 588–612.

Naujoks, H., Goossens, C., & Schwarz, G. (2016) Customer Behavior and Loyalty in Insurance: Global Edition 2016. https://www.bain.com/insights/customer-behavior-loyalty-in-insurance-global-2016/. Zugegriffen: 31. Jan. 2020.

Palmatier, R. W., Moorman, C., & Lee, J.-Y. (2019). *Handbook on customer centricity: Strategies for building a customer-centric organization.* Elgar.

Rädiker, S., & Kuckartz, U. (2019). *Analyse qualitativer Daten mit MAXQDA: Text, Audio und Video*. Springer.

Schögel, M., & Herhausen, D. (2016). Stolpersteine auf dem Weg zum Kunden. *Swiss Marketing Review, 6*(2016), 4–8.

Shah, D., Rust, R., Staelin, R., & Day, G. (2006). The path to customer centricity. *Journal of Service Research, 9*(2), 113–124.

Google Trends. (o. J). *Customer Centricity*. https://trends.google.de/trends/explore?date=all&q=customer%20centricity. Zugegriffen: 20. Nov. 2020.

Weigel, U., & Rücker, M. (2015). *Praxisguide Strategischer Einkauf: Know-how, Tools und Techniken für den globalen Beschaffer* (2., aktualisierte Aufl). Springer Fachmedien Wiesbaden GmbH.

Weis, C. (2019). *Indirekter Einkauf—Strategisch und individuell zu optimaler Effizienz*. Businesson. http://www.business-on.de/einkauf-indirekter-einkauf-strategisch-und-individuell-zu-optimaler-effizienz-_id54931.html. Zugegriffen: 29. Febr. 2020.

Wenski, G. (2020). *Nachhaltig Verhandeln im technischen Einkauf: So erzielen Sie Win-Win-Lösungen im Beschaffungsmanagement*. Springer.

Werner, H. (2008). *Supply Chain Management: Grundlagen, Strategien, Instrumente und Controlling* (3., vollst. überarb. und erw. Aufl.). Springer.

Svenja Köster arbeitet seit 2004 in der Finanzdienstleisterbranche und leitet seit 2020 als Prokuristin das Standortmanagement eines mittelständischen Finanzdienstleisters. Berufsbegleitend promotiviert sie an der Northumbria University in Newcastle upon Tyne, England, und doziert an der International School of Management. Schwerpunkte ihrer Arbeit liegen in den Bereichen Einkaufsmanagement, Innovationsmanagement sowie Supplier- und Customer-Relationship-Management.

Prof. Dr. Inga D. Schmidt-Ross ist seit 2009 Professorin an der HSBA Hamburg School of Business Administration für Betriebswirtschaftslehre, insbesondere Marketing und Sales. Zwischen 2012 und 2019 war sie Vizepräsidentin für Lehre, Qualitätssicherung und Weiterbildung und leitet seit 2020 das Department Marketing & Sales. Ihre Forschungsinteressen liegen in den Bereichen Omni Channel Management, Customer Experience, Sustainability Marketing sowie interdisziplinäre Zusammenarbeit zwischen Marketing, Sales und IT.

Sales Enablement through Marketing Communication in the Buying Environment of Complex and Investment-Intensive B2B Services

16

Collaboration between marketing communications and sales departments

Annabella Förster und Sandra Gronover

Inhaltsverzeichnis

16.1	The Why of the Buy	230
	16.1.1 Background and Research Problem	230
	16.1.2 Research Approach and Methodology	231
	16.1.3 Professional Service Firms	232
16.2	The Process of Buying	232
	16.2.1 Complex Buying Environment	233
	16.2.2 Influencing Factors and Decision Criteria	234
	16.2.3 Sales Enablement through Communication Activities	235
16.3	Practical Implications and Main Findings	237
16.4	Limitations and Recommendations for Further Research	239
References		240

A. Förster
München, Deutschland

S. Gronover (✉)
Hochschule Landshut, Landshut, Deutschland
E-Mail: sandra.gronover@haw-landshut.de

© Der/die Autor(en), exklusiv lizenziert an Springer Fachmedien Wiesbaden GmbH, ein Teil von Springer Nature 2022
J. Westphal et al. (Hrsg.), *Sales Enablement als Fundament des Vertriebserfolgs*, FOM-Edition, https://doi.org/10.1007/978-3-658-37614-7_16

> **Abstract**
>
> The study aims to investigate and empirically test what the decision-making process for buying professional services looks like and which factors influence the buying behavior. Soft factors like trust, prestige, and sympathy as well as more factual-based aspects like price, commitment or a professional sales process play an important role. The particular focus lies on the role of the marketing function to support the sales teams in their efforts. It turns out that forms of reference, recommendation, and relationship marketing are explicitly suitable for building trust and communicating credibility for the successful marketing of complex and investment-intensive services. Social networks are overestimated and marketing communication should support sales teams to build rapport.

16.1 The Why of the Buy

The sales efforts of companies are models of marketing efficiency. Targeted account management and planned customer journeys and sales cycles, from identifying potential customers to after-sales service, aim to ensure sales success. However, such well-planned and well-executed sales strategies often tend to fail because the vendor has an insufficient understanding of the buying behavior – the human side of selling (cp. Bonoma, 1982, p. 283). Therefore, firms would be well served by knowing how client companies are choosing a provider (cp. Money, 2000, p. 315). An important aspect that must be taken into account is that it is not companies that buy, but people (cp. Webster & Keller, 2004, p. 395). With this aspect in mind, the selling firm should analyze who is involved in the buying decision, who the powerful buyers are, and what they want (cp. Bonoma, 1982, p. 285).

16.1.1 Background and Research Problem

Marketing literature shows that the spectrum of communication channels and information tools in the B2B sector offers an extremely broad range of options to market a service or product (cp. Baumgarth, 2008; Fuchs, 2012; Money, 2000; Murphy & Sashi, 2018; Renker, 2012; Schmitt, 2019; Töllner et al., 2011). Information technology and digital channels have produced increasingly informed customers, which are forcing B2B sales and marketing to adjust their strategic and tactical approaches (cp. Zoltners et al., 2016, p. 2; Murphy & Sashi, 2018). The information behavior of B2B decision-makers has changed in recent years (cp. Murphy & Sashi, 2018, p. 1). On the one hand, the availability of information is drastically rising due to the multitude of digital channels. On the other hand, the internet is becoming increasingly important for the preparation of investment decisions (cp. Citroen, 2011, p. 493). Therefore, it is getting all the more difficult for B2B marketers to reach their target groups with the appropriate materials and relevant content within traditional channels (cp. Heller, 2010, p. 4). Furthermore, the professional sales approach seen in B2B relationships has shifted from transactional selling to value selling which forces salespeople to shift their attention from the features of a certain product to its value in the customers' specific problem-situation (cp. Patterson, 2007, p. 186; Terho et al., 2017, p. 45).

Sales teams need to adapt their selling strategies and marketing has to derive adequate support. Since the volume of transactions made on industrial markets significantly exceeds that of consumer goods markets (cp. Werani, 2012, p. 14), marketing and sales processes play a quantitatively more significant role than on consumer markets (cp. Backhaus & Voeth, 2010, p. 3).

These days, industrial companies have to deal with rapidly changing environments and an increased complexity resulting from the growing degree of specialization, knowledge, and service intensity as well as new technologies (cp. Nordin & Kowalkowski, 2010, pp. 441–452). These developments lead to the growing economic significance of knowledge-intensive business services (cp. Bettencourt et al., 2002, p. 100; Money, 2000, p. 314–315) as the focus on core competencies is now even more important for industrial firms due to pressure on margins (cp. Nordin & Kowalkowski, 2010, p. 448).

Traditionally, products and services are sold through personal selling under these circumstances. This paper focuses on which communication tools are in demand and of interest to clients of a professional service provider and enable the sales force to target and serve these clients.

16.1.2 Research Approach and Methodology

The purpose of this study is to explore which factors influence the buying center in the decision-making process for buying investment-intensive and complex services and how marketing can support a successful sale. The data of the empirical investigation is generated via semi-structured, in-depth interviews with 6 clients of a professional service company. The empirical part of this study is limited to consulting services. The interviews are based on an interview guide with a total of 31 questions, which was developed after a theoretical and literature-based examination of the research topic. Some of the questions relate to the respondents' entire company or social professional environment. Others focus on the interviewees as human individuals in their professional function. All interview partners had a professional interest in the purchase because they have been involved in a consulting project which is either still in its final stages or already completed.

The evaluation of the generated raw material from the interview transcripts follows the qualitative content analysis according to Philipp Mayring (2010). The evaluation procedure appears to be suitable as it is comprehensible, inter-subjectively verifiable and thus transferable to others due to its rule-based procedure and the breakdown into individual analysis steps.

16.1.3 Professional Service Firms

Professional service firms can be characterized as companies within the service or tertiary sector that provide knowledge-intensive services to other companies or institutions (cp. Schulze-Borges, 2011, p. 1; Von Nordenflycht, 2010, p. 159). The following classification of the professional service industry is, according to several researchers, generally referred to as the most common one: auditing, information technology consulting, software development, technical engineering services, communication services and market research as well as legal, personnel and business consulting (cp. Bettencourt et al., 2002, p. 101; Kaiser & Ringlstetter, 2011, p. 3; Schulze-Borges, 2011, pp. 2–3; Von Nordenflycht, 2010, p. 156).

Professional service firms as a subject of theoretical and empirical research can be justified in light of their economic relevance and the small amount of empirical evidence that exists (cp. Bettencourt et al., 2002, p. 100). Over two thirds of gross value added in the EU-27 countries is now generated by services (cp. Schulze-Borges, 2011, p. 1). Comparing the selling of knowledge-based services with that of goods, it becomes clear that it is a more complex process with different risks to the buyer. Due to their intangibility, the customer specification and integration and the difficulty to evaluate the services in advance, the decision process for the procurement of investment-intensive services is underlying specific influencing variables (cp. Aarikka-Stenroos & Makkonen, 2014, p. 345; Farrell & Schroder, 1996, p. 299; Winkelmann, 2004, p. 5, Van der Valk & Rozemeijer, 2009, p. 3).

16.2 The Process of Buying

As the results of the empirical analysis show, the procedure of decision-making differs slightly in all companies, but some generic steps in the buying-process could be identified. Figure 16.1 shows the decision-making process for a professional service provider. To a large extent, the single phases fit to the decision-making process and the characteristics of organizational decision-making behavior (cp. Day & Barksdale, 1994; Ghingold & Wilson, 1998; Robinson et al., 1967; Webster & Wind, 1972a).

The starting point in the buying process of a potential client is a problem or need that has been identified and the ensuing need specification (cp. Day & Barksdale, 1994, p. 46). This classification is followed by the search for a suitable external solution and the prequalification of suppliers. After identifying various possible solutions via

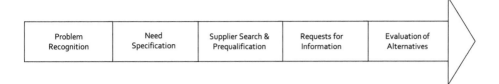

Fig. 16.1 Decision process for a professional service provider

different information channels, a first personal contact including the request for detailed information to one or more service providers follows. Potential suppliers are presenting their offers, which enables a detailed analysis of the requirements and a comparison of different alternatives. Negotiations, decision making, and closing the contracts determine the selection process. Only a minority of companies surveyed stated to follow a well-defined tender management process. The field sales force must reflect this process and provide the relevant communication and sales activities in each process steps.

16.2.1 Complex Buying Environment

Multi-personal involvement in a multi-phase organizational buying process has been researched in a variety of studies for several decades (cp. Büschken, 1994; Robinson et al., 1967; Webster & Wind, 1972a; Töllner et al., 2011; Van der Valk & Rozemeijer, 2009). Moreover, the concept of the buying center has been verified by a number of researchers. In general, the decision-making body consists of different social roles. Each individual person can perform several roles at the same time or in different phases of the decision process (cp. Bonoma, 1982, p. 285; Büschken, 1994, p. 8). In their buying center role concept, Webster and Wind (cp. 1972b, p. 17 ff.) distinguish between six roles: Users, influencers, purchasers, deciders, gatekeepers, and initiators. Ghingold and Wilson (1998) stated that the structure and composition of the buying center is highly dynamic and has a significant impact on sales activities. According to Webster and Keller (cp. 2004, p. 393), organizational buying is a combination of individual and organizational decision processes, and vendors can influence both sets of processes. It can be assumed from literature that especially individual, informational, seller, situational as well as purchase-related characteristics impact organizational buying behavior regarding the acquisition of professional services in B2B (cp. Johnston & Lewin, 1996, p. 3; Webster & Wind, 1972b, p. 18).

The study confirms that buying complex services is characterized by multi-person participation within the purchasing process, in which an average of three to five persons are involved. It can be confirmed that the participation of different hierarchical levels and functional areas is given within the complex buying process.

16.2.2 Influencing Factors and Decision Criteria

The literature shows many influencing factors on individual and organizational buying behavior (cp. Bonoma et al., 1977; Johnston & Lewin, 1996; Möller, 1985; Sheth, 1973; Webster & Wind, 1972a). The following part focuses on the results of the empirical analysis regarding the decision criteria and the influencing factors which are relevant for the acquisition of professional B2B services and which are summarized in Fig. 16.2.

Two interesting findings can be stated in terms of human-inherent influencing factors:

- *Trust* is considered a premise for the decision. The difficulty is to quantify, measure or explain the emergence of trust. However, the interviewees justify their trust through perceived sales competence, the efforts, and the commitment of the service provider's sales force, references, and recommendations from their own network.
- *Sympathy* as an irrational factor plays an important, in some cases even the most important, role in the buying process of professional services such as consulting. It emphasizes that the relationship between the service provider, the client company, and the affected team members must be good for closing the deal and delivering a successful project.

The study comes up with some more factual-based informational influencing factors like:

- *Recognizable competence and knowledge* are shown by presentations, references, case studies, and proven experience with companies within the industry, at best, comparable product ranges for decision-making purposes.
- *The service providers' methodical approach* must, of course, ultimately fit in with the processes of the customer company. Furthermore, the methodology should be presented in an understandable way including a detailed account of the services offered.
- *Reputation and Prestige* of the service provider is an important influencing factor for minimizing risks. Selecting an external service provider can lead to career

Fig. 16.2 Influencing Factors

opportunities or determine the own reputation within a company in case of a successful or unsuccessful project completion.

Moreover, the following human-inherent seller characteristics play a significant role:

- *Commitment and engagement* of the service provider gives the customer the feeling that the service provider is not just interested in generating sales. The aim is to achieve a cooperative partnership in which the customer feels comfortable.
- *Flexibility of the service provider* regarding availability in terms of time and resources with a focus on the customer company is also a significant decision factor.
- *Behavior in the sales process* is a critical decision factor, as this already projects which efforts the service provider is willing to invest in the business relationship.

Also, purchase and situational factors influence the customers' buying process:

- *Price and price calculation transparency* play a key role in selecting a professional service company. Since the service cannot be attributed directly to a product, it is important that the costs are always comprehensible and that the necessary follow-up costs of a consulting project are pointed out before the offer is signed.
- *The location of the service provider* is also a crucial decision criterion. This is particularly relevant as a closely located provider enables direct contact and does not require the use of video conferencing and other media formats. Moreover, language barriers and time differences complicate an effective collaboration between the client and the service provider.
- *Time pressure* always influences the way the buying center comes to a certain decision. Since organizational decisions for the acquisition of complex services are important topics with high potentials for the firm, the decision process is often influenced by time pressure to find the right provider and thus a solution for the problem.

16.2.3 Sales Enablement through Communication Activities

The decision criteria in combination with the sales process and the distinct roles of the buying center give strong indications of the customers' needs within the sales process and how the sales force should react in terms of content and communication. Marketing communication as the enabling function supports the sales teams. Figure 16.3 shows the relevant communication and information channels.

First, it must be clarified how the potential clients became aware of the offer. Half of the respondents named personal references as a source, followed by a content-based internet research with search terms of the companies' problems. Event formats such as symposia, conferences, specialist seminars, and webinars also lead to first encounters.

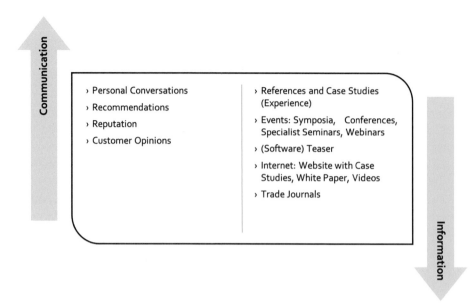

Fig. 16.3 Communication and information channels for choosing a service provider

According to the survey, the internet plays a critical role as a source of information in all the different scenarios described above. The focus here lies on the website, where case studies, whitepapers, and client recommendations are highly appreciated. Half of the respondents explicitly point out that social media channels such as LinkedIn, Xing etc. have no relevance at this early stage. Social media formats are not mentioned either.

After becoming aware of the service provider, word-of-mouth plays an important role (cp. Kaiser & Ringlstetter, 2011, p. 85; Schmitt, 2019, p. 51). Marketing could support the sales department by asking former customers for feedback and collecting customer opinions after completed projects in order to publish them via various communication channels such as websites or social media channels. The credibility of these recommendations is particularly crucial and can be achieved through reference marketing measures. Therefore, a targeted addressing campaign of potential customers with reference lists including customer examples with similar issues or from the same industries should take place. These references could be presented in the form of on-site reports or success-stories in video format.

Personal conversations or personal contact with the service provider are rated very high. Besides the need for explanation, the high complexity, the intangibility, and the customer-specification of professional services the relevance of long-term customer relationships and the high importance of trust make personal communication notably important for respondents. Consequently, in-person events, but also digital formats such as webinars and video conferences, are particularly suitable as interactive sales promotion measures (cp. Renker, 2012, p. 546). It is remarkable that none of the interview partners confirm the use of social media within the complex buying process. The empirical results of the present study do not agree with the predominant opinions found in literature which deals with the growing importance of social media web activities in B2B (cp. Fuchs, 2012, pp. 17–30) and states that social media platforms are beneficial to provide prospective or existing customers with relevant content (cp. Gruner & Power, 2018, p. 84) and support a firm's dialogues with their customers (cp. Buratti et al., 2018, p. 515; Schmitt, 2019, p. 1). The research indicates that potential clients prefer more presentation slides, teaser videos or software demo versions for sharing information about tools and services within the buying center.

Sales teams must use the provided contents and marketing activities carefully as respondents too often pointed out the problem of information overload. They are overwhelmed by the increased flow of data, information and promotional materials, calls, and emails. Therefore, increased tele- and email-marketing actions should be avoided. This research finding is also confirmed by literature on the communication habits and information patterns of executives, according to Citroen (2011, p. 498). These results emphasize the need for the sales force to stand out through its marketing activities.

16.3 Practical Implications and Main Findings

The research attempts to answer the question which factors determine the organizational decision-making behavior for professional services and how marketing can influence the clients' organizational buying center. In order to fulfill this purpose, an empirical analysis was conducted using the example of a management consultancy. Assuming that the results reflect the actual relevance, marketers might gain a better understanding of the relative importance of the various drivers of the buyers' choice of service provider. This, in turn, could guide them in designing their marketing strategies to better respond to the buyers' explicit preferences.

Firstly, the study found that professional service providers should review their interface alignment to ensure that there is a regular exchange of information between marketing and sales. This enables marketing to support sales by drawing attention to relevant information and communication channels as well as decision criteria. Buying center knowledge offers the potential of developing the role of marketing in professional service firms in a way that makes marketing and sales become better aligned. Knowing the primary decision-makers in potential customer companies enables marketers to target them with tailored communication and information materials and to generate high-quality leads which can be passed on to the sales department. With regard to the buying center concept, the individual person performs up to four roles at the same time. Therefore, marketers can support the sales function by identifying those key positions, arousing their interest and qualifying leads.

Furthermore, the research shows that sales teams of service providers should pay special attention to the following decision criteria: for example, clients expect providers to be flexible, committed, and highly engaged to solving the customer's specific problem through a consistent methodology as well as transparent project and cost planning. The study confirms the influence of trust building behaviors such as social interaction through personal contact, face-to-face communications, and customer orientation, which lead to a positive customer evaluation. Companies should therefore focus on communicating their offerings transparently and openly in order to facilitate confidence building. Marketing should, in turn, integrate these findings into the creation of content for communication materials.

Based on this finding, several recommended actions regarding communication and information preferences of clients can be derived. Concerning relevant communication channels, clients prefer personal conversations. It can be observed that the sale of professional services requires a high degree of explanation and transparency. The possibility to get in direct personal contact with providers to exchange information and build trust is crucial. They use the internet for research on solutions and therefore access the company homepage of service providers during their search for whitepapers, case studies, and – most appreciated – references. In this context marketing plays an important role to support the sales function. Moreover, it is highlighted that recommendations as well as WoM and opinions of existing customers highly influence prospective clients in their decision-making for a professional service provider. Therefore, a platform for clients to give evaluations and communicate with each other ensures a high level of transparency and credibility which promotes the development of a trusting business relationship. According to the results of the empirical study, the relevance of social media in advertising professional services in B2B cannot be confirmed.

In conclusion, the aim of the sales force of professional service companies should be to personally connect with potential customers at an early stage of the decision-making process in order to establish a trusting relationship as quickly as possible on the basis of proven competence through references. The previously defined recommendations for courses of action are intended to serve as a basis for the sales teams to steer buying decisions in companies through knowledge of relevant influencing factors as well as means of communication. However, all measures and actions must be individually adapted to the sales and marketing strategy the professional service firm is pursuing. Bringing the single pieces of this research together in an action-oriented methodology is important for its practical implication. Sales teams should be enabled to demand appropriate communication support.

The phases of the buying process (WHEN) give insights into the challenges the sales teams are currently faced with. Next, the buying center roles involved (WHO) must be analyzed for each phase. To support the sales teams marketing communication measures should not only be concentrated on the hierarchically highest positions, but should also, for example, take the final users into account (cp. Rolfes, 2007, p. 274). Each role is triggered by different decision criteria and influencing factors (HOW). These have to be assigned to the different roles. It turned out that the decision criteria, which are highly relevant, are not solely in the hands of the sales or the marketing department. For example, engagement, commitment, trust, and location of the service provider are determined by various factors. Nevertheless, the marketing department can help to promote these influencing variables effectively in order to support sales. Finally, based on numerous communication and channel activities (WHAT), the ones that have the highest impact should be selected. Clearly the 'HOW' plays an important role in the design of the different actions to support the sales teams. As an example, it was found that recommendations as well as word-of-mouths highly influence decision makers (WHO) in the phase of searching (WHEN) for alternative service providers. Therefore, a possible marketing support for the sales team could be a platform for clients to give evaluations and communicate with each other (WHAT). This ensures a high level of transparency and credibility (HOW) which promotes the development of a trusting business relationship.

The findings of the presented empirical survey are largely in line with those of previous studies. For developments in the future it can be assumed that the increasing use of social tools, virtual assistants, and artificial intelligence will change internal decision-making and buying behavior and shape the sales and marketing efforts significantly. Consequently, marketers will probably no longer be able to rely on the usual decision criteria and influencing factors so that they have to adapt their marketing communication measures correspondingly.

16.4 Limitations and Recommendations for Further Research

As in any field of research, further investigations are useful to replicate and extend the findings of this study. First of all, the findings are limited to the investigated area of buying processes for complex and investment-intensive services. A suggestion for future studies concerning organizational buying behavior would be to test the research framework presented here in other buying situations involving decision making for the acquisition of professional services other than consulting. Moreover, other contextual factors, such as cultural, environmental, or organizational factors influencing buying decisions excluded from this study could be considered. Since the present study refers only to the purchasing behavior of German and Austrian companies, it might be interesting to analyze the decision-making process for the acquisition of complex services in an international comparison. A larger sample of companies from different countries would better allow an intercultural validation of constructs.

Another field of research would be the consideration of differences between industries and markets, such as high technology versus low technology services. The empirical results of the current study are based on the samples of manufacturing firms. This is why an obvious direction for further research is to extend this study to other branches.

As the respondents stressed the importance of trust and soft facts in general, psychological mechanisms or behavioral aspects, such as perceptions, emotions, and feelings should be analyzed using more complex research methods. In the current study, only clients working for large companies were selected. Therefore, future research directions could investigate the decision-making behavior in particularly small and medium sized firms or public institutions and examine whether the conclusions gained can be replicated in different company forms and sizes. Furthermore, the empirical investigation only focuses on the opinions and perceptions of individual employees within different firms or buying centers. Since organizational buying decisions have a multi-personal character, further studies should be conducted to interview the individual roles of the whole buying center to uncover their individual behavior and examine the group dynamics. Now that the relevance of different communication channels for the decision process of a professional service provider has been examined, one could also research which information channel and content is important for which role in the buying center. However, it is a challenge to identify each person involved in the buying center for a particular buying decision within an organization, to reach them at the same time, and to obtain the consent of all members to take part in an interview.

Since the data collection with semi-structured interviews requires a lot of time for the interviewees, the limited duration of the interviews of only 30-40 min can be regarded as a limitation. Given that the respondents are managers with decision-making power, the limited duration and frequent unwillingness to take part in the interview can be explained by their high workload. A study examining buyer behavior for a particular service purchase within a limited sample of six companies cannot provide comprehensive, absolute, and generalizable conclusions. Therefore, an interesting opportunity for further research would be to interview former prospective clients who have chosen not to commission the consulting firm under consideration. In conclusion, all the above stated suggestions provide promising opportunities for further research.

References

Aarikka-Stenroos, L., & Makkonen, H. S. (2014). Industrial buyers' use of references, word-of-mouth and reputation in complex buying situation. *Journal of Business & Industrial Marketing*, 29(4), 344–352.

Backhaus, K., & Voeth, M. (2010). *Industriegütermarketing* (9th edition). Vahlen.

Baumgarth, C. (2008). Markenkontexte. *Markenpolitik* (3rd edition, pp. 341–377). Gabler.

Bettencourt, L. A., Ostrom, A. L., Brown, S. W., & Roundtree, R. I. (2002). Client co-production in knowledge-intensive business services. *California Management Review*, 44(4), 100–128.

Bonoma, T. V. (1982). Major Sales: Who Really Does the buying? *Managing Marketing: Text, Cases, and Readings*. Macmillan.

Bonoma, T. V., Zaltman, G., & Johnston, W. J. (1977). *Industrial buying behavior* (pp. 77–117). Marketing Science Institute, Report No.

Buratti, N., Parola, F., & Satta, G. (2018). Insights on the adoption of social media marketing in B2B services. *The TQM Journal, 30*(5), 490–529.

Büschken, J. (1994). *Multipersonale Kaufentscheidungen - Empirische Analyse zur Operationalisierung von Einflussbeziehungen im Buying Center* (6th edition). Gabler.

Citroen, C. L. (2011). The role of information in strategic decision-making. *International Journal of Information Management, 31*, 493–501.

Day, E., & Barksdale, H. C. (1994). Organizational purchasing of professional services. *Journal of Business & Industrial Marketing, 9*(3), 44–51.

Farrell, M., & Schroder, B. (1996). Power and influence in the buying centre. *European Journal of Marketing, 33*(11), 1161–1170.

Fuchs, W. (2012). Business-to-Business Kommunikation. In *Business-to-Business Kommunikation*. Erich Schmidt Verlag.

Ghingold, M., & Wilson, D. T. (1998). Buying center research and business marketing practice: Meeting the challenge of dynamic marketing. *Journal of Business & Industrial Marketing, 13*(2), 96–108.

Gruner, R. L., & Power, D. (2018). To integrate or not to integrate? Understanding B2B social media communications. *Online Information Review, 42*(1), 73–92.

Heller, R. (2010). Bedürfnisorientierung als Erfolgsfaktor im B2B-Online-Marketing. *Virtual Identity AG, 01*, 1–30.

Johnston, W. J., & Lewin, J. E. (1996). Organizational buying behavior: Toward an integrative framework. *Journal of Business Research, 35*, 1–15.

Kaiser, S., & Ringlstetter, M. J. (2011). The world of professional service firms. *Strategic Management of Professional Service Firms* (1st edition, pp. 3–15). Springer.

Mayring, P. (2010). Qualitative inhaltsanalyse—grundlagen und techniken. Beltz.

Möller, K. (1985). Research strategies in analyzing the organizational buying process. *Journal of Business Research, 13*(1), 3–17.

Money, R. B. (2000). Word-of-mouth referral sources for buyers of international corporate financial services. *Journal of World Business, 35*(3), 314–329.

Murphy, M., & Sashi, C. M. (2018). Communication, interactivity, and satisfaction in B2B relationships. *Industrial Marketing Management, 68*, 1–12.

Nordin, F., & Kowalkowski, C. (2010). Solutions offerings: A critical review and reconceptualisation. *Journal of Service Management, 21*(4), 441–459.

Patterson, L. (2007). Marketing and sales alignment for improved effectiveness. *Journal of Digital Asset Management, 3*(4), 185–189.

Renker, C. (2012). *Marketing im Mittelstand* (4th edition). Schmidt.

Robinson, P. J., Faris, C. W., & Wind, Y. (1967). *Industrial buying and creative marketing*. Allyn & Bacon.

Rolfes, L. (2007). *Die Rolle des Verwenders im Buying Center* (1st edition). Deutscher Universitäts-Verlag.

Schmitt, M. C. (2019). *Quick Guide Digitale B2B- Kommunikation* (1st edition). Springer Gabler.

Schulze-Borges, F. (2011). Einführung. *Performance in Professional Service Firms* (1st edition, pp. 1–10). Gabler.

Sheth, J. N. (1973). A model of industrial buyer behavior. *Journal of Marketing, 37*(4), 50–56.

Terho, H., et al. (2017). Selling value in business markets: Individual and organizational factors for turning the idea into action. *Industrial Marketing Management, 66*, 42–55.

Töllner, A., Blut, M., & Holzmüller, H. H.,. (2011). Customer solutions in the capital goods industry: Examining the impact of the buying center. *Industrial Marketing Management, 40*, 712–722.

Van der Valk, W., & Rozemeijer, F. (2009). Buying business services: Towards a structured service purchasing process. *Journal of Services Marketing, 23*(1), 3–10.

Von Nordenflycht, A. (2010). What is a professional service firm? Toward a theory and taxonomy of knowledge- intensive firms. *The Academy of Management Review, 35*(1), 155–174.

Webster, F. E., & Keller, K. L. (2004). A roadmap for branding in industrial markets. *Journal of Brand Management, 11*(5), 388–402.

Webster, F. E., & Wind, Y. (1972a). *Organizational Buying Behavior*. Prentice Hall.

Webster, F., & Wind, Y. (1972b). A general model for understanding organizational buying behavior. *Journal of Marketing, 36*(2), 12–19.

Werani, T. (2012). *Business-to-Business Marketing - Ein wertbasierter Ansatz* (1st edition). Kohlhammer.

Winkelmann, P. D. P. (2004). *Marketing und Vertrieb* (4th edition). R. Oldenbourg.

Zoltners, A. A., Sinha, P., & Lorimer, S. A. (2016). How more accessible information Is forcing B2B sales to adapt. *Harvard Business Review*.

Annabella Förster has been working as a consultant at Edler & Stiegler, a Business & IT management consultancy, since 2020. The focus of her work lies on the areas of business consulting and project management. She studied business administration at the University of Applied Sciences Landshut (M.A.) as well as at the WU University of Economics and Business Vienna (B.Sc.) with a focus on B2B Marketing and Sales.

Prof. Dr. Sandra Gronover has been a senior lecturer for International Marketing and Sales Management at the University of Applied Sciences Landshut since 2012. Her research focuses on Sales Management, Customer Management, and Multi-Channel Management.

Forschungsstark und praxisnah:
Deutschlands Hochschule für Berufstätige

aphaela Schmaltz studiert den
rufsbegleitenden Master-Studiengang
xation am FOM Hochschulzentrum Köln.

ie FOM ist Deutschlands Hochschule für Berufstätige. Sie bietet über 40 Bachelor- und Master-
tudiengänge, die im Tages- oder Abendstudium berufsbegleitend absolviert werden können
nd Studierende auf aktuelle und künftige Anforderungen der Arbeitswelt vorbereiten.

n einem großen Forschungsbereich mit hochschuleigenen Instituten und KompetenzCentren
orschen Lehrende – auch mit ihren Studierenden – in den unterschiedlichen Themenfeldern der
ochschule, wie zum Beispiel Wirtschaft & Management, Wirtschaftspsychologie, IT-Management
der Gesundheit & Soziales. Sie entwickeln im Rahmen nationaler und internationaler Projekte
emeinsam mit Partnern aus Wissenschaft und Wirtschaft Lösungen für Problemstellungen der
etrieblichen Praxis.

amit ist die FOM eine der forschungsstärksten privaten Hochschulen Deutschlands. Mit ihren
sgesamt über 2.000 Lehrenden bietet die FOM rund 57.000 Studierenden ein berufsbeglei-
endes Präsenzstudium im Hörsaal an einem der 36 FOM Hochschulzentren und ein digitales
ive-Studium mit Vorlesungen aus den hochmodernen FOM Studios.

lle Institute und KompetenzCentren unter
fom.de/forschung

**Die Hochschule.
Für Berufstätige.**

Erratum zu: Digital Transformation in Sales and Marketing Departments: An Integrated Overview and Directions for Organizations and Further Research

Jan Philipp Graesch, Susanne Hensel-Börner und Jörg Henseler

Erratum zu:
Kapitel 9 in: J. Westphal et al. (Hrsg.), *Sales Enablement als Fundament des Vertriebserfolgs,* **FOM Edition, https://doi.org/10.1007/978-3-658-37614-7_9**

In der ursprünglich veröffentlichten Version wurde bei dem Autor Prof. Dr. Jörg Henseler eine falsche Affiliation angegeben. Die Affiliation von Herrn Prof. Dr. Henseler wurde korrigiert. Die korrekte Affiliation lautet:

J. Henseler
University of Twente, Enschede, Niederlande
E-Mail: j.henseler@utwente.nl

Die aktualisierte Version des Kapitel finden Sie unter
https://doi.org/10.1007/978-3-658-37614-7_9

© Der/die Autor(en), exklusiv lizenziert an Springer Fachmedien Wiesbaden GmbH, ein Teil von Springer Nature 2022
J. Westphal et al. (Hrsg.), *Sales Enablement als Fundament des Vertriebserfolgs,* FOM-Edition, https://doi.org/10.1007/978-3-658-37614-7_17

Printed by Printforce, the Netherlands